LEONE PEREIRA

PEJOTIZAÇÃO

O TRABALHADOR COMO PESSOA JURÍDICA

2ª EDIÇÃO

Copyright © 2022 by Editora Letramento
Copyright © 2022 Leone Pereira

Diretor Editorial | Gustavo Abreu
Diretor Administrativo | Júnior Gaudereto
Diretor Financeiro | Cláudio Macedo
Logística | Vinícius Santiago
Comunicação e Marketing | Giulia Staar
Assistente de Marketing | Carol Pires
Assistente Editorial | Matteos Moreno e Sarah Júlia Guerra
Designer Editorial | Gustavo Zeferino e Luís Otávio Ferreira

CONSELHO EDITORIAL JURÍDICO

Alessandra Mara de Freitas Silva
Alexandre Morais da Rosa
Bruno Miragem
Carlos María Cárcova
Cássio Augusto de Barros Brant
Cristian Kiefer da Silva
Cristiane Dupret
Edson Nakata Jr
Georges Abboud
Henderson Fürst
Henrique Garbellini Carnio
Henrique Júdice Magalhães
Leonardo Isaac Yarochewsky
Lucas Moraes Martins
Luiz Fernando do Vale de Almeida Guilherme
Nuno Miguel Branco de Sá Viana Rebelo
Onofre Alves Batista Júnior
Renata de Lima Rodrigues
Salah H. Khaled Jr
Willis Santiago Guerra Filho.

Todos os direitos reservados. Não é permitida a reprodução desta obra sem aprovação do Grupo Editorial Letramento.

Dados Internacionais de Catalogação na Publicação (CIP) de acordo com ISBD

P436p   Pereira, Leone
         Pejotização: o trabalhador como pessoa jurídica / Leone Pereira. - 2. ed. - Belo Horizonte, MG : Letramento ; Casa do Direito, 2022.
         224 p. ; 15,5cm x 22,5cm.

         Inclui bibliografia e anexo.
         ISBN: 978-65-5932-159-9

         1. Direito do trabalhista. 2. Direitos fundamentais. 3. Pejotização. 4. Pessoa jurídica. 5. Relações do trabalho. I. Título.

2022-681   CDD 344.01
                                   CDU 349.2

Elaborado por Odilio Hilario Moreira Junior - CRB-8/9949

Índice para catálogo sistemático:
1. Direito trabalhista 344.01
2. Direito trabalhista 349.2

Rua Magnólia, 1086 | Bairro Caiçara
Belo Horizonte, Minas Gerais | CEP 30770-020
Telefone 31 3327-5771

CASA DO DIREITO
é o selo jurídico do Grupo
Editorial Letramento

editoraletramento.com.br   •   contato@editoraletramento.com.br   •   editoracasadodireito.com

À Gabriela Mesquita Zampiva, pelo amor, carinho, compreensão, apoio, dedicação, inspiração e estímulo. Te amo!

À minha família: Leone Pereira da Silva, Cecilia Suriani da Silva, Irene Suriani (*in memoriam*) e Leandro Suriani da Silva, por serem pessoas fundamentais da minha existência. Agradeço imensamente todo o apoio e incentivo!

AGRADECIMENTOS

A *Deus* e a *Jesus Cristo*, por serem a fonte inspiradora inesgotável de energia para enfrentarmos as provas e expiações da jornada da vida.

Ao eminente *Professor Renato Rua de Almeida*, pela paciência, dedicação e profundo conhecimento que lhe são peculiares.

Ao *mestrado da PUCSP*, instituição de ensino preocupada com a transmissão de profundos conhecimentos e intensos debates jurídicos que engrandecem a ciência.

A *todos os operadores do Direito do Trabalho*, pela militância, estudo e discussão de uma das ciências jurídicas mais belas, com nítido viés social e humanitário.

9 **I. INTRODUÇÃO**

10 **II. DIREITOS FUNDAMENTAIS**

10 **1. CONCEITOS E DIFERENÇAS ENTRE DIREITOS HUMANOS E DIREITOS FUNDAMENTAIS**

13 **2. EVOLUÇÃO**

16 **3. EFICÁCIA VERTICAL E HORIZONTAL DOS DIREITOS FUNDAMENTAIS**

19 **4. O TRATAMENTO DA CONSTITUIÇÃO CIDADÃ DE 1988 AOS DIREITOS FUNDAMENTAIS**

25 **5. REFLEXOS DA APLICAÇÃO DOS DIREITOS FUNDAMENTAIS NO DIREITO DO TRABALHO**

28 **III. RELAÇÃO DE TRABALHO E RELAÇÃO DE EMPREGO**

28 **1. INTRODUÇÃO**

29 **2. RELAÇÃO DE TRABALHO**

31 2.1. TIPOS DE RELAÇÃO DE TRABALHO

31 2.1.1. O TRABALHO AUTÔNOMO

33 2.1.2. O TRABALHO AVULSO

34 2.1.3. O TRABALHO EVENTUAL

35 **3. RELAÇÃO DE EMPREGO**

36 3.1. NATUREZA JURÍDICA

36 3.1.1. TEORIA CONTRATUALISTA

37 3.1.2. TEORIA ANTICONTRATUALISTA

38 3.1.2.1. Teoria institucionalista

38 3.1.2.2. Teoria da relação de trabalho

40 3.2. REQUISITOS CARACTERIZADORES DA RELAÇÃO DE EMPREGO (ELEMENTOS FÁTICO-JURÍDICOS)

41 3.2.1. PESSOA FÍSICA

41 3.2.2. PESSOALIDADE

42 3.2.3. NÃO EVENTUALIDADE

44 3.2.4. ONEROSIDADE

45 3.2.5. SUBORDINAÇÃO

47 3.2.5.1. Parassubordinação

49 3.2.5.2. Zona cinzenta ou zona grise

50 3.3. PESSOA FÍSICA OU PESSOA NATURAL

51 **IV. GLOBALIZAÇÃO**

54 **V. A INFORMALIDADE**

62 **VI. "PEJOTIZAÇÃO"**

63   **1. EMPREGABILIDADE X PRECARIZAÇÃO DO EMPREGO**

65   **2. CRISE ECONÔMICA E A REDUÇÃO DE CUSTOS/SALÁRIOS**

68   **3. PRINCÍPIO DO NÃO RETROCESSO SOCIAL – CONSTITUCIONALISMO**

69   **4. FLEXIBILIZAÇÃO E DESREGULAMENTAÇÃO DOS DIREITOS TRABALHISTAS**

76   **5. RECONHECIMENTO DO VÍNCULO DE EMPREGO – PRINCÍPIO DA PRIMAZIA DA REALIDADE**

79   **6. PRINCÍPIO DA INDISPONIBILIDADE/ IRREDUTIBILIDADE DOS DIREITOS TRABALHISTAS**

80   **7. ATUAÇÃO DO MINISTÉRIO PÚBLICO DO TRABALHO**

81   **8. ATUAÇÃO DO MINISTÉRIO DO TRABALHO E EMPREGO**

85   **9. ATUAÇÃO DOS SINDICATOS DE CLASSE**

87 9.1. A PEJOTIZAÇÃO À LUZ DAS CATEGORIAS PROFISSIONAIS

92   **10. PAPEL DA JUSTIÇA DO TRABALHO**

93   **11. COMPETÊNCIA DA JUSTIÇA DO TRABALHO**

94   **12. PEJOTIZAÇÃO ENTRE PROFESSORES DE CURSOS PREPARATÓRIOS PARA O EXAME DE ORDEM E CONCURSOS PÚBLICOS**

100 **VII. CONCLUSÃO**

105 **VIII. REFERÊNCIAS**

108 **IX. JURISPRUDÊNCIA CORRELATA**

INTRODUÇÃO

Analisamos nesta obra o fenômeno da "pejotização" no mercado de trabalho, em que, como exigência dos tomadores de serviço, os trabalhadores constituem pessoas jurídicas como condição indispensável para a prestação dos serviços, e sua relação com o Direito do Trabalho e os Direitos Fundamentais.

Foram pesquisadas obras consagradas de Direito do Trabalho, Direito Constitucional e Direitos Humanos, bem como obras específicas, além da jurisprudência dos tribunais trabalhistas.

A doutrina e a jurisprudência trabalhistas majoritárias entendem que o fenômeno da "pejotização" consubstancia uma fraude à legislação trabalhista, previdenciária e tributária, devendo haver a desconsideração da pessoa jurídica e a configuração do vínculo empregatício do trabalhador com o tomador, com fulcro no princípio da primazia da realidade, resultando no adimplemento de todos os haveres trabalhistas do período de prestação dos serviços, bem como os respectivos reflexos previdenciários e tributários.

O fenômeno da "pejotização" é recente no mercado de trabalho, e ainda merece muito estudo da doutrina, da jurisprudência e dos estudiosos do Direito em geral. Uma saída plausível é a edição da "Lei da Pejotização", aplicando-se o princípio da proteção temperada ou mitigada.

DIREITOS FUNDAMENTAIS

1. CONCEITOS E DIFERENÇAS ENTRE DIREITOS HUMANOS E DIREITOS FUNDAMENTAIS

É de grande relevância a questão relativa aos direitos e às liberdades públicas dos cidadãos e, sobretudo, dos cidadãos-trabalhadores.

Traçar uma definição dos conhecidos "direitos fundamentais" não é uma tarefa fácil.

A transformação e ampliação dos direitos fundamentais do homem na história dificulta a definição de um conceito preciso. A utilização de várias expressões como sinônimas aumenta essa dificuldade, tais como: direitos humanos, direitos naturais, direitos do homem, direitos individuais, direitos públicos subjetivos, liberdades fundamentais, liberdades públicas e direitos fundamentais do homem.

Para Norberto Bobbio[1], o desenvolvimento dos direitos do homem passou por três fases: num primeiro momento, afirmaram-se os direitos de liberdade, isto é, todos aqueles direitos que tendem a limitar o poder do Estado e a reservar para o indivíduo, ou para os grupos particulares, uma esfera de liberdade em relação ao Estado; num segundo momento, foram propugnados os direitos políticos, que – concebendo a liberdade não apenas negativamente, como não impedimento, mas positivamente, como autonomia – tiveram como consequência a participação cada vez mais ampla, generalizada e frequente dos membros de uma comunidade no poder político (ou liberdade no Estado); finalmente, foram proclamados os direitos sociais, que expressam o amadurecimento de novas exigências – podemos mesmo dizer de novos valores –, como os do

---

[1] *A era dos direitos*. Rio de Janeiro: Campus, 1992, p. 33.

bem-estar e da igualdade não apenas formal, e que poderíamos chamar de liberdade através ou por meio do Estado.

No entanto, mostra-se necessário distinguir "direitos humanos" de "direitos fundamentais".

Gomes Canotilho[2] reconhece que as expressões "direitos do homem" e "direitos fundamentais" são frequentemente utilizadas como sinônimas. Sustenta que, segundo sua origem e seu significado, poderíamos distingui-las da seguinte maneira: "direitos do homem" são direitos válidos para todos os povos e em todos os tempos (dimensão jusnaturalista-universalista); "direitos fundamentais" são os direitos do homem, jurídico-institucionalmente garantidos e limitados espaço-temporalmente. Os direitos do homem pertenceriam à própria natureza humana, por isso o caráter inviolável, intemporal e universal; os direitos fundamentais seriam os direitos objetivamente vigentes numa ordem jurídico-concreta.

Peces-Barba[3] ressalta que a expressão "direitos fundamentais" se mostra a mais adequada, por ser (a) mais precisa que a expressão "direitos humanos" e não possuir a ambiguidade que esta supõe; (b) por abarcar as duas dimensões que aparecem nos direitos, sem ocorrer nos reducionismos jusnaturalista ou positivista. Os direitos fundamentais expressam tanto uma moralidade básica como uma juridicidade básica; (c) por ser mais adequada que os termos "direitos naturais" ou "direitos morais", que mutilam a faceta jurídico-positiva dos direitos, ou, dito de outra forma, que formulam seu conceito sem ter em conta sua dimensão jurídico-positiva. As tradições linguísticas dos juristas atribuem ao termo "direitos fundamentais" essa dimensão, vinculando-a ao seu reconhecimento constitucional ou legal; (d) por ser mais adequada que os termos "direitos públicos subjetivos" ou "liberdades públicas", que podem perder de vista a dimensão moral e cingir a estipulação do sentido à faceta da pertinência ao ordenamento. Sua proximidade com o termo "direitos humanos", salvo a sua ambiguidade, permite usar "direitos fundamentais" abertamente a essa primeira e imprescindível dimensão ética que se perde com uma excessiva orientação constitucionalista ou administrativista a que se reduziria a ideia dos direitos com a terminologia "liberdades públicas" ou "direitos públicos subjetivos".

---

2 *Direito constitucional e teoria da constituição.* 7. ed. Coimbra: Almedina, 2003, p. 393.

3 *Lecciones de derechos fundamentales.* Madri: Dykinson, 2005, p. 28.

As Constituições do Brasil, de Portugal e da Espanha baseiam-se na dignidade da pessoa humana e adotam a designação "direitos fundamentais".

José Carlos de Vieira Andrade[4] afirma que aquilo a que se chama ou a que é lícito chamar direitos fundamentais pode ser considerado sob várias perspectivas: a filosófica ou jusnaturalista sustenta que os direitos fundamentais podem ser vistos como direitos naturais de todos os homens, independentemente dos tempos e dos lugares; a constitucional ou estadual reconhece-os como os direitos mais importantes das pessoas, num determinado tempo e lugar, isto é, num Estado concreto ou numa comunidade de Estados; a universalista ou internacionalista considera-os direitos essenciais das pessoas num certo tempo, em todos os lugares ou, pelo menos, em grandes regiões do mundo.

Jorge Miranda[5] sustenta que direitos fundamentais são os direitos ou as posições jurídicas ativas das pessoas, sejam individual ou institucionalmente consideradas assentes na Constituição, quer em sentido formal, quer material.

José Afonso da Silva[6] diferencia:

> *Direitos humanos* é expressão preferida nos documentos internacionais. Contra ela, assim como contra a terminologia *direitos do homem*, objeta-se que não há direito que não seja humano ou do homem, afirmando-se que só o ser humano pode ser titular de direitos. Talvez já não mais assim, porque, aos poucos, se vai formando um direito especial de proteção aos animais. *Direitos fundamentais do homem* constitui a expressão mais adequada a este estudo, porque, além de referir-se a princípios que resumem a concepção do mundo e informam a ideologia política de cada ordenamento jurídico, é reservada para designar, no nível do direito positivo, aquelas prerrogativas e instituições que ele concretiza em garantias de uma convivência digna, livre e igual de todas as pessoas. No qualificativo fundamental acha-se a indicação de que se realiza, não convive e, às vezes, nem mesmo sobrevive; fundamentos do homem no sentido de que a todos, por igual, devem ser, não apenas formalmente reconhecidos, mas concreta e materialmente efetivados. Do homem, não como o macho da espécie, mas no sentido de pessoa humana. Direitos fundamentais do homem significa

---

4 *Os direitos fundamentais na Constituição portuguesa de 1976.* 3. ed. Coimbra: Almedina, 2004, p. 15.

5 *Manual de direito constitucional: direitos fundamentais.* 3. ed. Coimbra: Coimbra Editora, 2000, p. 7-8, t. IV.

6 *Curso de direito constitucional positivo.* 19. ed. São Paulo: Malheiros, 2001, p. 180-182.

direitos fundamentais da pessoa humana ou direitos fundamentais. É com esse conteúdo que a expressão direitos fundamentais encabeça o Título II da Constituição, que se completa, como direitos fundamentais da pessoa humana, expressamente, no artigo 17.

O ilustre doutrinador, com base em Pérez Luño, complementa a noção sobre "direitos fundamentais do homem":

> não significa esfera privada contraposta à atividade pública, como simples limitação ao Estado ou autolimitação deste, mas limitação imposta pela soberania popular aos poderes constituídos do Estado que dela dependem. Ao situarmos sua fonte na soberania popular, estamos implicitamente definindo sua historicidade, que é precisamente o que lhes enriquece o conteúdo e os deve pôr em consonância com as relações econômicas e sociais de cada momento histórico. A Constituição, ao adotá-los na abrangência com que o fez, traduziu um desdobramento necessário da concepção de Estado acolhida no art. 1º: Estado Democrático de Direito. O fato de o direito positivo não lhes reconhecer toda a dimensão e amplitude popular em dado ordenamento (restou dar, na Constituição, consequências coerentes na ordem econômica) não lhes retira aquela perspectiva, porquanto, como dissemos acima, na expressão também se contêm princípios que resumem uma concepção do mundo que orienta e informa a luta popular para a conquista definitiva da efetividade desses direitos[7].

Diante da pluralidade de conceitos, verifica-se que os direitos fundamentais podem ser concebidos como atributos ligados aos valores da dignidade humana, liberdade e igualdade. Esses valores têm o reconhecimento no ordenamento jurídico-positivo.

2. EVOLUÇÃO

Entre as culturas grega e romana era possível encontrar considerações acerca do reconhecimento de direitos das pessoas. Mas o reconhecimento efetivo dos direitos humanos mostra-se um fenômeno histórico recente.

No mundo ocidental, principalmente na Inglaterra, teve início o processo de fundamentalização, positivação e constitucionalização dos direitos e liberdade dos cidadãos.

Para Cristina Queiroz[8], consideram-se como precursores das modernas declarações que reconhecem direitos ao povo: a Magna Carta

---

7 José Afonso da Silva. *Curso,* cit., p. 182-183.

8 *Direitos fundamentais: teoria geral.* Coimbra: Coimbra Editora, 2002, p. 13.

Libertatum de 1215 – Constituição de João Sem Terra –; o *Petition of Rights* de 1628; o *Habeas Corpus Act* de 1679; e o *Bill of Rights* de 1689. Consideradas uma conquista no quesito "direitos do povo", na verdade, essas declarações estabelecem obrigações para os detentores do poder na sociedade, com limitações às prerrogativas. Formalmente não existiu um expresso reconhecimento de direitos aos indivíduos.

Efetivamente, as primeiras manifestações de direitos das pessoas, concretizadas nas declarações com força jurídica, devendo o Estado respeitar, assegurar e protegê-las, surgem com os movimentos revolucionários, à época da independência das colônias inglesas na América do Norte (século XVII) e da Revolução Francesa.

Segundo Alexandre de Morais[9], a Declaração de Independência dos Estados Unidos da América, em 4 de julho de 1776, tratou-se de documento de inigualável valor histórico e teve como tônica preponderante a limitação do poder estatal. O referido documento menciona o seguinte:

> "a história do atual Rei da Grã-Bretanha compõe-se de repetidos danos e usurpações, tendo todos por objetivo direto o estabelecimento da tirania absoluta sobre estes Estados. Para prová-los, permitam-nos submeter os fatos a um cândido mundo: Recusou assentimento a leis das mais salutares e necessárias ao bem público (…). Dissolveu Casas de Representantes repetidamente porque se opunham com máscula firmeza às invasões dos direitos do povo (…). Dificultou a administração da justiça pela recusa de assentimento a leis que estabeleciam poderes judiciários. Tornaram-se os juízes dependentes apenas da vontade dele para gozo do cargo e valor e pagamento dos respectivos salários (…). Tentou tornar o militar independente do poder civil e a ele superior (…)".

Posteriormente, surge a Declaração dos Direitos do Homem e do Cidadão, de 26 de agosto de 1789, período em que a generalização dos direitos de liberdade e dignidade da pessoa se manifestou como direito inerente ao homem, na qualidade de ser humano.

Paulo Bonavides[10] sustenta que:

> se constatou então, com irrecusável veracidade, que as declarações antecedentes de ingleses e americanos podiam talvez ganhar em concretude, mas perdiam em espaço de abrangência, portanto se dirigiam a uma camada social privilegiada (os barões feudais), quando muito a um povo ou a uma

---

9 Direito ao silêncio e comissões parlamentares do inquérito. *Revista do Ministério Público Militar*. Brasília, v. 29, n. 19, p. 19-20.

10 *Curso de direito constitucional*. 9. ed. São Paulo: Malheiros, 2000, p. 516.

sociedade que se libertava politicamente, conforme era o caso das antigas colônias americanas, ao passo que a Declaração Francesa de 1789 tinha por destinatário o gênero humano. Por isso mesmo, e pelas condições da época, foi a mais abstrata de todas as formulações solenes já feitas acerca da liberdade.

Em 3 de setembro de 1791, adveio a Constituição Francesa, com a abolição de diversas instituições que eram potenciais agressoras da liberdade e igualdade de direitos.

Mais adiante, a Constituição dos Estados Unidos da América, de 15 de dezembro de 1791, reconhece diversos direitos aos cidadãos, como a liberdade religiosa, liberdade de expressão, o direito da reunião, a inviolabilidade do domicílio, a instituição do Tribunal do Júri, o devido processo legal, entre outros.

Posteriormente, surge uma nova Constituição na França, em 24 de junho de 1793, tratando de forma clara a existência dos direitos fundamentais dos indivíduos, a estes garantindo o direito à igualdade, à liberdade, à segurança e à propriedade.

Depois dos movimentos ocorridos na Inglaterra, nos Estados Unidos e na França, vários outros países começaram a reconhecer os direitos fundamentais dos indivíduos.

Na Espanha, a Constituição de Cádiz, de 18 de março de 1812, reconhecia que o objeto do Governo era a felicidade da nação. No entanto, vedava a liberdade de religião.

Em 1822, a Constituição de Portugal reconhecia a liberdade de comunicação dos pensamentos. Por outro lado, ainda existia uma certa censura acerca da liberdade religiosa.

Em 1848, com a Constituição alemã, surge a expressão "direitos fundamentais".

Em 4 de novembro de 1848, houve a Declaração de Direitos da Constituição francesa. Segundo Alexandre de Moraes[11], esboçou uma ampliação em termos de direitos humanos fundamentais, que seria, posteriormente, definitiva a partir dos diplomas constitucionais do século XX.

No início do século XX, as constituições passaram a dedicar mais atenção aos direitos sociais.

---

11 Direito ao silêncio, cit., v. 29, n. 19, p. 21.

No México, a Constituição Querétaro, além de reconhecer diversos direitos fundamentais, passou a assegurar o direito à educação, à liberdade ao trabalho e ainda reconheceu a jornada de trabalho de 8 horas diárias, entre outros direitos trabalhistas.

Com a Constituição de Weimar, de 11 de agosto de 1919, ocorreu a passagem do constitucionalismo liberal – havia apenas a preocupação da autonomia do indivíduo perante o poder do Estado – para um constitucionalismo social, demonstrando a afirmação do Estado com fins de solidariedade e justiça social[12].

A Declaração Soviética dos Direitos do Povo Trabalhador e Explorado tinha por objeto suprimir toda a exploração do homem pelo homem, a abolir completamente a divisão da sociedade em classes, a esmagar implacavelmente todos os exploradores, a instaurar a organização socialista da sociedade e a fazer triunfar o socialismo em todos os países. Com o advento da Constituição Soviética, em 10 de julho de 1918, reconheceu-se o princípio da igualdade, independentemente de raça ou nacionalidade, assegurando-se, então, a prestação de assistência material e qualquer outra forma de apoio aos operários e aos camponeses mais pobres, a fim de concretizar a igualdade[13].

Em 10 de dezembro de 1948, surge a Declaração Universal dos Direitos do Homem, sendo, ainda hoje, o documento mais mencionado acerca dos direitos fundamentais.

3. EFICÁCIA VERTICAL E HORIZONTAL DOS DIREITOS FUNDAMENTAIS

A eficácia dos direitos fundamentais está intimamente ligada à verificação dos sujeitos que estão vinculados ou obrigados por essa categoria de direitos.

A. *Eficácia vertical*

A eficácia vertical dos direitos fundamentais refere-se à vinculação dos poderes públicos a essa categoria de direitos. Não há muita controvérsia acerca da sua incidência nas relações de natureza jurídico-públicas, tendo em vista que os direitos fundamentais se mostram justa-

---

12 José João Abrantes. *Contrato de trabalho e direitos fundamentais*. Coimbra: Almedina, 2005, p. 218.

13 Alexandre de Moraes. Direito ao silêncio..., cit., p. 23.

mente como os meios de defesa do cidadão perante o Estado, sendo este o ente de maior ameaça dos direitos e liberdades dos indivíduos.

No Brasil, não há disposição sobre a vinculação dos entes públicos aos direitos fundamentais. Ocorre o expresso reconhecimento dos direitos constantes na Constituição Federal, no Título II – Dos direitos e garantias fundamentais, garantindo, ainda, a não exclusão de direitos e garantias constantes de documentos internacionais ratificados pelo Brasil[14].

De acordo com as normas constitucionais, o Estado deve propiciar o gozo dos direitos fundamentais ao cidadão. Aliás, ao Estado cabe tanto proteger como promover o pleno e efetivo gozo de tais prerrogativas.

B. *Eficácia horizontal*

O termo demonstra que os direitos fundamentais também produzem efeitos nas relações privadas, contrariamente à eficácia vertical, em que aqueles somente resultam oponíveis às ações praticadas pelos entes públicos.

A eficácia horizontal dos direitos fundamentais é aplicada no campo das relações jurídico-privadas.

José João Abrantes[15], enfatizando a dignidade da pessoa humana, sustenta que:

> hoje a eficácia dos direitos e liberdades fundamentais nas relações de direito privado é, pois, exigida, por um lado, pela dignidade da pessoa humana, encarada no quadro de Estado Social de Direito e, por outro, pela nova dimensão objetiva atualmente reconhecida àqueles direitos.

Daniel Sarmento[16] complementa:

> não seria correto simplesmente transplantar o particular para a posição de sujeito passivo do direito fundamental, equiparando o seu regime jurídico ao dos Poderes Públicos, pois o indivíduo, diversamente do Estado, é titular de direitos fundamentais, e está investido pela própria Constituição em um poder de autodeterminação dos seus interesses privados.

---

14 Art. 5º, § 2º, da CF: "Os direitos e garantias expressos nesta Constituição não excluem outros decorrentes do regime e dos princípios por ela adotados, ou dos tratados internacionais em que a República Federativa do Brasil seja parte".

15 *Contrato de trabalho*, cit., p.72.

16 *Direitos fundamentais e relações privadas*. Rio de Janeiro: Lumen Juris, 2004, p. 223.

Segundo a lição de Mac Crorie[17], sustenta-se que as teorias de construção tradicionais defendidas se dividem entre aquelas que (I) negam a vinculação dos entes privados aos direitos fundamentais, aquelas que (II) entendem pela aplicação imediata dos preceitos constitucionais nas relações jurídicas entre os particulares (teorias monistas), e aqueles que (III) admitem a incidência indireta dos direitos fundamentais nas relações entre os sujeitos privados (teorias dualistas).

É cada vez mais rara a doutrina que nega a incidência dos direitos fundamentais nas relações entre os particulares. No entanto, para os que negam a sua aplicação nas relações privadas, as supostas ameaças às liberdades encontram-se nas leis civis ou criminais e não no âmbito da Constituição.

Nos termos da teoria da eficácia horizontal indireta ou mediata, a aplicação das normas de direitos fundamentais, no âmbito das relações jurídicas entre os particulares, não ocorre de forma direta, devendo o legislador intervir e transladar para o direito privado as normas de direitos fundamentais. Segundo a tese, verifica-se que a doutrina não se opõe à aplicação dos direitos fundamentais nas relações entre os sujeitos particulares, mas não aceita a sua incidência de forma direta e imediata.

Segundo a teoria da eficácia direta ou imediata, como a própria expressão sugere, as relações jurídicas entre os sujeitos privados estão sujeitas às disposições constitucionais de forma direta ou imediata, sem qualquer intervenção do legislador, gerando aos cidadãos oponíveis direitos *erga omnes*.

Daniel Sarmento[18] também escreve:

> os adeptos da teoria da eficácia imediata dos direitos fundamentais nas relações privadas não negam a existência de especificidades nesta incidência, nem a necessidade de ponderar o direito fundamental em jogo com a autonomia privada dos particulares envolvidos no caso.

Segundo a teoria dos deveres de proteção, esta, em certa medida, aproxima-se da teoria da eficácia mediata ou indireta. O Estado (por intermédio do legislador) não tem apenas o dever de evitar a intervenção de forma indevida, mas, também, o dever de estabelecer proteção

---

17 *A vinculação dos particulares aos direitos fundamentais*. Coimbra: Almedina, 2005, p. 20.

18 *Direitos fundamentais*, cit., p. 246.

aos cidadãos contra possíveis ofensas praticadas por particulares aos seus direitos fundamentais.

A teoria da convergência estadista assenta-se sobre o pressuposto de que o Estado seria responsável por eventuais afrontas aos direitos fundamentais no âmbito das relações jurídicas entre os sujeitos privados. Fundamenta-se que, ao não estabelecer uma norma proibitiva de um ato que possa gerar ofensa àquela categoria de direitos, os poderes públicos assumiriam o risco, passando a ser garantes dos danos ocorridos.

4. O TRATAMENTO DA CONSTITUIÇÃO CIDADÃ DE 1988 AOS DIREITOS FUNDAMENTAIS

Entre 1964 a 1985 perdurou um longo período de regime militar ditatorial no Brasil.

A transição democrática, lenta e gradual, permitiu a formação de um controle civil sobre as forças militares[19], culminado na promulgação

---

19 Nesse sentido, escreve Flávia Piovesan: "Sobre o processo de transição, afirma Adam Przeworski: 'A questão central, concernente às transições, é se elas são capazes de assegurar uma democracia autossustentável, isto é, um sistema no qual as forças politicamente relevantes 1) sujeitam seus valores e interesses às instituições democráticas e 2) consentem com os resultados do processo político. Uma democracia autossustentável é estabelecida quando a maior parte dos conflitos é processada por instituições democráticas, quando ninguém pode controlar os resultados do processo político 'ex post', quando os resultados não são predeterminados, já que envolvem limites previsíveis e invocam o respeito de forças políticas relevantes. Em termos menos abstratos, uma transição para um regime democrático é completa quando: 1) há uma possibilidade real de alternância partidária; 2) mudanças políticas reversíveis podem resultar de uma alternância partidária; e 3) um efetivo controle civil é estabelecido relativamente aos militares. (...) Se a democracia está por se consolidar, quatro problemas precisam ser resolvidos ao longo do processo: 1) uma estrutura institucional de contestação, para usar a terminologia de Dahl, precisa ser criada; 2) um regime representativo competitivo necessita ser estabelecido; 3) conflitos econômicos precisam ser solucionados pelas instituições democráticas; 4) os militares devem ficar sob controle civil'" (Adam Przeworski, The games of transition, in Scott Mainwaring, Guillermo O'Donnel e J. Samuel Valenzuela (orgs.), *Issues in democratic consolidation: the new South American democracies in comparative perspective,* p. 105-106). "Conclui o mesmo autor: 'Uma estrutura institucional que permita transformações sociais e econômicas, um regime que é competitivo e representativo, os militares sob controle dos civis: estas são condições essenciais para que uma democracia seja autossustentável. Nada garante, entretanto, que estas condições sejam estabelecidas com o processo de transição'" (The games of transition, p. 134). "Para Scott Mainwaring: 'A democracia precisa satisfazer critérios procedimentais de uma nova ordem constitucional – nascia assim a Constituição de outubro de 1988.

Instaura-se no País o regime político democrático. Ocorre, também, um imenso avanço das garantias e direitos fundamentais da sociedade brasileira, sendo considerada a Carta mais abrangente sobre os direitos humanos no Brasil.

José Afonso da Silva[20] destaca:

> É a *Constituição Cidadã*, na expressão de Ulysses Guimarães, Presidente da Assembleia Nacional Constituinte que a produziu, porque teve ampla participação popular em sua elaboração e especialmente porque se volta decididamente para a plena realização da cidadania.

A Constituição de 1988 projeta a construção de um Estado Democrático de Direito, com fundamentos básicos na cidadania e dignidade da pessoa humana (art. 1º, incisos II e III).

Segundo Paulo Bonavides[21], "nenhum princípio é mais valioso para compendiar a unidade material da Constituição que o princípio da dignidade da pessoa humana".

Jorge Miranda afirma[22]: "A Constituição confere uma unidade de sentido, de valor e de concordância prática ao sistema dos direitos funda-

---

básicos: 1) eleições competitivas devem ser o caminho para o Governo em formação. Eleições precisam oferecer a possibilidade de alternância no poder ainda que, como no caso do Japão, nenhuma alternância verdadeira ocorra; 2) deve ser assegurada uma ampla cidadania. Nas décadas recentes isto implica praticamente em cidadania universal. Quase todos os países preveem algumas exclusões – presos, militares, e, por vezes, os analfabetos. Os analfabetos, entretanto, podem ser tão numerosos que sua exclusão pode esvaziar a noção de amplo sufrágio. É impossível estabelecer com exatidão quais exclusões fazem com que o regime não se faça mais democrático, em parte porque a tolerância em relação a exclusões tem diminuído ao longo do tempo. Democracias precisam proteger os direitos das minorias e assegurar respeito às liberdades civis fundamentais. Esta dimensão é importante porque, ainda que um regime garanta eleições competitivas, com ampla participação, se se abstiver de garantir liberdade civil, não pode ser considerado uma plena democracia'" (Transitions..., in: Scott Mainwaring, Guillermo O'Donnel e J. Samuel Valenzuela (orgs.), *Issues*, cit., p. 298).

20 *Curso de direito constitucional positivo.* 19. ed. São Paulo: Malheiros, 2001, p. 90.

21 *Teoria constitucional da democracia participativa.* 2001, São Paulo: Malheiros, p. 233.

22 *Manual de direito constitucional.* 3. ed. Coimbra: Coimbra Editora, 2000, p. 166. t. IV.

mentais. E ela repousa na dignidade da pessoa humana, ou seja, na concepção que faz a pessoa fundamento e fim da sociedade e do Estado".

José Afonso da Silva[23] complementa:

> A afirmação dos direitos fundamentais do homem no Direito Constitucional positivo reveste-se de transcendental importância, mas, como notara Maurice Hauriou, não basta que um direito seja reconhecido e declarado, é necessário garanti-lo, porque virão ocasiões em que será discutido e violado. Ruy Barbosa já dizia que uma coisa são os direitos, outra as garantias, pois devemos separar, "no texto da lei fundamental, as disposições meramente declaratórias, que são as que imprimem existência legal aos direitos reconhecidos, e as disposições assecuratórias, que são as que, em defesa dos direitos, limitam o poder. Aquelas instituem os direitos; estas, as garantias: ocorrendo não raro juntar-se, na mesma disposição constitucional, ou legal, a fixação da garantia, com a declaração do direito". Não são nítidas, porém, as linhas divisórias entre direitos e garantias, como observa Sampaio Dória, para quem "os direitos são garantias, e as garantias são os direitos", ainda que se procure distingui-los. Nem é decisivo, em face da Constituição, afirmar que os direitos são declaratórios e as garantias assecuratórias, porque as garantias em certa medida são declaradas e, às vezes, se declaram os direitos usando forma assecuratória. A Constituição, de fato, não segue regra que aparte as duas categorias, nem sequer adota terminologia precisa a respeito das garantias. Assim é que a rubrica do Título II anuncia: "Dos direitos e garantias fundamentais", mas deixa à doutrina pesquisar onde estão os direitos e onde se acham as garantias. O Capítulo I desse Título traz a rubrica: "Dos direitos e deveres individuais e coletivos", não menciona as garantias, mas boa parte dele constitui-se de garantias. Ela se vale de verbos para declarar direitos que são mais apropriados para anunciar garantias. Ou talvez, melhor diríamos, ela reconhece alguns direitos garantido-os.

A Constituição de 1988 foi a primeira Constituição a abordar o princípio da prevalência dos direitos humanos como princípio fundamental. De acordo com o art. 4º, a República Federativa do Brasil rege-se nas suas relações internacionais pelos seguintes princípios: independência nacional (I); prevalência dos direitos humanos (II); autodeterminação dos povos (III); não intervenção (IV); igualdade entre os Estados (V); defesa da paz (VI); solução pacífica dos conflitos (VII); repúdio ao terrorismo e ao racismo (VIII); cooperação entre os povos para o progresso da humanidade (IX); concessão de asilo político (X).

---

23 *Curso*, cit., p. 189.

Flávia Piovesan[24] comenta:

> A partir do momento em que o Brasil se propõe a fundamentar suas relações com base na prevalência dos direitos humanos, está ao mesmo tempo reconhecendo a existência de limites e condicionamentos à noção de soberania estatal. Isto é, a soberania do Estado brasileiro fica submetida a regras jurídicas, tendo como parâmetro obrigatório a prevalência dos direitos humanos. Rompe-se com a concepção tradicional de soberania estatal absoluta, reforçando o processo de sua flexibilização e relativização, em prol da proteção dos direitos humanos. Esse processo é condizente com as exigências do Estado Democrático de Direito constitucionalmente pretendido.

Segundo o art. 5°, § 2°, da Constituição Federal, todos os tratados de direitos humanos, independentemente de *quorum* de aprovação, são materialmente constitucionais. O § 3° do mesmo *caput* trata do *quorum* qualificado, no qual reforça a natureza constitucional dos tratados de direitos humanos, adicionando um lastro formalmente constitucional aos tratados ratificados. Nessas hipóteses, os tratados são equiparados às emendas à Constituição, enquanto os demais tratados internacionais têm força hierárquica infraconstitucional, conforme enfatiza o art. 102, III, *b*, da Constituição Federal. Essa diferenciação justifica-se pelo caráter especial atribuído à proteção dos direitos humanos.

À luz do princípio da máxima efetividade constitucional, o Ministro Celso de Mello manifestou-se a respeito do impacto do art. 5°, § 3°, e da necessidade de atualização jurisprudencial do Supremo Tribunal Federal, por ocasião do julgamento do HC 87.585-5, em 12 de março de 2008, envolvendo a problemática da prisão civil do depositário infiel:

> O Poder Judiciário constitui o instrumento concretizador das liberdades constitucionais e dos direitos fundamentais assegurados pelos tratados e convenções internacionais subscritos pelo Brasil. Essa alta missão, que foi confiada aos juízes e Tribunais, qualifica-se como uma das mais expressivas funções políticas do Poder Judiciário. (...) é dever dos órgãos do Poder Público – e notadamente dos juízes e Tribunais – respeitar e promover a efetivação dos direitos humanos garantidos pelas Constituições dos Estados nacionais e assegurados pelas declarações internacionais, em ordem a permitir a prática de um constitucionalismo democrático aberto ao processo de crescente internacionalização dos direitos básicos da pessoa humana. (...) Após longa reflexão sobre o tema, (...), julguei necessário reavaliar certas formulações e premissas teóricas que me conduziram a conferir aos tratados internacionais em geral (qualquer que fosse a matéria neles veiculada), posição juridicamente equivalente à das leis ordinárias. As razões

---

24 *Direitos humanos*, cit., p. 40-41.

invocadas neste julgamento, no entanto, convencem-me da necessidade de se distinguir, para efeito de definição de sua posição hierárquica em face do ordenamento positivo interno, entre as convenções internacionais sobre os direitos humanos (revestidas de "supralegalidade", como sustenta o eminente Ministro Gilmar Mendes, ou impregnadas de natureza constitucional, como me inclino a reconhecer) e tratados internacionais sobre as demais matérias (compreendidos estes numa estrita perspectiva de paridade normativa com as leis ordinárias). (...) Tenho para mim que uma abordagem hermenêutica fundada em premissas axiológicas que dão significativo realce e expressão ao valor ético-jurídico – constitucionalmente consagrado (CF, art. 4º, II) – da "prevalência dos direitos humanos" permitirá, a esta Suprema Corte, rever a sua posição jurisprudencial quanto ao relevantíssimo papel, à influência e à eficácia (derrogatória e inibitória) das convenções internacionais sobre direitos humanos no plano doméstico e infraconstitucional do ordenamento positivo do Estado brasileiro. (...) Em decorrência dessa reforma constitucional, e ressalvadas as hipóteses a ela anteriores (considerando, quanto a estas, o disposto no § 2º do art. 5º da Constituição), tornou-se possível, agora, atribuir, formal e materialmente, às convenções internacionais sobre direitos humanos, hierarquia jurídico-constitucional, desde que observado, quanto ao processo de incorporação de tais convenções, o 'iter' procedimental concernente ao rito de apreciação e de aprovação das propostas de Emenda à Constituição, consoante prescreve o § 3º do art. 5º da Constituição (...). É preciso ressalvar, no entanto, como precedentemente já enfatizado, as convenções internacionais de direitos humanos celebrados antes do advento da EC n. 45/2004, pois, quanto a elas, incide o § 2º do art. 5º da Constituição, que lhes confere natureza materialmente constitucional, promovendo sua integração e fazendo com que se subsumam à noção mesma de bloco de constitucionalidade.

A partir do reconhecimento explícito da natureza materialmente constitucional dos tratados de direitos humanos, o § 3º do art. 5º permite atribuir o *status* de norma formalmente constitucional aos tratados de direitos humanos que obedecerem ao procedimento nele contemplado. Logo, para que os tratados de direitos humanos, a serem ratificados, obtenham assento formal na Constituição, requer-se a observância de *quorum* qualificado de três quintos dos votos dos membros de cada Casa do Congresso Nacional, em dois turnos – que é justamente o *quorum* exigido para aprovação de emendas à Constituição, nos termos do art. 60, § 2º, da Carta de 1988. Nesse caso, os tratados de direitos humanos formalmente constitucionais são equiparados às emendas à Constituição, isto é, passam a integrar formalmente o Texto Constitucional.

Os tratados de direitos humanos materialmente constitucionais são suscetíveis de denúncia, em virtude das peculiaridades do regime de Direito Internacional público, sendo de rigor a democratização do processo de denúncia, com a necessária participação do Legislativo. Quanto aos tratados de direitos humanos material *e formalmente* constitucionais, estes são insuscetíveis de denúncia.

A partir da Constituição de 1988, importantes tratados internacionais de direitos humanos foram ratificados pelo Brasil, podendo-se destacar: a) Convenção Interamericana para Prevenir e Punir a Tortura, em 20 de julho de 1989; b) Convenção contra a Tortura e outros Tratamentos Cruéis, Desumanos ou Degradantes, em 28 de setembro de 1989; c) Convenção sobre os Direitos da Criança, em 24 de setembro de 1990; d) Pacto Internacional dos Direitos Civis e Políticos, em 24 de janeiro de 1992; e) Pacto Internacional dos Direitos Econômicos, Sociais e Culturais, em 24 de janeiro de 1992; f) Convenção Americana de Direitos Humanos, em 25 de setembro de 1992; g) Convenção Interamericana para Prevenir, Punir e Erradicar a Violência contra a Mulher, em 27 de novembro de 1995; h) Protocolo à Convenção Americana referente à Abolição da Pena de Morte, em 13 de agosto de 1996; i) Protocolo à Convenção americana referente aos Direitos Econômicos, Sociais e Culturais (Protocolo de San Salvador), em 21 de agosto de 1996; j) Convenção Interamericana para eliminação de todas as formas de Discriminação contra Pessoas Portadoras de Deficiência, em 15 de agosto de 2001; k) Estatuto de Roma, que cria o Tribunal Penal Internacional, em 29 de junho de 2002; l) Protocolo Facultativo à Convenção sobre a Eliminação de todas as formas de Discriminação contra a Mulher, em 28 de junho de 2002; m) Protocolo Facultativo à Convenção sobre os Direitos da Criança sobre o Envolvimento de Crianças em Conflitos Armados, em 27 de janeiro de 2004; n) Protocolo Facultativo à Convenção sobre os Direitos da Criança sobre Venda, Prostituição e Pornografia Infantis, em 27 de janeiro de 2004; o) Protocolo Facultativo à Convenção contra a Tortura e outros Tratamentos ou Penas Cruéis, Desumanas ou Degradantes, em 11 de janeiro de 2007.

5. REFLEXOS DA APLICAÇÃO DOS DIREITOS FUNDAMENTAIS NO DIREITO DO TRABALHO

Os direitos fundamentais acompanham a valorização dos direitos humanos, trazendo garantias ao cidadão perante o Estado. Em decorrência, há a tutela de direitos tanto do homem e do cidadão quanto do trabalhador.

Ressalte-se que os direitos fundamentais compõem estruturas básicas do Direito do Trabalho, considerando as características especiais de uma relação jurídica.

O fenômeno da constitucionalização do Direito do Trabalho passou a tutelar o trabalhador-cidadão, com a promoção da dignidade da pessoa humana no âmbito de uma relação trabalhista.

Amauri Mascaro Nascimento[25] afirma:

> Esses direitos, na esfera das relações de trabalho, têm como fundamento a necessidade de garantia de um mínimo ético, que deve ser preservado nos ordenamentos jurídicos, nas relações de trabalho como forma de organização jurídico-moral da sociedade quanto à vida, saúde, integridade física, personalidade e outros bens jurídicos valiosos para a defesa da liberdade e integração dos trabalhadores na sociedade, perante a qual têm o dever-direito ao trabalho. Não são restritos ao empregado, mas por serem fundamentais, devem estender-se a todo aquele que prestar um trabalho subordinado ou por conta alheia, o que abre o horizonte da sua aplicabilidade para formas atípicas de contratação do trabalho com o temporário, avulso, eventual, intermitente e todo aquele que vier a ser enquadrado na rede de proteção da legislação trabalhista. A aplicação desses direitos a todo trabalhador, empregado, autônomo, eventual, parassubordinado decorre da sua natureza. São direitos previstos em leis inderrogáveis porque são de ordem pública absoluta. Não dependem do poder dispositivo das partes.

Segundo José João Abrantes[26], a doutrina caminha com a finalidade de estabelecer a denominada cidadania na empresa, ou seja, com a finalidade de dar ênfase ao que se passou a designar direitos fundamentais.

Nos demais campos das relações jurídico-privadas, a doutrina majoritária entende pela aplicação direta ou imediata dos direitos fundamentais no âmbito das relações trabalhistas, tendo em vista que, apenas e somente desta maneira, seria possível a efetiva proteção dos direitos e liberdades públicas dos trabalhadores.

---

25 *Curso de direito do trabalho.* 24. ed. São Paulo: Saraiva, 2009, p. 478.

26 *Contrato de trabalho*, cit., p.107.

A intangibilidade do conteúdo essencial dos direitos fundamentais dos trabalhadores e a flagrante desigualdade entre os sujeitos envolvidos nas relações trabalhistas – empregados e empregadores –, em face da grande concentração de poder nas mãos do empresário no seio dessas relações, podem ser consideradas motivos justificadores para a aplicação da eficácia direta ou imediata dos direitos fundamentais no âmbito do contrato de trabalho[27].

Embora seja de suma importância no ordenamento jurídico, os direitos fundamentais não possuem caráter absoluto. É necessária a aplicação do princípio da proporcionalidade, pois, em determinados momentos, será possível a ocorrência de colisão dos direitos fundamentais com outros bens e direitos, também assegurados pelas normas constitucionais.

Assim, qualquer medida que eventualmente restrinja um direito fundamental deverá ser adequada para a proteção ou garantia de um outro bem também resguardado pela Constituição.

Segundo o princípio da necessidade, toda medida que tenha por finalidade a limitação de um direito fundamental, ao mesmo tempo detém um caráter imprescindível para a proteção de outro valor ou bem constitucionalmente garantido.

O princípio da proporcionalidade desempenha uma tarefa essencial na preservação e proteção dos direitos fundamentais do trabalhador perante os poderes empresariais.

Os direitos individuais e coletivos previstos no texto constitucional correspondem aos direitos diretamente ligados ao conceito de pessoa humana e de sua própria personalidade, como: vida, dignidade, honra, liberdade. Por sua vez, os direitos sociais caracterizam-se como verdadeiras liberdades positivas, de observância obrigatória em um Estado Social de Direito. Proporcionam a melhoria das condições de vida dos hipossuficientes e, em consequência, a concretização da igualdade social, que configura um dos fundamentos de nosso Estado Democrático, conforme prevê o art. 1º, IV, da Constituição Federal[28].

A Constituição Federal, ao realçar os direitos humanos, coletivos e difusos, redimensionou o próprio Direito Coletivo do Trabalho, uma vez que promoveu acentuada valorização da organização sindical, da nego-

---

27 José João Abrantes. *Contrato de trabalho*, cit. p. 131.

28 Alexandre de Moraes. *Direitos humanos fundamentais*. 4. ed. São Paulo: Atlas, 2002, p. 43.

ciação coletiva de trabalho e, como esperado, amplo exercício do direito de greve, embora com restrições aceitáveis em um ambiente democrático.

Apesar de sua significativa evolução nos últimos anos perante a crise do emprego, o sindicalismo brasileiro ainda não atingiu maturidade e desenvolvimento ideais para cumprir o seu papel social, que é a busca do bem-estar e da satisfação dos seus associados.

Para Enoque Ribeiro dos Santos[29], a plena liberdade sindical, sob a égide da Convenção n. 87 da Organização Internacional do Trabalho, a ampla negociação coletiva de trabalho, em todos os níveis, o direito de greve, a organização dos trabalhadores no chão de fábrica, ou no local de trabalho, constituem instrumentos jurídicos que devem ser implementados, e, de forma derivada, incorporados às normas aplicáveis aos instrumentos coletivos, de forma a compatibilizar o Direito Coletivo do Trabalho e os fundamentos da dignidade da pessoa humana na Constituição Federal de 1988. A liberdade sindical é reconhecida pela Organização Internacional do Trabalho e pela mais abalizada doutrina como legítima expressão dos direitos fundamentais da pessoa humana.

Conclui, ainda, o mesmo autor:

> Em outras palavras, prover uma contribuição decisiva para a máxima eficácia dos direitos fundamentais, justiça social e, na medida do possível, servir como um instrumento de equalização de oportunidades para os trabalhadores, mitigando as mazelas sociais encontradas no mundo do trabalho, muitas das quais inconciliáveis com a evolução dos direitos humanos em pleno século XXI – trabalho escravo, trabalho degradante, trabalho de crianças e adolescentes em lixões, assédio sexual, discriminação de toda ordem etc. – notadamente em sua dupla dimensão objetiva e subjetiva[30].

Dessa forma, é inegável que a aplicação e o respeito aos direitos humanos fundamentais na seara trabalhista contribuirão inexoravelmente para a melhoria da condição social do trabalhador e promoção dos direitos trabalhistas, obrigando o Estado a aperfeiçoar a sua legislação em prol do incremento da proteção, bem como forçando o empregador a tomar a energia de trabalho balizado na dignidade da pessoa do trabalhador, e orientando o obreiro a exigir condições dignas de labor, o que somente é possível com a eficácia horizontal em suas dimensões objetiva e subjetiva.

---

29 Internacionalização dos direitos humanos trabalhistas: O advento da dimensão objetiva e subjetiva dos direitos fundamentais. *Revista do Ministério Público do Trabalho*, n. 36, ano XVIII, set. 2008, p. 125.

30 Enoque Ribeiro dos Santos, *Internacionalização dos direitos humanos trabalhistas*, cit., p.127.

III
RELAÇÃO DE TRABALHO E RELAÇÃO DE EMPREGO

1. INTRODUÇÃO

A relação de trabalho e a relação de emprego são modalidades de relação jurídica que pressupõem, no mínimo, duas pessoas e uma norma jurídica qualificadora de uma relação social. Essa relação cria um vínculo jurídico cujos interesses particulares entre as partes resultam em direitos e obrigações recíprocos.

A expressão "relação de trabalho" é muito mais abrangente, pois compreende todas as formas de prestação de serviço por uma pessoa física em favor de outra pessoa física ou jurídica.

No entanto, a expressão "relação de emprego" é mais restrita, na medida em que compreende apenas os serviços prestados sob determinadas condições que justificam a aplicação das normas protetivas trabalhistas, pois nem todo trabalhador possui relação de emprego.

Segundo Carlos Henrique da Silva Zangrando[31], "Diversas vezes a locução *relação de trabalho* é confundida ou utilizada como sinônimo da *relação de emprego*, o que se explica pela influência de parte da doutrina laboral dos países de língua espanhola".

Alguns autores consideram que a expressão "relação de trabalho" não está correta. Alguns sugerem o uso dos termos "contrato de emprego" ou "relação de emprego". Defendem que "relação de emprego" se refere apenas à relação entre empregador e trabalhador assalariado e subordinado, enquanto o termo "relação de trabalho" abrange todas as relações de prestação de trabalho, mesmo o não subordinado.

---

31 *Curso de direito do trabalho*. São Paulo: LTr, 2008, p. 421, t. II.

Délio Maranhão[32], ao comentar determinado trecho da obra *Derecho español del trabajo*, afirma:

> À distinção entre trabalho autônomo e trabalho subordinado prendem-se as duas categorias de locação de serviço, vindas do Direito Romano: *locatio operis* e *locatio operarum*. Na primeira, é o resultado do trabalho que importa; na segunda, a própria força de trabalho. Enquanto na *locatio operis* o risco do resultado permanece a cargo de quem se obriga a realizar certa obra (empreiteiro), na *locatio operarum* recai sobre aquele que adquire o direito de dispor do trabalho alheio (empregador). O contrato de trabalho, porém, como iremos ver, é um contrato com individualidade especial, distinta de todos os demais contratos de direito privado, não se ajustando, assim, aos moldes do Direito Romano. Daí não apresentarem tais categorias, para o Direito do Trabalho, a mesma importância que lhes emprestava a doutrina clássica no Direito Civil. Dentro do sistema geral da produção industrial – escreve *Gallart Folch* – "não existe diferença maior entre o que presta um serviço ou executa uma obra, sempre que o façam para um empregador e sob a dependência deste".

Para Rubens Requião[33], "o contrato de representação comercial situa-se no plano da colaboração na realização de negócio jurídico, acarretando remuneração de conformidade com o seu resultado útil".

A CLT emprega o termo "contrato individual de trabalho" em seu art. 442: "Contrato individual de trabalho é o acordo tácito ou expresso, correspondente à relação de emprego".

No entanto, a tradicional definição de que relação de trabalho é gênero; e relação de emprego, espécie, parte de uma premissa extremamente simplista, desconsiderando as novas formas de organização de trabalho e de prestação de serviços, como terceirização e intermediação de mão de obra, quarteirização, grupos econômicos multinacionais, subordinação estrutural, integrativa e a distância etc.

2. RELAÇÃO DE TRABALHO

Trata-se de qualquer vínculo jurídico em que uma pessoa natural presta serviços ou obras a outrem mediante pagamento de uma contraprestação. Sempre que um trabalho de meio ou de resultado for prestado por uma pessoa em proveito de outra, haverá uma relação de trabalho *lato sensu*.

---

32 *Instituições de direito do trabalho*. 19. ed. São Paulo: LTr, 2000, v. 1, p. 235.

33 *Curso de direito comercial*. 21. ed. São Paulo: Saraiva, 1993, v. 1, p. 163.

Para Maurício Godinho Delgado[34], a expressão relação de trabalho tem caráter genérico:

refere-se a todas as relações jurídicas caracterizadas por terem sua prestação essencial centrada em uma obrigação de fazer consubstanciada em labor humano. Refere-se, pois, a toda modalidade de contratação de trabalho humano modernamente admissível. A expressão relação de trabalho englobaria, desse modo, a relação de emprego, a relação de trabalho autônomo, a relação de trabalho eventual, de trabalho avulso e outras modalidades de pactuação de prestação de labor (como trabalho de estágio, etc.). Traduz, portanto, o gênero a que se acomodam todas as formas de pactuação de trabalho existente no mundo jurídico atual".

Para José Cairo Junior[35], relação de trabalho é espécie do gênero das relações jurídicas obrigacionais, em específico, daquelas que derivam de um negócio jurídico (contrato e declaração unilateral de vontade), e um dos contratantes obriga-se a fazer (executar) determinado serviço.

Mauro Schiavi[36] afirma:

"Relação de trabalho" pressupõe "trabalho prestado por conta alheia, em que o trabalhador (pessoa física) coloca sua força de trabalho em prol de outra pessoa (física ou jurídica), podendo o trabalhador correr ou não os riscos da atividade. Desse modo, estão excluídas as modalidades de relação de trabalho em que o trabalho for prestado por pessoa jurídica, porquanto, nessas modalidades, embora haja relação de trabalho, o trabalho humano não é o objeto dessas relações jurídicas e sim um contrato de natureza cível ou comercial".

Carlos Zangrando[37] lembra a lição de Hirosê Pimpão:

quando um particular contrata com um jardineiro a limpeza do jardim de sua residência, estabelece-se entre ambos uma relação de trabalho sem que tenha sido celebrado contrato de trabalho entre eles, nem qualquer relação de emprego. Em todos os casos de trabalho por conta própria haverá relação de emprego. Em todos os casos de trabalho por conta própria haverá relação de trabalho, toda vez que eles acertarem a execução de algum serviço. Mas não haverá contrato de trabalho, nem relação de emprego, como antecedente ou como consequente desse acertamento.

---

34 *Curso de direito do trabalho.* 8. ed. São Paulo: LTr, 2009, p. 265.

35 *Curso de direito do trabalho.* Salvador: Jus Podivm, 2008, p. 123.

36 O alcance da expressão relação de trabalho e a competência da justiça do trabalho um ano após a emenda constitucional. *Revista TST*, v. 72, n. 1, jan./abr., 2006, p. 38.

37 *Curso*, cit., p. 422.

2.1. TIPOS DE RELAÇÃO DE TRABALHO

A relação de trabalho pode ser estabelecida de diversas formas: relação de trabalho autônomo, relação de trabalho avulso, relação de trabalho eventual, relação de trabalho institucional, relação de trabalho estágio, relação de trabalho voluntário, relação de trabalho subordinado (relação de emprego) etc.

2.1.1. O TRABALHO AUTÔNOMO

No trabalho autônomo não existe subordinação, uma vez que o prestador de serviço atua como patrão de si mesmo, não transferindo para terceiro o poder de organização de sua atividade.

O trabalhador autônomo desenvolve suas atividades por conta própria, pois não está subordinado juridicamente ao tomador de serviços.

Sérgio Pinto Martins[38] define: "O trabalhador autônomo é, portanto, a pessoa física que presta serviços habitualmente por conta própria a uma ou mais de uma pessoa, assumindo os riscos de sua atividade econômica".

O elemento fundamental que identifica o trabalhador autônomo é a falta de subordinação, pois não está sujeito ao poder de direção e comando do empregador, podendo exercer livremente sua atividade.

A partir de 1990 o fenômeno do trabalho autônomo despertou maior interesse nos juristas do direito do trabalho europeu devido à precarização dessa modalidade laboral, que passou a ser, em diversos casos, exercida em piores condições que a dos empregados submetidos à via contratual, sendo uma forma de "escapar" das exigências legais e do custo do trabalho subordinado.

As leis sobre contratos de trabalho passaram a ter maior abrangência, entendendo-se por contrato de trabalho um gênero com duas grandes áreas (o trabalho subordinado e o trabalho autônomo), acrescidas, na doutrina italiana, de uma terceira (intermediária), denominada trabalho parassubordinado, em que foram incluídos diversos novos tipos contratuais, como o trabalho contínuo coordenado e de colaboração, o trabalho a projeto, o trabalho intermitente ("a chamada"), ou seja,

---

38 *Direito do trabalho.* 25. ed. São Paulo: Atlas, 2009, p. 149.

novas técnicas legais de contratação do trabalho pendendo para a esfera do trabalho autônomo[39].

Atualmente, temos uma grande diversificação de trabalhos autônomos, com profissionais de diversas áreas que recorrem à atividade por conta própria, buscando novos meios de subsistência.

O mercado de trabalhadores autônomos vem crescendo a cada dia, e com esse crescimento surgem, também, as irregularidades/simulações na contratação.

Maurício Godinho Delgado[40] define:

> O trabalhador autônomo consiste, entre todas as figuras próximas à do empregado, naquela que tem maior generalidade, extensão e importância sociojurídica no mundo contemporâneo. Na verdade, as relações autônomas de trabalho consubstanciam leque bastante diversificado, guardando até mesmo razoável distinção entre si.

O contrato de trabalho do autônomo é denominado "contrato de prestação de serviços", sendo regulado pelos arts. 593 a 609 do Código Civil.

A Emenda Constitucional n. 45/2004 (Reforma do Poder Judiciário) determinou a competência da Justiça do Trabalho para dirimir quaisquer conflitos na relação do trabalhador autônomo.

Na Justiça do Trabalho, a descaracterização do trabalho autônomo e a configuração da relação de emprego, mediante provas, ou não, da subordinação, são questões judiciais que despertam acirrados debates. Sérgio Pinto Martins afirma[41]:

> Há, entretanto, dificuldades, em certos casos, em se verificar se existe ou não esse elemento para a definição da relação de emprego. Em outras oportunidades, é preciso analisar a quantidade de ordens a que está sujeito o trabalhador, para se notar se pode desenvolver normalmente seu mister sem qualquer ingerência do empregador. A questão, geralmente, é de fato. É preciso o estudo dos fatos inerentes à relação das partes para constatar se o trabalhador é empregado ou autônomo; daí por que dizer que o contrato de trabalho é um contrato de emprego.

Alice Monteiro de Barros[42] acena no seguinte sentido:

---

39 Amauri Mascaro Nascimento. *Curso*, cit., p. 839.

40 *Curso*, cit., p. 318.

41 *Direito do trabalho*, cit., p. 150.

42 *Curso de direito do trabalho*. 5. ed. São Paulo: LTr, 2009, p. 285.

A debilidade do critério da subordinação funcional do empregado em relação ao empregador não supõe a eliminação da relação de emprego, mas mera insuficiência desse critério em certas situações, principalmente quando envolve trabalhos intelectuais.

A subordinação ou a sua falta é o requisito mais importante para determinar a controvérsia entre ser trabalhador autônomo ou empregado. Quanto maior a sua incidência, maior será a possibilidade da existência da subordinação, caracterizando, assim, o contrato de trabalho.

2.1.2. O TRABALHO AVULSO

O trabalho avulso nos portos brasileiros foi regulamentado pela Lei n. 8.630/93, que criou o OGMO – Órgão Gestor de Mão de Obra, que administra o trabalho portuário. A Portaria n. 3.107/71 do Ministério do Trabalho e Emprego relaciona várias classes de trabalhadores avulsos: estivadores; conferentes de carga e descarga; vigias portuários; capatazes; arrumadores; ensacadores de café, cacau, sal e similares; classificadores de frutas; práticos de barras e de portos; e, ainda, alguns trabalhadores na extração de sal, no comércio de café e na indústria de pescado.

Amauri Mascaro Nascimento[43] esclarece:

> o trabalhador avulso que exerce sua atividade no porto também aliena o poder de direção sobre o próprio trabalho em troca de remuneração. Mas não tem vínculo empregatício. Sua atividade é exercida com a intermediação do seu sindicato, às vezes até mesmo com uma certa dose de direção do seu próprio órgão representativo, mas não é o sindicato que remunera o trabalho ou que se beneficia com os resultados, sendo-o as empresas para as quais o serviço portuário é realizado. O sindicato não é mais o intermediário, e mais nada, do recrutamento do trabalho e da remuneração provinda de terceiros. Na atividade portuária, o sindicato não mais contrata a mão de obra, o que compete, agora, a um órgão criado por lei para esse fim e que não é órgão sindical. O avulso não portuário pela praxe é contratado por meio de seu sindicato. Desse modo, há dois tipos de trabalhador avulso: o portuário e o não portuário.

Vejamos a definição de Sérgio Pinto Martins[44]:

> o trabalhador avulso é, assim, a pessoa física que presta serviço sem vínculo empregatício, de natureza urbana ou rural, a diversas pessoas, sendo sindicalizado ou não, com intermediação obrigatória do sindicato da categoria profissional ou do órgão gestor de mão de obra.

---

43 *Curso*, cit., p. 870.

44 *Direito do trabalho*. cit., p. 157.

Para alguns autores, o trabalhador avulso é uma espécie de trabalhador eventual, distinguindo-se apenas por ter todos os direitos previstos na legislação trabalhista, enquanto o eventual limita-se ao ajustado em contrato, quando for o caso.

2.1.3. O TRABALHO EVENTUAL

O trabalho eventual é serviço prestado ao tomador mediante subordinação, onerosidade e, em regra, com pessoalidade. O trabalho eventual é uma das figuras que mais se aproxima da relação de emprego, distinguindo-se apenas pela ausência da não eventualidade.

Para Amauri Mascaro Nascimento[45], trabalhador eventual é:

> aquele que presta a sua atividade para alguém, ocasionalmente. As características da relação jurídica que o vincula a terceiros podem ser assim resumidas: a) a descontinuidade, entendida como a não permanência em uma organização de trabalho com ânimo definitivo; b) a impossibilidade de fixação jurídica a uma fonte de trabalho, consequente dessa mesma descontinuidade e inconstância e da pluralidade de tomadores de serviços; c) a curta duração de cada trabalho prestado.

Paulo Emílio Ribeiro de Vilhena[46] define:

> O trabalhador eventual é, via de regra, subordinado. Ainda que a prestação de serviços seja ocasional e se destine à cobertura de uma exigência desligada do normal funcionamento da empresa – essa é a acepção corrente de trabalho eventual –, a atividade do trabalhador passa a compor, ainda que momentaneamente, a circulabilidade ativística da empresa.

Esclarece Maurício Godinho Delgado[47]:

> O conceito de eventualidade, definitivamente, não resulta de um único ponto constitutivo. Controvertido, encontra distintas propostas de explicação, todas buscando firmar um critério básico à nítida identificação da natureza eventual da relação de trabalho enfocada. Na verdade, a possibilidade de aglutinação de, pelo menos, dois desses critérios no exame da relação jurídica concreta, é que irá permitir o mais firme enquadramento da situação fática examinada. As quatro principais teorias existentes a respeito da temática, procurando fixar critérios objetivos de identificação do elemento eventualidade, são, como visto, a teoria do evento, a teoria da descontinuidade, a teoria dos fins do empreendimento (ou fins da empresa)

---

45 *Curso*, cit., p. 858.

46 *Relação de emprego*. São Paulo: Saraiva, 1975, p. 178.

47 *Curso*, cit., p. 323-324.

e a teoria da fixação jurídica ao tomador dos serviços. A primeira dessas teorias considera que eventual será o trabalhador contratado para atender a um serviço esporádico, decorrente de um evento episódico verificado na empresa. A teoria da descontinuidade considera que eventual será o trabalhador que se vincula, do ponto de vista temporal, de modo fracionado ao tomador, em períodos entrecortados, de curta duração. A ideia de segmentação na prestação de serviços ao longo do tempo é que se torna relevante para tal enfoque teórico. A teoria dos fins da empresa identifica no eventual o trabalhador contratado para realizar tarefas estranhas aos fins do empreendimento, as quais, por isso mesmo, tenderiam a ser episódicas e curtas. A teoria da fixação jurídica, por sua vez, enxerga no eventual aquele trabalhador que, pela dinâmica de relacionamento com o mercado de trabalho, não se fixa especialmente a um ou outro tomador de serviços, ofertando-se indistintamente no mercado e relacionando-se, de modo simultâneo e indistinto, com diversos tomadores.

Assim, a CLT é inaplicável ao trabalhador autônomo, sendo os seus direitos regidos pelo Código Civil.

3. RELAÇÃO DE EMPREGO

A relação de emprego é uma das modalidades específicas da relação de trabalho, tipicamente de trabalho subordinado.

As leis trabalhistas são de ordem pública, cogentes e imperativas, não podendo as partes dispor sobre elas.

Carlos Zangrando[48], ao definir relação de emprego, cita a lição de Mário de La Cueva:

> Relação de emprego é a situação jurídica objetiva criada entre um trabalhador e um empregador pela prestação de um trabalho subordinado, qualquer que seja o ato ou a causa que lhe tenha dado origem, em virtude da qual se aplica ao trabalhador um estatuto objetivo, integrado pelos princípios, instituições e normas do Direito do Trabalho, das convenções internacionais, dos contratos coletivos e suas normas supletivas.

Parte da doutrina latino-americana e europeia vê na relação de emprego verdadeira relação institucional, uma vez que a relação de emprego estaria vinculada ao fato do trabalho. A produção contemporânea caracterizar-se-ia pela sua impessoalidade. O contrato de trabalho seria, portanto, mera fonte formal da relação de trabalho.

---

48 *Curso*, cit., p. 419.

Em nosso ordenamento jurídico, o direito laboral não aderiu completamente a essa teoria, acatando o contrato de trabalho como elemento caracterizador da relação de emprego (art. 442 da CLT).

Diante da limitação à liberdade de ajustar cláusulas contratuais do trabalho, alguns doutrinadores negaram a existência do contrato em si, o que motivou o surgimento de diversas correntes.

3.1. NATUREZA JURÍDICA

Atualmente, considera-se que a relação de emprego surgiu a partir da Revolução Industrial, em fins do século XVIII. Antes disso, existia a relação dos servos da gleba e a escravatura.

No início do século XVIII ocorreu um grande crescimento do trabalho assalariado e subordinado na forma de emprego mediante o pagamento de salário, sem prazo de duração. Em decorrência, houve a necessidade de criar leis para definir sua natureza jurídica.

Ao discorrer sobre a natureza jurídica da relação empregatícia, Carlos Henrique da Silva Zangrando[49] define: "é uma relação jurídica obrigacional, bilateral, complexa e duradoura".

As teorias mais modernas que pretendem explicar a natureza jurídica da relação de emprego são: teoria contratualista e teoria anticontratualista ou acontratualista.

3.1.1. TEORIA CONTRATUALISTA

A teoria contratualista considera a relação entre empregado e empregador um verdadeiro contrato.

No início da Revolução Industrial, o vínculo entre empregado e empregador era considerado um contrato, semelhante ao previsto no Direito Civil, como arrendamento do trabalho, compra e venda ou mandato. O trabalhador arrendava a sua capacidade de trabalho para o empregador mediante preço ajustado, configurando o pensamento da Teoria Contratualista.

Délio Maranhão[50] escreve sobre o contrato de trabalho:

---

49 *Curso*, cit., p. 849.

50 *Instituições*, cit., p. 245.

é um contrato de direito privado. Não é de acolher a tese, defendida, principalmente, pela doutrina alemã, de que a forte limitação sofrida pela autonomia da vontade na estipulação do conteúdo do contrato de trabalho faça deste negócio jurídico um contrato de direito público ou do direito social. Não há confundir direito público com disposições legais de "ordem pública". Estas existem, também, no direito privado. Os contratantes, no contrato de trabalho, colocam-se no mesmo pé de igualdade jurídica. E é o quanto basta para que se não possa negar sua natureza de contrato de direito privado.

Segundo Amauri Mascaro Nascimento[51], a Teoria Contratualista apresenta duas fases: a clássica e a moderna. Na *clássica*, o contrato de trabalho é encarado com base nos mesmos tipos contratuais previstos pelo direito civil. Na *moderna*, a relação de emprego é vista como um contrato de características próprias sob a luz do direito do trabalho.

Sérgio Pinto Martins[52] complementa:

> Na primeira fase dessa teoria, procurava-se explicar o contrato de trabalho com base nos contratos do Direito Civil, sendo chamada de fase clássica, compreendendo os contratos de: arrendamento, pois o empregado arrenda seu trabalho ao empregador; venda e compra, porque o empregado vende seu trabalho ao empregador, mediante o pagamento de um preço, que é o salário; sociedade, porque o empregado e o empregador combinam esforços em comum para a produção de bens e serviços para o mercado; mandato, em que o empregado é mandatário do empregador.

De acordo com o mesmo autor, essas teorias, porém, não mais prevalecem, pois hoje se considera a relação entre empregado e empregador como um contrato, com forte intervenção do Estado, sendo aplicadas, automaticamente, as leis trabalhistas que restringem a vontade das partes.

3.1.2. TEORIA ANTICONTRATUALISTA

Contrariando a teoria contratualista, surgiu outra corrente, chamada teoria anticontratualista, negando a natureza contratual da relação de trabalho.

A teoria anticontratualista dividiu-se em dois ramos, a serem tratados a seguir.

---

51 *Iniciação ao direito do trabalho*. 34. ed. São Paulo: LTr, 2009, p. 149.

52 *Direito do trabalho*, cit., p. 85-86.

3.1.2.1. TEORIA INSTITUCIONALISTA

Segundo essa teoria, defendida por autores franceses, o trabalhador cumpre a função social de produzir serviços e bens para a coletividade, e o empregador, na verdade, é uma instituição que se beneficia do trabalho do empregado, submetendo-se esse a um estatuto.

Maurício Godinho Delgado[53] aborda essa teoria:

> A partir do conceito de instituição – uma realidade estrutural e dinâmica que teria prevalência e autonomia em face de seus próprios integrantes (conceito buscado dos autores civilistas Maurice Hauriou e Georges Renard), os institucionalistas do Direito do Trabalho constroem sua teorização. Nessa linha, compreendem a empresa como uma instituição, um corpo social que se impõe objetivamente a um certo conjunto de pessoas e cuja permanência e desenvolvimento não se submetem à vontade particular de seus membros componentes.

3.1.2.2. TEORIA DA RELAÇÃO DE TRABALHO

Para a teoria da relação de trabalho, ou da Incorporação, preconizada por autores alemães, a única forma de sustento do trabalhador é a subordinação passiva, não lhe permitindo a livre expressão de vontade na relação de emprego.

Maurício Godinho Delgado[54] discorre sobre alguns aspectos dessa teoria:

> A prestação material dos serviços, a prática de atos de emprego no mundo físico e social é que seriam a fonte das relações jurídicas de trabalho – e não a vontade das partes, em especial do obreiro. Em face dessa suposição – tida como comprovada pela experiência concreta das relações empregatícias – , semelhante teoria afasta a referência ao contrato (ajuste de vontades) como veio explicativo da relação de emprego.

E o mesmo autor acrescenta:

> a relação empregatícia seria uma situação jurídica objetiva, cristalizada entre trabalhador e empregador, para a prestação de serviços subordinados, independentemente do ato ou causa de sua origem e denotação (Mario de La Cueva). O simples fato da prestação de serviços seria o elemento essencial e gerador de direitos e obrigações na ordem jurídica[55].

---

53 *Curso*, cit., p. 294.

54 *Curso*, cit., p. 294.

55 Maurício Godinho Delgado, cit., p. 296.

De forma resumida, Vólia Bomfim Cassar[56] descreve as referidas correntes:

> (...) uns defendiam a ideia da relação de trabalho em substituição à nomenclatura "contrato de trabalho" ou "contrato de emprego", abandonando, assim, a ideia contratualista. Outros, perfilhando esta corrente anticontratualista ou acontratualista, preferiram justificar a relação de emprego pela simples inserção do empregado no empreendimento do empregador. Neste diapasão, o empregador não ajusta e não contrata o empregado, apenas o insere na instituição empregadora. Daí exsurge a teoria institucionalista, em que ao empregado são impostas regras, no interesse da empresa".

Amauri Mascaro Nascimento[57] apresenta uma terceira teoria, intitulada teoria da situação jurídica. Vejamos:

> Para a teoria da situação jurídica laboral, sustentada, principalmente, por juristas portugueses, dentre os quais Antonio Menezes Cordeiro, e desenvolvida por Maria do Rosário Palma Ramalho, o vínculo é uma situação jurídica, e não apenas uma relação jurídica. A reobrigacionalização do vínculo e a sua concepção como relação jurídica são, para a autora, insuficientes, porque ignoram a riqueza e a complexidade do vínculo. Tenta superá-la com uma proposta nova, a teoria da situação jurídica de subordinação, explicando que esse conceito deve ser reportado não à relação de trabalho e sim diretamente aos sujeitos presentes em todos os fenômenos laborais: o trabalhador e o empregador.

Trata-se, sob essa perspectiva, de uma posição que, segundo aquela autora, permite fixar o objeto do direito do trabalho na atividade de trabalho, que é o seu núcleo central, porque a dependência do trabalhador diz respeito não ao vínculo, mas a uma qualidade pessoal do trabalhador. De outro lado o empregador, que tem poderes e interesses de gestão, numa interconexão unificadora. E conclui:

> adotam-se esses conceitos de situação jurídica de trabalhador subordinado e de situação jurídica de empregador como categorias técnicas unificadoras do direito laboral, porque são exatamente essas situações que representam o denominador comum a toda a fenomenologia laboral. Este entendimento leva implícita uma perspectiva de direito do trabalho que não o reduz ao complexo de normas jurídicas reguladoras do contrato de trabalho ou da relação de trabalho, mas como área normativa que regula matérias atinentes à situação jurídica de trabalhador subordinado e à situação jurídica de empregador e às demais situações jurídicas que decorram destas situações nucleares.

---

56 *Direito do trabalho*, cit., p. 252.

57 *Iniciação*, cit., p. 150.

Com isso, observamos nitidamente que os direitos e deveres das partes não se perfazem apenas numa relação jurídica mútua, porque há deveres de empregador, por exemplo, perante o Estado, e do trabalhador perante colegas de trabalho.

Com o passar do tempo, o legislador trabalhista, preocupado com a possibilidade de abusos do poder econômico por parte do empregador, foi protecionista ao regulamentar direitos aos empregados, na tentativa de equilibrar sua hipossuficiência. Essa intervenção estatal, chamada de dirigismo estatal básico ou intervencionismo básico do Estado, com a criação de leis específicas sobre o trabalho subordinado, estabeleceu limitações básicas que devem vigorar nas relações de emprego.

Entendimento pacífico na doutrina e na jurisprudência, a relação de emprego tem natureza contratual exatamente por ser gerada por um contrato de trabalho, em que estão presentes os requisitos caracterizadores do pacto laboral, podendo, inclusive, o empregado ter autonomia para ajustar benesses não previstas pela lei.

3.2. REQUISITOS CARACTERIZADORES DA RELAÇÃO DE EMPREGO (ELEMENTOS FÁTICO-JURÍDICOS)

Atualmente, a previsão legal dos requisitos caracterizadores da relação de emprego está inserida nos arts. 2º e 3º da CLT[58-59]. Esses requisitos não se restringem unicamente aos empregados submetidos ao regime da CLT, mas também aos empregados regidos por leis especiais.

Os requisitos caracterizadores da relação de emprego são: trabalho realizado por pessoa física, pessoalidade, não eventualidade, onerosidade, subordinação e alteridade. Esses elementos devem coexistir.

Reunidos os cinco elementos fático-jurídicos constitutivos, surge a relação empregatícia. A ausência de qualquer um desses requisitos descaracteriza o trabalhador como empregado.

---

58 CLT, "art. 2º Considera-se empregador a empresa, individual ou coletiva, que, assumindo os riscos da atividade econômica, admite, assalaria e dirige a prestação pessoal de serviço".

59 CLT, "art. 3º Considera-se empregado toda pessoa física que prestar serviços de natureza não eventual a empregador, sob a dependência deste e mediante salário".

3.2.1. PESSOA FÍSICA

O trabalho deverá, sempre, ser prestado por pessoa física ou natural, não podendo o obreiro ser pessoa jurídica.

Maurício Godinho Delgado[60] completa:

> A prestação de serviços que o Direito do Trabalho toma em consideração é aquela pactuada por uma pessoa física (ou natural). Os bens jurídicos (e mesmo éticos) tutelados pelo Direito do Trabalho (vida, saúde, integridade moral, bem-estar, lazer etc.) importam à pessoa física, não podendo ser usufruídos por pessoas jurídicas. Assim, a figura do trabalhador há de ser, sempre, uma pessoa natural.

3.2.2. PESSOALIDADE

O contrato de emprego tem caráter *intuitu personae* em relação ao empregado, ou seja, deverá ser executado pessoalmente pelo empregado, não podendo ser substituído por outro de sua própria escolha.

Maurício Godinho Delgado[61] comenta:

> É essencial à configuração da relação de emprego que a prestação do trabalho, pela pessoa natural, tenha efetivo caráter de infungibilidade, no que tange ao trabalhador. A relação jurídica pactuada – ou efetivamente cumprida – deve ser, desse modo, *intuitu personae* com respeito ao prestador de serviços, que não poderá, assim, fazer-se substituir intermitentemente por outro trabalhador ao longo da concretização dos serviços pactuados. Verificando-se a prática de substituição intermitente – circunstância que torna impessoal e fungível a figura específica do trabalhador enfocado – descaracteriza-se a relação de emprego, por ausência de seu segundo elemento fático-jurídico.

Vólia Bomfim Cassar[62] afirma:

> a pessoalidade pretendida pelo legislador vincula-se à repetição no tempo dos serviços por um mesmo trabalhador, isto porque o fato de uma mesma pessoa ter executado o serviço comprova que o contrato foi dirigido à pessoa do trabalhador e não aos serviços, impedindo assim que qualquer outro possa executá-lo.

---

60 *Curso*, cit., p. 270.

61 *Curso*, cit., p. 272.

62 *Direito do trabalho*, cit., p. 264.

Alice Monteiro de Barros[63] escreve:

> O pressuposto da pessoalidade exige que o empregado execute suas atividades pessoalmente, sem se fazer substituir, a não ser em caráter esporádico, com a aquiescência do empregador. É exatamente o fato de a atividade humana ser inseparável da pessoa do empregado que provoca a intervenção do Estado na edição de normas imperativas destinadas a proteger sua liberdade e personalidade. Resulta daí que empregado é sempre pessoa física.

Sérgio Pinto Martins[64] completa:

> O contrato de trabalho é *intuitu personae,* ou seja, realizado com certa e determinada pessoa. O contrato de trabalho em relação ao trabalhador é infungível. Não pode o empregado fazer-se substituir por outra pessoa, sob pena de o vínculo formar-se com a última. O empregado somente poderá ser pessoa física, pois não existe contrato de trabalho em que o trabalhador seja pessoa jurídica, podendo ocorrer, no caso, prestação de serviços, empreitada etc.

Há casos em que as substituições do trabalhador são autorizadas por lei, e sem perder o caráter da pessoalidade. São os casos de suspensões ou interrupções do contrato de trabalho, como férias, licenças, mandato sindical etc.

Na contratação de profissionais, como artistas ou atletas, o caráter *intuitu personae* torna-se mais evidente, pois a prestação do serviço é feita de acordo com outros requisitos; por exemplo, talento ou interpretação.

3.2.3. NÃO EVENTUALIDADE

Várias correntes surgiram para definir o sentido da palavra não eventualidade. O art. 3º da CLT traz a expressão "não eventual". Nossa legislação estabelece que o "não eventual" refere-se à atividade normal do empregador.

Gustavo Filipe Barbosa Garcia[65] define:

> Pode-se dizer, entretanto, que a não eventualidade significa a prestação de serviços ligados às atividades normais do empregador, ou seja, realizando serviços permanentemente necessários à atividade do empregador ou ao seu empreendimento.

---

63 *Curso,* cit., p. 264.

64 *Direito do trabalho,* cit., p. 91.

65 *Curso de direito do trabalho.* 3. ed. São Paulo: Método, 2009, p. 144.

Em vez da expressão "não eventual", Sérgio Pinto Martins[66] utiliza a expressão "continuidade". Para ele, o trabalhador que presta serviços eventualmente não é empregado. E acrescenta que a continuidade é intrínseca à relação jurídica, à prestação de serviços.

Homero Batista Mateus da Silva[67] opta pela expressão "habitualidade":

> A noção de habitualidade, palavra que preferimos às expressões ineventualidade ou não eventualidade, viceja muito mais na repetição razoavelmente esperada do que propriamente no número de dias da semana ou no número de horas laboradas. Se fosse assim, não haveria contrato de trabalho por tempo parcial nem se poderia falar em trabalho do médico plantonista, pois esses e outros casos teriam carga horária muito baixa quando comparados aos empregados do sistema integral de jornada. O que prevalece, num ou noutro caso, é a noção de trato sucessivo, no sentido de que aquelas mesmas condições de trabalho e de contraprestação se repitam sucessivamente, sem maior alarde ou necessidade de repactuação a todo instante. Expectativa é a palavra-chave.

Vólia Bomfim Cassar[68] ressalta que o elemento da habitualidade (necessidade permanente) também pode estar presente em várias outras relações de trabalho, como no caso do representante comercial. Apenas na concomitância de todos os requisitos haverá o vínculo de emprego.

A autora apresenta, ainda, outras correntes que merecem estudos:

> a) Teoria da Descontinuidade: advoga que eventual significa o trabalho descontínuo, episódico, esporádico, interrupto em relação a um mesmo tomador de serviços (inspirada na doutrina italiana). A análise deve ser feita sob o ponto de vista do empregado, isto é, ele trabalha alguns dias e nunca mais para aquele tomador; b) Teoria do Evento: defende que eventual é o trabalho contratado apenas para um determinado evento episódico, transitório, de curta duração em relação à atividade da empresa, para obra certa ou serviço certo. Neste caso, o que é eventual é o tempo de duração do serviço em relação à atividade contínua da empresa. É o caso da colheita, que é uma fase rápida de toda a safra. A tese não é acolhida pela doutrina brasileira, pois o serviço pode ser curto, mas de necessidade permanente, isto é, necessário para toda safra. Este é o caso do trabalho de necessidade permanente intermitente, isto é, que se repete sempre, uma vez ou duas ao ano (natal, colheita, coleção nova etc.); c) Teoria da Fixação Jurídica ao Tomador de Serviços: para esta teoria, eventual é o trabalhador que não se fixa a uma fonte de trabalho. O empregado fica restrito a um único em-

---

66 *Direito do trabalho*, cit., p. 91.

67 *Curso de direito do trabalho: parte geral*. Rio de Janeiro: Elsevier, 2009, p. 86.

68 *Direito do trabalho*, cit., p. 282.

pregador (trabalho fixo), enquanto o eventual presta serviços para vários tomadores. Esta corrente não é aceita na doutrina e na jurisprudência porque a exclusividade não é requisito para formação do vínculo de emprego. É possível, e até comum em algumas profissões (médicos e professores, por exemplo), a prestação de serviços como empregado a empregadores diferentes. (...) d) Corrente Mista: Godinho recomenda a combinação dos elementos de todas as teorias para a caracterização do trabalho não eventual. Entretanto, conclui contradizendo sua própria corrente: a eventualidade, para fins celetistas, não traduz intermitência; só o traduz para a teoria da descontinuidade – rejeitada, porém, pela CLT. Desse modo, se a prestação é descontínua, mas permanente, deixa de haver eventualidade.

3.2.4. ONEROSIDADE

A relação de emprego pressupõe uma contraprestação pelos serviços prestados. O empregado recebe salário pelos serviços prestados ao empregador.

Maurício Godinho Delgado[69] explica:

> O contrato de trabalho é, desse modo, um contrato bilateral, sinalagmático e oneroso, por envolver um conjunto diferenciado de prestações e contraprestações recíprocas entre as partes, economicamente mensuráveis. A onerosidade, como elemento fático-jurídico componente da relação de emprego, não deve, contudo, ser enfocada sob a ótica do trabalho realizado ou mesmo sob a ótica do tomador de serviços. É que, considerado sob qualquer dessas duas perspectivas, o elemento fático-jurídico da onerosidade estaria sempre presente, desde que houvesse prestação de trabalho por alguém a outrem: afinal, todo trabalho – mesmo simples – é passível de mensuração econômica no contemporâneo sistema de mercado, sempre tendo determinado valor econômico para seu tomador, para quem recebe o serviço prestado. Deve a onerosidade, portanto, ser enfocada sob a ótica do prestador de serviços: apenas nessa perspectiva é que ela constitui elemento fático-jurídico da relação de emprego.

Existem, no entanto, algumas situações em que ocorre a prestação de serviços, mas não há contraprestação onerosa. São os casos de trabalho voluntário, filantrópico, político, religioso ou comunitário.

Homero Batista Mateus da Silva[70] escreve:

> O contrato de trabalho é necessariamente a título oneroso, pois do contrário se aproxima de uma atividade de voluntariado ou nem ao menos se configura como uma forma de prestação de serviços, mas isso está longe de ser o

---

69 *Curso*, cit., p. 277.

70 *Curso*, cit., p. 93.

bastante para explicar o alcance da onerosidade no direito do trabalho. Há necessidade de um outro elemento, nem sempre enaltecido nas atividades civis e comerciais, que vem a ser a garantia absoluta de recebimento dos salários pelo empregado, independente do que possa ter ocorrido com o empregador. Esse elemento complementar não tem um nome fácil de ser apontado, sendo comum a referência à palavra alteridade como forma de frisar que o trabalho é prestado por conta e risco alheio. A palavra não encontra consenso na doutrina, mas é satisfatória para se destacar que o caráter oneroso não pode ser afastado por dificuldades financeiras ou conjunturais por parte do empregador.

3.2.5. SUBORDINAÇÃO

O art. 3º da CLT apresenta o conceito de empregado, referindo-se à dependência deste em relação ao empregador.

Arnaldo Süssekind[71] comenta:

> Por algum tempo predominou o apelo à dependência para caracterizar o contrato de trabalho. Mas esse critério foi superado pela própria evolução do novo ramo da ciência jurídica, o qual, embora nascido para proteger os economicamente fracos, sobretudo os operários da indústria (daí a designação de "legislação operária" ou "legislação industrial"), alargou consideravelmente o seu campo de ação, passando a não distinguir entre o trabalho manual, o técnico e o intelectual. O instrumento jurídico, em virtude do qual um empregador contrata o trabalho alheio, prescinde do estado de dependência econômica do trabalhador àquele, para que haja relação de emprego. O empregado poderá, inclusive, ser economicamente mais forte do que o seu empregador, e nem por isto deixará de haver contrato de trabalho subordinado. A dependência econômica do operário ao patrão foi um dos fundamentos históricos da legislação do trabalho. Hoje, porém, descabe invocar um fator econômico, e sim um elemento de ordem jurídica, para distinguir o contrato de emprego de outros contratos afins em que o contratado também presta serviços. (...) há outros contratos subordinativos; mas a subordinação do trabalhador ao seu empregador tem acepção peculiar. (...) A subordinação jurídica de que tratamos não representa simplesmente um estado de fato, mas um estado jurídico oriundo da típica contratualidade da relação de emprego.

Embora seja necessária a presença de todos os elementos (pessoa física, pessoalidade, não eventualidade, onerosidade, alteridade e subordinação) para configurar a relação de emprego, é indiscutível que a subordinação se destaca como elemento diferenciador.

---

71 *Curso*, cit., p. 217-218.

Amauri Mascaro Nascimento[72] conceitua:

> Conceituamos subordinação como uma situação em que se encontra o trabalhador, decorrente da limitação contratual da autonomia da sua vontade, para o fim de transferir ao empregador o poder de direção sobre a atividade que desempenhará.

A doutrina apresenta ao conceito de dependência ou subordinação as seguintes qualificações: subordinação técnica, econômica, social e jurídica.

De acordo com o critério da subordinação técnica, o empregador, em razão de sua atividade, está em posição de comandar tecnicamente o trabalho de seus subordinados. No entanto, nada impede que o empregador seja assessorado por técnicos.

Conforme o critério da subordinação econômica, o empregado deve ser hipossuficiente no plano econômico, necessitar do trabalho e do correspondente salário para sobreviver. Nesse critério, o empregado pode não depender do contrato de trabalho para sobreviver e possuir plena capacidade econômico-financeira.

A subordinação social é resultante da subordinação técnica e econômica; porém, negligencia o critério jurídico.

O critério adotado pelo legislador brasileiro foi o da subordinação jurídica ou hierárquica, em que o empregado deve acatar ordens e determinações do empregador.

Homero Batista Mateus da Silva[73] conceitua:

> Entende-se por subordinação jurídica, assim, sendo, o conjunto de ordens emitidas pelo empregador e que devem ser respeitadas pelo empregado, mantidos os padrões civilizatórios da dignidade e da decência e supondo-se que as ordens digam respeito à organização e aos métodos a serem adotados naquele ambiente de trabalho, quer se trate de uma atividade econômica, quer se trate de um lar ou de uma casa de caridade, por exemplo. (...) A subordinação jurídica, destarte, não corresponde apenas à execução das ordens diretas, mas também à submissão aos períodos de interrupção e de suspensão contratuais, durante os quais os trabalhos não são prestados fisicamente, mas os deveres de obediência e zelo são preservados.

A jurisprudência distingue subordinação direta da indireta. Considera-se *subordinação direta* quando o empregado recebe ordens

---

72 *Iniciação*, cit., p. 164.

73 *Curso*, cit., p. 28-29.

diretamente do patrão, dos sócios ou diretores da empresa. Não há intermediários. Quando existe intermediário entre eles, ocorre a *subordinação indireta*.

Outra classificação é a subordinação objetiva e subjetiva. Ocorre a *subordinação objetiva* quando as ordens do empregador recaem sobre os serviços executados pelo empregado. Já na *subordinação subjetiva*, o comando atinge a pessoa do empregado.

No Brasil, o legislador adotou a subordinação objetiva, que se baseia no modo como os serviços são executados.

Godinho[74] elenca algumas situações comuns, de tentativas de descaracterização do contrato de emprego:

> O marco distintivo firmado pela subordinação, no contexto das inúmeras fórmulas jurídicas existentes para a contratação da prestação de trabalho, permite ao operador jurídico cotejar e discriminar, com êxito, inúmeras situações fático-jurídicas próximas. O cotejo de hipóteses excludentes (trabalho subordinado *versus* trabalho autônomo) abrange inúmeras situações recorrentes na prática material e judicial trabalhista: trabalhadores autônomos prestando serviços habituais a empresas (como profissionais de consultoria, auditoria, contabilidade, advocacia etc.); trabalhadores autônomos pactuando a confecção de obra certa para determinado tomador (empreitada); representantes comerciais ou agentes e distribuidores regidos por legislação própria; contratos de parcerias rurais etc. Em todos esses casos, a desconstituição do contrato civil formalmente existente entre as partes supõe a prova da subordinação jurídica, em detrimento do caráter autônomo aparente de que estaria se revestindo o vínculo.

3.2.5.1. PARASSUBORDINAÇÃO

O trabalho parassubordinado ou coordenado foi criado para atender a nova realidade operada no direito do trabalho. Trata-se de modelo intermediário entre trabalho subordinado e trabalho autônomo que se destina, especialmente, aos trabalhadores intelectuais.

Vólia Bomfim Cassar[75] define: "a parassubordinação é sinônimo de subordinação e designa o estado de sujeição do trabalhador que não é empregado, podendo ser autônomo, eventual, ou qualquer outra espécie".

Na parassubordinação o trabalhador não é subordinado. Na verdade, ele presta uma colaboração coordenada e contínua à empresa, em con-

---

74 *Curso*, cit., p. 280.

75 *Direito do trabalho*, cit., p. 269.

dições de inferioridade, sem possuir liberdade negocial, sob modalidade de contratos civis ou mercantis.

Alice Monteiro de Barros[76] alerta que no âmbito da parassubordinação, também chamada de terceiro gênero, subsistem controvérsias. E explica:

> Uma vertente doutrinária denomina parassubordinadas "as áreas mais amplas do que aquelas identificadas pela noção de subordinação técnico-funcional e que são caracterizadas pela colaboração pessoal, a cujos trabalhadores se aplicam tratamentos previdenciários similares ou idênticos aos dos trabalhadores subordinados, bem como a contratação, a autotutela coletiva e as técnicas processuais nas controvérsias derivadas das relações com os comitentes". Outros autores conceituam o trabalho parassubordinado como a relação jurídica que, prescindindo da sua formal e incontestável autonomia, define-se, a par da continuidade, pelo caráter estritamente pessoal da prestação, integrada na empresa e por ela coordenada. Existe, ainda, uma posição doutrinária que tenta conceituar o trabalho coordenado com base na continuidade, que, se presente, constituiria índice seguro da existência de uma coordenação. Afirmam outros autores que a continuidade não se presta à configuração do trabalho parassubordinado, por ser característica comum ao trabalho subordinado. Há também quem sugira como traço distintivo entre o trabalho coordenado e o trabalho subordinado o critério quantitativo, ou seja, a intensidade de poderes que descaracteriza a subordinação. Porém, para tornar objetivo esse critério, sustenta-se ser necessária indicação deduzida da lei, esclarecendo-se que o legislador poderia especificar qual o significado da expressão "coordenação", para caracterizar esse novo gênero.

Acrescenta a doutrinadora[77]:

> Percebe-se na doutrina italiana uma tendência a incluir o trabalho artístico, por exemplo, nesse terceiro gênero (trabalho parassubordinado), pois nele não se encontram nem a rígida contraposição de traços característicos da subordinação nem as conotações exclusivas da prestação de trabalho autônomo. Afirma-se que não se delineia nessa modalidade de trabalho a subordinação socioeconômica, tampouco pode-se falar em acentuada direção no desenvolvimento dessa atividade, uma vez que o artista determina, de certa forma, os modos pelos quais realiza o seu trabalho, principalmente em se tratando de produtor, apresentador, diretor de fotografia, atores principais e dubladores. Estes mantêm uma certa autonomia, preservando a própria individualidade, com vistas a um objetivo final que representa o interesse comum.

---

76 *Curso*, cit., p. 290.

77 *Curso*, cit., p. 291.

Como se depreende, o trabalho parassubordinado, paralelo ao trabalho autônomo e trabalho subordinado, apresenta um redirecionamento do Direito do Trabalho.

3.2.5.2. ZONA CINZENTA OU ZONA GRISE

Trabalhadores que se situam na chamada zona cinzenta ou grise são os que se encontram numa zona fronteiriça, de difícil classificação, pois não se enquadram como empregados nem como não empregados.

A classificação enseja certas dificuldades em face do conteúdo diversificado do trabalho.

A jurisprudência tem sustentado que a questão deverá ser resolvida, analisando-se caso a caso.

Um exemplo de trabalhadores que habita a chamada zona grise é o vendedor. Vejamos o seguinte julgado:

> Não há no Direito do Trabalho Brasileiro lei que defina o vendedor-empregado e o representante comercial. A subordinação jurídica é reconhecida, universalmente, como elemento descritivo da relação de emprego, apresentando-se como traço que distingue o empregado vendedor viajante ou pracista do representante comercial autônomo, cujas funções são análogas às do primeiro. O conteúdo da subordinação varia de intensidade, segundo a natureza da prestação de serviços e os fins da empresa. E, em se tratando de distinguir esses dois trabalhadores, nem sempre é fácil a missão. Isso porque a Lei n. 4.886/65 (com as alterações advindas da Lei n. 8.420/92), que disciplina o trabalho do representante comercial autônomo, dificulta ainda mais esse enquadramento, quando estabelece, para o representante comercial, além dos serviços de natureza não eventual (art. 1º), certos elementos a que os tribunais se apegavam para caracterizar a subordinação jurídica, entre os quais: a fixação e restrição de zonas de trabalho, a proibição de autorizar descontos, a obrigação de fornecer informações detalhadas sobre o andamento do negócio e a observância às instruções do representado (arts. 27, 28 e 29). Assim, restam como critérios favoráveis à subordinação a obrigatoriedade de comparecimento à empresa em determinado lapso de tempo, a obediência de apreciável margem de escolha dos clientes e de organização própria, como também risco a cargo do dador de trabalho. Ausentes esses critérios, a relação jurídica não se submete à égide do Direito do Trabalho, pois caracteriza prestação de serviços autônomos[78].

---

78 TRT, 3ª Região, 1901/02 (01479-2001-077-03-00-6), 2ª T., Rel. Juíza Alice Monteiro de Barros, *DJMG*, 10-4-2002.

3.3. PESSOA FÍSICA OU PESSOA NATURAL

O requisito "pessoa física", caracterizador da relação de emprego (elemento fático-jurídico), é, naturalmente, o mais conhecido e de mais fácil identificação.

Ao longo desta obra, perceberemos que a iniciativa de o empregador obrigar os trabalhadores a criarem pessoas jurídicas para prestação de serviços, em especial, nos trabalhos intelectuais, sem dúvida confronta com o requisito em comento.

Todavia, vale a pena ressaltar que, à luz do direito civil constitucional e das ideias de interpretação dos ramos da ciência jurídica, em conformidade com a Constituição Federal e com os direitos fundamentais, a doutrina moderna vem utilizando a expressão "pessoa natural", esta tecnicamente mais precisa por estar de acordo com nova roupagem de estudo e com base no princípio da dignidade da pessoa humana.

IV
GLOBALIZAÇÃO

O direito do trabalho surgiu como resposta política aos problemas sociais após a Revolução Industrial. Ao reduzir o esforço físico, esse movimento facilitou a exploração do trabalho das mulheres e dos menores. Na época, aumentaram os acidentes mecânicos do trabalho, e os salários baixos, as excessivas jornadas e o estreitamento das margens de lucro tornaram-se inevitáveis.

Essas transformações no processo do trabalho e da economia trouxeram: desigualdade social, política, cultural, religiosa, racial etc.; nações desnacionalizadas, subordinadas aos ditames dos países ricos; países mais pobres e crescimento de desemprego.

A globalização definitivamente consolidada com o avanço tecnológico diminuiu a importância da matéria-prima e da mão de obra, aumentando ainda mais as desigualdades sociais, trazendo como consequência o desemprego, a pobreza e a escravidão.

Arnaldo Süssekind[79] acrescenta:

> Hoje, essa crise, resultante da globalização da economia, sob a égide das leis do mercado, tem características estruturais, já tendo acarretado 180 milhões de desempregados e 750 milhões de subempregados, isto é, 1/3 da população economicamente ativa mundial. (...)
> Em consequência, pioraram as condições de trabalho, inclusive no que tange a salários. Na América Latina, por exemplo, os salários reais pagos na indústria em 1995 eram 5% inferiores aos anos 1980.
> A Organização Internacional do Trabalho (OIT) tem demonstrado sua preocupação com a face perversa da globalização da economia, que, ao invés de transformar o nosso planeta num mundo só, dividiu-o entre países globalizantes e globalizados. Relatório sobre o trabalho no mundo em 2000 registrou que "só em cinco anos, o número de pessoas que vivem numa

---

79 *Curso*, cit., p. 52-53.

situação de extrema pobreza em todo o mundo aumentou em duzentos milhões, sobretudo na África subsaariana, Ásia central, Europa oriental e Sudeste asiático". E concluiu que a pobreza é um dos principais fatores que levam 250 milhões de crianças a ingressar prematuramente no mercado de trabalho, pondo em perigo sua frequência à escola. Nas palavras de Emmanuel Mournier, instituiu-se a desordem estabelecida – aquela em que ficam sem trabalho, morrem e se desumanizam, sem barricadas, na mais perfeita ordem, milhões de seres humanos.

A globalização da economia, e consequente aumento da competição, além da revolução tecnológica, determinaram um intenso processo de alteração de paradigmas. No âmbito da gestão empresarial, a nova política industrial trabalha com a ideia de reestruturação de setores sujeitos à condição de competitividade, que consiste em produzir mais, com menos empregados.

Nesse contexto, para alguns, torna-se necessário refletir sobre a possibilidade de realização da democracia e das garantias dos direitos fundamentais. O excesso de proteção do trabalhador torna-se alvo de questionamento.

Os neoliberais afirmam que poderá haver uma revisão das garantias mínimas, devendo o Estado enxugá-las, para possibilitar melhor competitividade no mercado. Um verdadeiro retrocesso.

No Brasil, deparamo-nos com barreiras monetárias e alfandegárias, onde a alta proteção trabalhista e a visão do bem-estar social praticados na era da administração econômica nacional ocasionam sociedades ocidentais não competitivas em relação às economias industrializadas.

Assim escreve Vólia Bomfim Cassar[80]:

> A sociedade precisa se conscientizar de seus direitos e exigir a aplicação daquelas regras e princípios estampados expressamente na Constituição, fazendo-se efetivar o bem-estar social e a democracia. Todos nós devemos resistir às manobras aparentemente atrativas da globalização neoliberal, à exploração do homem, e impedir o retrocesso de direitos duramente conquistados.

Enquanto isso, os desempregados, para suprir a carência estatal, passaram a buscar formas alternativas de se inserir no mercado de trabalho, na maioria das vezes, em ocupações menos qualificadas.

---

80 *Direito do trabalho*, cit., p. 22.

Miguel Reale acrescenta[81]:

> Quanto ao impacto da globalização da economia sobre o Direito do Trabalho, o tema abre à reflexão do estudioso um leque de questões, todas de grande relevância, quer no campo do Direito Individual, quer no Direito Coletivo. Cabe examinar, apenas, dois aspectos: a crise do chamado princípio protetor e os efeitos da exigência de competitividade das empresas sobre a tradicional regulação heterônoma das condições de trabalho. (...)
>
> As exigências da economia preconizam o triunfo do mercado e impõem a flexibilização das condições de trabalho, como condição para a redução dos custos da empresa. (...)
>
> A flexibilização já adquiriu foros de preceito constitucional (Constituição de 5 de outubro de 1988, art. 7º, incisos VI, XII e XIV), embora ela não tenha por fim propiciar ganhos ou redução de custos ao empregador, mas sim fornecer aos atores sociais elementos para preservar a fonte de emprego (a empresa), como meio de combate ao desemprego.

Na dúvida entre manter os direitos sociais duramente conquistados ao longo de toda a história e a realidade dos efeitos da crise econômica mundial, com elevado índice de desemprego, a flexibilização mostra-se como melhor meio de composição deste conflito.

---

81 A globalização da economia e o direito do trabalho, LTr, 61-01/12.

V
A INFORMALIDADE

O trabalho informal constitui-se, com maior frequência, numa importante fonte de renda para um enorme contingente de trabalhadores.

Diante dessa evidente realidade, são oportunos os comentários de Alexei Almeida Chapper[82]:

> A origem conceitual de setor informal foi configurada ainda nos anos 50, quando os economistas começavam a sustentar a natureza dualista das sociedades que emergiam ao processo de desenvolvimento econômico e de globalização.
>
> A dualidade das sociedades subdesenvolvidas manifestava-se pelo tradicional modo de organização e produção de trabalho de um lado, e da modernidade, impulsionada pelo desenvolvimento tecnológico de outro. No antiquado setor tradicional os níveis de produtividade eram baixos, enquanto o setor moderno crescia e avançava em largos passos, promovendo a propagação da evolução tecnológica.
>
> Acreditava-se que o setor moderno seria abrangente o bastante para eliminar o já obsoleto e ultrapassado setor tradicional de produção, liberando-se a mão de obra inútil de tal setor arcaico e remetendo-a ao novo setor de produção em ascensão. A ideia de dualidade, assim, era vista como um fenômeno passageiro que deixaria de existir a partir do desenvolvimento homogêneo da economia a ser disseminado nessas sociedades peculiares.
>
> No início dos anos 60, entretanto, inicia-se a materialização de uma circunstância diversa da prevista alhures. A industrialização conduziu ao crescimento da urbanização e, com isso, grande parcela dos trabalhadores não mais encontrava lugar na dinâmica em desenvolvimento. A má distribuição de renda e as diferenças regionais começam também a ser percebidas com maior notoriedade, demonstrando que a política nacional de substituição de importações pela industrialização seria ineficiente à resolução de tais problemas.

---

82 *A questão da pejotização e da informalidade* (monografia jurídica). Academia Nacional de Direito do Trabalho – Prêmio Coqueijo Costa, 2008.

A economia brasileira ganha traços de heterogeneidade em virtude dessa grande massa de trabalhadores situados à margem do sistema de produção e submetidos a ocupações precárias e ao desemprego. A revolução tecnológica não seria capaz de abarcar a todos de maneira homogênea e o trabalho assalariado ganharia novos traços.

Os excluídos do processo de transfiguração dos meios de produção, catapultado por meio dos avanços tecnológicos, aumentavam as taxas de pobreza e sustentavam argumentos à criação de teorias que explicassem tal exclusão social, através de conceitos como o de marginalização urbana a expressar a dependência do trabalho ao desenvolvimento da economia.

No desenrolar destes acontecimentos econômicos, a Organização Internacional do Trabalho (OIT) imprimiu e salientou o conceito de setor informal, que compreenderia um conjunto de atividades cujas características principais são:

I. o reduzido tamanho do empreendimento;

II. a facilidade de entrada de novos concorrentes;

III. a inexistência de regulamentação;

IV. os baixos níveis de utilização de capital fixo; e

V. formas não empresariais de propriedade.

A noção de informalidade adotada pela OIT não redundou em quaisquer tentativas de superação da marginalização urbana recém-disposta. O objetivo da OIT não era este, mas sim alertar para o crescimento da informalidade, algo que ocorre, especialmente, nos países subdesenvolvidos, muito embora não seja um fenômeno exclusivo destes.

A luta contra a informalidade envolve a implementação de políticas públicas tendentes a fortalecer o emprego e a economia nacional. Porém, a própria ideia conceitual de setor informal, por si só, constitui um problema complexo a ser, naturalmente, resolvido antes da proposição destas medidas. Marcuse (http://www.consciencia.org/marcusemichel.shtml. Acesso em: 12 jun. 2008) afirma que setor informal seria um conceito ainda em desamparo de uma teoria, ou melhor, uma noção simplesmente vaga e indefinida. A OIT, em 1991, na sua Conferência Internacional demarcou o setor informal como: unidades de pequena graduação a produzir ou distribuir bens e serviços, constituindo-se notadamente de produtores por conta própria na área urbana de países subdesenvolvidos.

Nos mesmos moldes firmados pela OIT, o setor informal utilizar-se-ia também do trabalho não remunerado de membros da família e/ou poucos empregados e aprendizes. O desenvolvimento das atividades dar-se-ia com a manutenção de parcos níveis de capital e baixo nível de tecnologia. Dessas circunstâncias resultaria a baixa qualificação e a menor produtividade dessas ocupações instáveis e precárias.

Em 1993, a 15ª Conferência Internacional de Estatísticos do Trabalho firmou outra concepção para o setor formal, tendo o propósito de avaliar com rigor o peso do setor informal no produto interno bruto (PIB) das economias. Fixada a motivação recém-mencionada, em menoscabo das características das relações de trabalho, a nova definição da OIT frisou as características das unidades de produção como se infere da parte da Resolução a seguir transcrita:

"I. O setor informal pode ser caracterizado como consistindo de unidades engajadas na produção de bens e serviços, com o objetivo principal de gerar emprego e renda para as pessoas envolvidas. Essas unidades operam tipicamente com um nível baixo de organização e em pequena escala, com pouca ou nenhuma divisão entre trabalho e capital como fatores de produção.

As relações de trabalho – onde existem – são baseadas principalmente no emprego eventual, parentesco e relações sociais, em vez de contratos com garantias formais.

II. As unidades produtivas do setor informal têm os traços característicos de empreendimentos familiares. Os ativos – fixos e outros – usados não pertencem propriamente às unidades produtivas, mas sim aos seus proprietários. As unidades de produção não podem transacionar ou realizar contratos com outras unidades, nem incorrer em operações financeiras que envolvam exigibilidades. Os proprietários têm de levantar pessoalmente os recursos financeiros necessários por sua própria conta e risco, sendo pessoalmente responsáveis, sem limites, por quaisquer dívidas ou obrigações relacionadas com o processo produtivo. Os gastos com produção são frequentemente indistintos das despesas com o domicílio. Da mesma forma, bens de capital – tais como imóveis e veículos – podem ser usados indistintamente para o negócio ou pelo domicílio.

III. As atividades das unidades de produção do setor informal não são necessariamente realizadas com o objetivo deliberado de evasão fiscal, não recolhimento de contribuições sociais, de infringir a legislação trabalhista ou de não se adequar a exigências administrativas. Do mesmo modo, o conceito de atividades do setor informal deve ser distinguido do conceito de atividades da economia subterrânea ou oculta".

Observa-se, outrossim, que o conceito de "informal" deve ser construído em função de políticas de intervenção no mercado de trabalho e na economia. Como as políticas públicas são variáveis, os conceitos de setor informal também serão, naturalmente, fluidos.

Tendo por tema "Trabalho Decente e Economia Informal", a OIT, em 2002, novamente pôs em pauta a questão conceitual da informalidade depois de aceitar a realidade de que tal fenômeno não mais poderia ser visto como algo passageiro e transitório, pois já estava claro que os modernos meios de produção não teriam capacidade de absorver toda a mão de obra, como se esperava, de modo a superar a exclusão.

Passou-se a adotar o termo "economia informal", por ser mais amplo que "setor informal", transcendendo as características do empreendimento e analisando também a inserção no mercado de trabalho.

Esta nova visão da OIT a respeito da informalidade identifica que há um entrelaçamento dos setores formal e informal, afinal, partindo-se da perspectiva adotada (peculiaridades da unidade de produção e a posição na ocupação laboral) tanto se constata a existência de empresas informais a manter relações de trabalho com empresas formais e, até mesmo, com o Poder Público – ainda ocorre, por exemplo, com as cooperativas fraudulentas – como também se verifica a existência de empresas formais a utilizar de mão de obra informal com intuito de diminuir os custos de produção.

Entendemos, igualmente, que o reconhecimento dessa variedade de circunstâncias em que se situa a informalidade impede a confecção de uma política pública a ser considerada ideal para todos os trabalhadores informais. Novos regramentos – respeitados os direitos trabalhistas já consagrados – e teorias serão necessários para interpretar esses fenômenos e solucionar as suas provenientes iniquidades múltiplas.

A partir do reconhecimento de que a informalidade está consolidada no meio social é que devemos combater os consequentes empregos de baixa qualidade, produtividade e remuneração, que não são protegidos pela legislação e que, por isso, não garantem os direitos trabalhistas aos trabalhadores informais, privando-os de proteção social.

Visualizadas as transformações do mercado de trabalho no desenrolar dos anos 90 e admitindo a sua influência no desgaste e na degradação das relações e das condições de emprego – indicando a noção conceitual de precarização para os propósitos desta obra – conjecturamos, inicialmente, que o aumento do desemprego está ligado ao alargamento do setor informal e, outrossim, ao retrocesso das típicas formas de inserção no mercado de trabalho formal.

Paralelamente, vale ressaltar, que neste período – pós-anos 90 – a acentuada prática de terceirização de atividades por parte das empresas também converge para a proliferação das formas laborais atípicas, culminando na queda de qualidade do trabalho e, igualmente, na sua precarização.

O delicado momento perpassado pelo Direito do Trabalho, atualmente, nos sujeita a firmar uma nova configuração da realidade a partir das visíveis relações entre os setores formal e informal.

Observa-se que, desde o final dos anos 80 e início da década de 90, o setor informal tem crescido e atuado nas tangentes do centro das atividades formais capitalistas, favorecendo a não legalização do vínculo assalariado e a consequente restrição da proteção social empregatícia. Podemos associar, destarte, a questão da informalidade à proliferação de trabalhadores por conta própria e de empregados sem Carteira de Trabalho e Previdência Social (CTPS) assinada.

Seguindo as recomendações da 15ª Conferência de Estatísticos do Trabalho, realizada em 1993 pela Organização Internacional do Trabalho (OIT), há autores que, fugindo da noção clássica de setor informal, consideram todas as unidades econômicas pertencentes a empregadores com até cinco empregados, desde que moradores na área urbana, além dos trabalhadores por conta própria, como integrantes do setor informal do mercado de trabalho. Em pesquisa acerca da realidade brasileira, Baltar identificou a expansão da informalidade, a queda dos empregos formais e o desemprego desenfreado, notadamente após a economia brasileira ingressar numa recessão na ordem de 14%, segundo dados da RAIS de 1996, ocorrida entre os anos de 1990 e 1992.

Significando 46% da ocupação urbana em 1992, em que pese a economia nacional dar sinais de recuperação, a soma dos empregos no setor público e dos empregos formais (com CTPS) em estabelecimentos com mais de cinco empregados representou somente 17% do aumento da ocupação urbana entre os anos de 1992 e 1995, conforme o PNAD-IBGE deste período. Neste momento, portanto, expandiu-se consideravelmente a informalidade nas relações de trabalho, especialmente por meio de trabalhadores por conta própria e microestabelecimentos situados à margem do sistema capitalista de produção.

O percentual de trabalhadores informais no Brasil deixou a casa dos 41 % em 1991 para a assustadora marca de 51% no ano 2000, permanecendo nos percentuais de 50% aferidos em 2001. Ramos (http://www.iets.org.br. Acesso em: 15 jun. 2008) associa esta evolução do setor informal à carência de amparo e de proteção aos trabalhadores sem vínculo de emprego.

Alvitramos, dessarte, a construção de concepções suficientemente robustas à apreensão das transformações ora vivenciadas, tendo presentes os fins principiológicos – em seguida abordados – como suportes a apoiar de maneira responsável as estruturas que pretendemos ajudar a construir.

As significações estendidas às expressões "informalidade" e "precarização", de regra, referem-se à conjuntura moderna de transformação das relações de trabalho, em contradição à formal e digna inserção laboral empregatícia nos moldes estabelecidos pelo Direito do Trabalho.

Pressupondo que o setor informal não mais consegue abranger todas as formas de transformação no mundo do trabalho, almejamos consolidar num só corpo científico o debate acerca da atual noção de informalidade.

Pretendemos colaborar na estruturação desta construção de ideias acerca da informalidade, progredindo, outrossim, na celeuma da precarização do trabalho, no qual, segundo nosso entendimento, também se insere a questão da pejotização.

Diversas novas formas de trajar a noção de informalidade e mesmo de precarização têm sido utilizadas na tentativa de tornar inteligíveis as inúmeras transformações e a heterogeneidade reveladas no mercado de trabalho contemporâneo.

As noções basilares de informalidade serão mantidas, atribuindo-se, todavia, ao conceito de informalidade as influências da (des) regulamentação estatal das relações de trabalho e da compreensão de uma economia informal que integra processos, práticas e atividades diferenciadas (a nova informalidade na Região Metropolitana de Salvador).

As palavras de Hobsbawm são intrigantes e impõem a seguinte reflexão: "Quando enfrentam o que seu passado não as preparou para enfrentar, as pessoas tateiam em busca de palavras para dar nome ao desconhecido, mesmo quando não podem defini-lo nem entendê-lo" (Hobsbawm, 1995, p. 282).

Em defesa de que a informalidade pode conviver com a formalidade, inclusive, na pessoa de um mesmo trabalhador, Malaguti expressa a noção de informalidade conjugada ao setor formal e ao papel dos pequenos empreendimentos na inserção de trabalhadores no mercado de trabalho.

Tais estabelecimentos de pequeno porte recebem aqueles trabalhadores que perderam lugar no mercado formal, sujeitando, conforme o autor supracitado, a uma concorrência desigual frente às grandes empresas, forçando a exploração exacerbada dos recursos humanos, por processos como o da terceirização.

Os trabalhadores são (re)inseridos na sociedade produtiva de maneira autônoma, relacionada, desse modo, com uma aparente independência. Demonstradas as excessivas jornadas de trabalho e a insegurança social vivenciada por tais trabalhadores, fica fácil de entender e de constatar por que a independência está, na verdade, a esconder a necessidade e a marginalização social.

Deve ser lembrado, outrossim, neste contexto de novas acepções a respeito da informalidade, o entendimento de Sáinz, que configura a nova realidade de inserção ocupacional de trabalhadores em setores emergentes da economia como sendo a "neoinformalidade".

O autor divide os trabalhadores conforme as suas circunstâncias frente à informalidade, separando os denominados informais de subsistência dos informais de subordinação. Os primeiros estariam abarcados pelo conceito tradicional de informalidade, enquanto os segundos estariam dispostos na conjuntura globalizada.

Certos segmentos da informalidade, em que pese também marcados por vínculos precários e ausência de proteção social, apresentam melhorias de renda aos trabalhadores face às dificuldades de ingressar e permanecer no mercado de trabalho. Este "novo circuito da informalidade" atrai profissionais de qualificação elevada em comparação aos antigos informais de baixa renda, pouca qualificação e ínfima produtividade.

Estes novos trabalhadores informais representam uma falsa ideia de melhoria, pois decorrem de um mesmo processo em que as novas tecnologias, a reestruturação da produção do trabalho, o desemprego e a flexibilização das relações trabalhistas provocam a precarização do trabalho como resultado da expansão capitalista nos contornos do sistema.

Atenta às mudanças do trabalho na América Latina, Cacciamali identifica o processo de informalidade – alavancado pela integração das economias na era tecnológica e pela liberalização do comércio – como as: "mudanças estruturais na sociedade e na economia, que redefinem as relações de produção, as formas de inserção dos trabalhadores na estrutura produtiva, os processos de trabalho e as instituições" (Cacciamali, 2000, p. 103).

Todo o processo de informalidade pode ainda ser pensado e denunciado na perspectiva da reorganização das relações de trabalho assalariado sem a assinatura de carteira profissional; e dos empregos por conta própria.

De acordo com os primeiros estudos acerca do setor informal brasileiro, as previsões eram de que desapareceriam as formas alternativas de produção, que compreendiam a noção de informalidade. Contrariando as expectativas, o setor informal cresceu na periferia do sistema capitalista e, hoje, as transformações do mercado de trabalho permitem, inclusive, o questionamento da viabilidade da própria relação padrão vigente na sociedade salarial.

Na conjuntura atual, portanto, a expansão da informalidade guarda estreita relação com a reestruturação produtiva e com o ressurgimento de atividades antes circunscritas ao setor informal e que hoje são inseridas na cadeia de produção de grandes empresas. Dizendo de outro modo, parte-se da análise da informalidade expandida e, obrigatoriamente, acabamos voltando à precarização como a sua razão inicial e final, em virtude das modificações do trabalho na era da informação.

Enfraquecer o trabalho, flexibilizando-o, tornou-se a principal meta alçada pelas empresas com intuito de diminuir os custos de produção à custa da proteção social proporcionada pelo emprego formal.

O mercado de trabalho capitalista fez desta nova face da informalidade uma faceta da flexibilização, utilizando-se do setor informal de duas maneiras simultâneas e distintas. Enquanto nos períodos de expansão da economia a informalidade atua como uma espécie de reserva de trabalhadores, nos momentos de retração serve para absorver a mão de obra não aproveitável. Graças a medidas de privatização, de terceirização, e de pejotização, por exemplo, a "autonomia" dos trabalhadores tem sido predominante e a demissão dos assalariados uma consequência lógica.

Desse modo, a expansão da informalidade deve ser alardeada como consequência das mudanças no trabalho moderno, mas desde que não esqueçamos ser a precarização o maior e verdadeiro problema a ser enfrentado, afinal, de uma maneira ou de outra, tal fenômeno acaba, outrossim, abarcando todas as incertezas e inseguranças manifestadas no aumento do setor informal.

O grande dilema da atualidade, que envolve trabalhadores e empresas na tentativa de concretizar os planejamentos da OIT, a partir da concretização de políticas, é legalizar o trabalho informal em crescimento no mercado de trabalho e preservar as conquistas históricas da classe trabalhadora, referentes a direitos trabalhistas e proteção social.

As alternativas de superação da crise firmada precisam ser avaliadas no sentido de manter os direitos trabalhistas para proteger aqueles que estão sim em desvantagem nas relações com o poder do capital! Desde já, outrossim, rechaçamos a "flexibilização" dos direitos dos trabalhadores e também a criação de uma legislação específica para a economia informal, pois se estaria legitimando a burla de direitos daqueles que são, na verdade, empregados.

Os incentivos à formalização nos levam, certamente, ao caminho mais justo e correto, porém, apesar de determinantes às mudanças que almejamos, fatores como a simplificação dos requisitos de funcionamento e a redução dos custos de transação, visando o aumento da formalidade dos negócios, não serão suficientes.

Grandes contingentes de trabalhadores e empresas informais são empurrados para a informalidade pela incapacidade dos empreendimentos para suportar as contribuições sociais e os impostos em razão da atividade desenvolvida. Para guarnecer a formalidade, será preciso – antes de uma inconsequente reforma trabalhista pela porta dos fundos – a garantia de sustentação fiscal dos empreendimentos, o que nos remete a uma necessária e responsável Reforma Tributária.

VI

"PEJOTIZAÇÃO"

Conceitua-se "pejotização" como a contratação de um trabalhador, na condição de pessoa jurídica, para prestação de serviço intelectual.

Com a introdução da Lei n. 11.196/2005 no ordenamento brasileiro, a pejotização tornou-se uma prática viabilizada pelo art. 129, *in verbis*:

> Art. 129. Para fins fiscais e previdenciários, a prestação de serviços intelectuais, inclusive os de natureza científica, artística ou cultural, em caráter personalíssimo ou não, com ou sem a designação de quaisquer obrigações a sócios ou empregados da sociedade prestadora de serviços, quando por esta realizada, se sujeita tão somente à legislação aplicável às pessoas jurídicas, sem prejuízo da observância do disposto no art. 50 da Lei n. 10.406, de 10 de janeiro de 2002 – Código Civil.

Com a previsão legal, diversos empregadores passaram a contratar mão de obra para a prestação de serviços intelectuais, sob a "máscara" de pessoa jurídica, sem relação de emprego, desrespeitando, dessa forma, os princípios basilares do Direito do Trabalho.

Em meio à atual crise financeira mundial, causada, principalmente, pela globalização, houve um retrocesso acerca dos direitos trabalhistas, pois os referidos "trabalhadores intelectuais", contratados sob a forma de pessoa jurídica, deixam de contar com certas garantias, como salário mínimo, férias, gratificações natalinas, segurança e medicina do trabalho, limitação da jornada de trabalho etc.

Os empregadores-contratantes alegam que o trabalhador, por livre iniciativa e vontade, aceita a condição de prestador de serviço ao constituir pessoa jurídica e assinar contrato de prestação de serviços.

No entanto, há de ressaltar que a necessidade de subsistência do trabalhador e a péssima distribuição de renda em nossa sociedade acarretam a aceitação pelo trabalhador das precárias condições de trabalho.

Célia Mara Peres esclarece[83]:

> A prestação de serviços por meio de pessoa jurídica é tema importante nas relações de trabalho e ganha destaque, principalmente, quando a discussão repousa sobre a sua nulidade, para se reconhecer como legítima a relação de emprego.
> Sob a ótica trabalhista, toda relação jurídica que se realize de maneira pessoal, subordinada, onerosa e habitual é, por presunção, de natureza empregatícia.

A presença concomitante de todos os requisitos de uma relação contratual impõe o reconhecimento da relação de emprego, com a consequente aplicação de todos os direitos trabalhistas.

1. EMPREGABILIDADE X PRECARIZAÇÃO DO EMPREGO

Frutos da globalização econômica induzida pela Revolução Tecnológica, empregabilidade e precarização do emprego protagonizam um dos grandes confrontos da nossa era.

José Augusto Rodrigues Pinto[84] afirma:

> Uma parte do conteúdo da empregabilidade se articula perfeitamente com o sentido de outra expressão – versatilidade – para mostrar a sua articulação com o gerenciamento empresarial ágil induzido pela *high tech* do século XXI. Por outro lado, reclama a presença de seu antônimo, levando à formulação de outro conceito – o da precarização do emprego – na medida do relevo que empresta à tendência de repudiar contratações ortodoxas, sem determinação de prazo, características do comprometimento com a inserção estável do trabalhador na empresa. E tão logo esta nova percepção se adensou na certeza, transmitida pela rápida influência da dinâmica da empregabilidade sobre a relação de trabalho, foi possível assim definir o que é precarização do emprego: resultado da perda da durabilidade da relação jurídica de emprego, em face de alterações induzidas pelo progresso tecnológico na capacitação do trabalhador e na reengenharia da empresa para tornar mais conveniente a contratação do trabalho com duração instável na organização, ou o terceirizar;

Para alguns autores, a globalização foi apenas um entre vários fatores responsáveis pelo lento processo de avanço da máquina sobre a produção da riqueza nos últimos dois séculos.

---

83 A contratação de pessoa jurídica e a caracterização de vínculo empregatício. In: *Temas em direito do trabalho*, LTr, 2008, p. 17, v. I.

84 Empregabilidade e precarização do emprego. *Revista da Academia Nacional de Direito do Trabalho*, ano XVII, n. 17, 2009, p. 36.

O mesmo autor[85] destaca:

> Não pode passar, entretanto, sem registro que o aparecimento da máquina e o crescimento de sua importância para o capital e o trabalho, sepultando irreversivelmente o ciclo manufatureiro que apareceu com as corporações de ofício, movimentam três ondas de transferência de empregabilidade (aqui usada no modesto sentido de oportunidades de emprego) da massa operária: uma, do setor primário agrícola para o secundário industrial, na 1ª Revolução Industrial; outra, do setor secundário industrial para o setor terciário de prestação de serviços, na 2ª Revolução Industrial, e a terceira, dos setores secundário industrial e terciário de serviços para o setor quaternário do conhecimento, na 3ª Revolução Industrial ou Revolução Tecnológica.

Na Revolução Tecnológica aparece a figura da automação, capaz de eliminar empregos.

Na visão de Miguel Reale[86], "toda vez que se cria um robô, há dez ou até mesmo 100 trabalhadores a menos. Um robô que se cria, 100 trabalhadores em desemprego".

Evidente é o impacto da automação sobre o número de empregos, quando se sabe que uma única máquina poderá substituir muitos trabalhadores. No entanto, como observam alguns autores, esse impacto social não é uma característica necessária da tecnologia, e sim resultado das condições sociais e políticas sob as quais ela foi introduzida.

Há dois subefeitos da globalização: a terceirização, baseada na substituição da base fordista pela toyotista, pela reengenharia gerencial fundada na troca da verticalidade pela horizontalidade e descentralização da atividade econômica, como fatores de diminuição de custos; e a flexibilização normativa, que suaviza/diminui a proteção tutelar do trabalhador.

À medida que o mundo se integra com a globalização, as empresas fragmentam e tornam-se menores.

Outro fator importante é a ação da lei da oferta e da procura, com grande elevação dos ingressos no mercado de trabalho, seja pelo brutal crescimento da população universal, seja pela mudança estrutural das famílias, com a entrada da mulher e dos jovens no mercado de trabalho.

---

85 Empregabilidade, cit., p. 36.

86 A globalização, cit., p. 1-12.

Atualmente, a empregabilidade cobra do trabalhador alguns atributos básicos: qualificação, capacidade de adaptação às mudanças, atualização permanente.

Em contrapartida, com o objetivo de reduzir o custo final do produto, ainda podemos relacionar a flexibilização das relações de trabalho com a chamada informalidade, que, de forma expressiva e desordenada, propicia a redução de empregos qualificados e formais. Nesse cenário, constatamos os seguintes aspectos negativos da informalidade: insegurança no trabalho; aumento de contratos por prazo determinado; redução dos salários.

2. CRISE ECONÔMICA E A REDUÇÃO DE CUSTOS/SALÁRIOS

Após longo período de "fartura", com muito dinheiro sobrando, os grandes bancos, principalmente os americanos, passaram a adotar políticas arrojadas.

Apesar do momento propício, em que o consumidor se mostra motivado a comprar cada vez mais e com excesso de oferta de créditos pessoais, surge a grande crise econômica.

Com o anúncio de quebra das instituições financeiras, o mercado se retraiu, passando a se instalar o medo na concessão de novos empréstimos.

Com a queda nos lucros, as empresas deixaram de crescer e, como alternativa para baixar os custos da produção, optaram pela demissão em massa de empregados.

Em meio ao colapso do mercado financeiro, encontra-se o empregado – aliás, desempregado –, com poucas perspectivas, sem sua fonte de subsistência, sem honra, sem dignidade.

Em tempo de crise aguda, todos devem colaborar. Compete ao governo intervir nas relações econômicas a fim de rever as relações de trabalho.

José Affonso Dallegrave Neto[87] menciona:

> Os empresários devem se conscientizar que a fase áurea de lucros elevados está provisoriamente suspensa. Se é verdade que os lucros vêm caindo de dezembro para cá, também é fato que tivemos um momento de forte pros-

---

87 A crise econômica chegou. Quais os desafios para o direito do trabalho? *Revista da Academia Nacional de Direito do Trabalho*, ano XVII, n. 17, 2009, p. 49.

peridade para as empresas durante os três últimos anos. Logo, é o momento das corporações utilizarem suas reservas financeiras nesse atual estágio de instabilidade econômica.

Na crise, uma das medidas mais adotadas é a redução do salário do trabalhador mediante acordos coletivos. O art. 503 da CLT permite, em caso de força maior ou prejuízos devidamente comprovados pela empresa, a redução do salário em índice nunca superior a 25% e desde que se observe a redução da jornada na mesma proporção. O salário mínimo deve ser garantido. A Lei n. 4.923/65 prevê que esse pacto deve perdurar, no máximo, por três meses, prazo prorrogável se assim for indispensável.

A Constituição Federal, no art. 7º, VI, prevê a hipótese de redução salarial, desde que fixada em convenção ou acordo coletivo. O ajuste entre as partes objetiva a valorização do trabalho humano, a função social da empresa e a busca do pleno emprego.

O art. 170 da Constituição Federal determina, *in verbis*:

> Art. 170. A ordem econômica, fundada na valorização do trabalho humano e na livre iniciativa, tem por fim assegurar a todos existência digna, conforme os ditames da justiça social, observados os seguintes princípios:
> I – soberania nacional;
> II – propriedade privada;
> III – função social da propriedade;
> IV – livre concorrência;
> V – defesa do consumidor;
> VI – defesa do meio ambiente, inclusive mediante tratamento diferenciado conforme o impacto ambiental dos produtos e serviços e de seus processos de elaboração e prestação;
> VII – redução das desigualdades regionais e sociais;
> VIII – busca do pleno emprego;
> IX – tratamento favorecido para as empresas brasileiras de capital nacional de pequeno porte;
> IX – tratamento favorecido para as empresas de pequeno porte constituídas sob as leis brasileiras e que tenham sua sede e administração no País.

José Affonso Dallegrave Neto[88] menciona matéria publicada no jornal *O Estado de S. Paulo*, da jornalista Carolina Ruhman:

> Contrariando a expectativa da maioria do empresariado, economistas avaliam que a crise financeira internacional não é o melhor momento para discutir uma flexibilização das leis trabalhistas. O consenso entre os espe-

---

[88] Crise não é ocasião para flexibilização, dizem economistas. Disponível em: http://www.estadao.com.br/economia/not_eco308242,0.htm. Publicado em: 16-3-2009.

cialistas termina aí. Para alguns economistas ouvidos pela Agência Estado, a crise exige respostas rápidas do governo e essa discussão estrutural deve ficar para outra ocasião. Para outros, o afrouxamento da legislação trabalhista não é sequer solução para os problemas atuais.

Os instrumentos legais existentes – como a suspensão do contrato de trabalho, a redução da jornada e o banco de horas – são "suficientes" para lidar com a crise, avalia Edward Amadeo, doutor (PhD) em economia pela Universidade Harvard, EUA, e ex-ministro do Trabalho no governo do ex-presidente Fernando Henrique Cardoso. "Não precisa fazer uma reforma, que tem muito mais a ver com fatores estruturais, de aumentar a produtividade, melhorar a relação de trabalho e, portanto, gerar mais crescimento no longo prazo, do que propriamente para lidar com uma crise de demanda como a que a gente está tendo agora" argumentou.

O professor José Krein, diretor-adjunto do IE da Unicamp, é contra o abrandamento das regras trabalhistas. "A História recente mostrou que não é flexibilizando a legislação trabalhista que se conseguiu resolver os problemas do mercado de trabalho. Esses problemas, principalmente o nível de emprego, dependem muito mais da dinâmica da economia do que da legislação trabalhista em si", diz, julgando que é em situações de dificuldade econômica que aumenta a pressão pelo relaxamento dos direitos dos trabalhadores.

"Nesse momento, um ou outro acordo pode fazer sentido, mas o princípio em si de que você, flexibilizando, vai resolver o problema do mercado de trabalho não faz sentido", insiste. Na visão do professor, a questão só será resolvida com a geração de empregos, o que, por sua vez, só pode ocorrer com a dinamização da economia. "A flexibilização não é uma alternativa para resolver a questão da crise."

Ainda que o governo optasse por flexibilizar as normas trabalhistas, o professor José Márcio Camargo, da Pontifícia Universidade Católica do Rio de Janeiro (PUC-Rio) e economista da Opus Gestão de Recursos, destaca que, numa situação de queda de demanda, o aumento do desemprego é "inexorável". "Se existisse algum milagre, não teria desemprego no mundo. E, no mundo, o desemprego está aumentando, e é porque não existe "milagre", afirma.

O Direito do Trabalho é um ramo da ciência jurídica eminentemente social. Nos momentos de graves crises econômicas, a sua importância é realçada.

Na sociedade hodierna, focando o objeto de estudo nas relações trabalhistas tradicionais e modernas, visando atualizar-se, o Direito do Trabalho merece nova roupagem à luz do Direito Constitucional e dos Direitos Fundamentais.

3. PRINCÍPIO DO NÃO RETROCESSO SOCIAL – CONSTITUCIONALISMO

A moderna ciência jurídica apresenta novos princípios, muitos com viés constitucional. Dentre eles, um merece destaque, que é o princípio do não retrocesso social, ou da proibição do retrocesso social.

O aludido princípio tem por escopo invalidar norma ou ato jurídico que tenha como razão de ser a redução ou supressão de direitos sociais alcançados pela evolução da sociedade e positivados pelo ordenamento jurídico vigente.

Nessa linha de raciocínio, o princípio da proibição do retrocesso deve vincular o legislador para a elevação das medidas legais concretizadoras dos direitos sociais a patamares constitucionais.

Sobre o tema, insta consignar os ensinamentos de Mauro Vasni Paroski[89]:

> A modalidade de eficácia jurídica que proíbe o retrocesso não está positivada em nenhuma norma do ordenamento jurídico, decorrendo de construção doutrinária e, sendo assim, não é dotada de sanção a ponto de se atribuir a alguém o direito de exigi-la judicialmente, pois que a vedação de retrocesso tem em consideração regras e princípios constitucionais, notadamente aqueles consagradores de direitos e garantias fundamentais, cuja efetivação se dá pela via da legislação infraconstitucional, à qual compete a função de dar às normas previstas de forma abstrata e genérica pela Constituição a devida concretude, viabilizando sua obediência e tornando lícito exigir judicialmente o seu cumprimento.
>
> Nesta trilha, o que se pretende com esta modalidade de eficácia jurídica é a declaração de invalidade de normas e atos que tenham por propósito a revogação de avanços alcançados por meio de normas e atos anteriores editados para regulamentar os princípios fundamentais contemplados na Constituição.
>
> Entende-se que as vantagens são incorporadas por intermédio dessas normas infraconstitucionais ao patrimônio jurídico de todos os seus destinatários e desse modo tornam-se insuscetíveis de extinção pura e simples por normas jurídicas posteriores, sem que seja estabelecido um sistema de compensação.
>
> A eficácia vedativa de retrocesso, logicamente, além de pressupor que os direitos fundamentais são efetivados em virtude de uma regulamentação por normas infraconstitucionais, também pressupõe que um dos efeitos pretendidos pelo direito constitucional é não só a implementação, como

---

[89] *Direitos fundamentais e acesso à justiça na Constituição.* São Paulo: LTr, 2008, p. 80-81.

a ampliação gradativa daqueles. O § 2º do art. 5º e o *caput* do art. 7º da CF/88 parecem evidenciar com certa tranquilidade este propósito do direito constitucional.

Como observado com precisão por *Barcellos* (2002, p. 69): "A invalidade, por inconstitucionalidade, ocorre quando se revoga uma norma infraconstitucional concessiva de um direito, deixando um vazio em seu lugar".

Esta modalidade de eficácia jurídica atua no plano da validade das normas e ainda é objeto de controvérsias doutrinárias.

O legislador está vinculado aos propósitos da Constituição, e sendo assim, não lhe é lícito editar normas que contrariem aqueles, e, tratando-se de princípios gerais e abstratos, cujo conteúdo muitas vezes depende da atuação do legislador infraconstitucional, este não pode na atividade que lhe é própria contrariar a Constituição.

Ainda que não seja possível exigir judicialmente, ou por qualquer outro meio legítimo, que o legislador dê concretude aos referidos princípios gerais de conteúdo indeterminado, se ocorrer de elaborar uma norma jurídica regulamentando o princípio constitucional, tornando-o aplicável diretamente nas relações jurídicas intersubjetivas, apregoa-se que não poderá ele em outro momento excluir esta norma regulamentadora e nada colocar em sua substituição, voltando em vez de avançar nessa trajetória desejada pela Constituição.

Cabe a ressalva, entretanto, de que a eficácia vedativa do retrocesso não implica em se sustentar que não seja legítimo ao legislador substituir uma norma por outra que entenda mais adequada e eficaz para se atingir o propósito constitucional, pois, o que se questiona é a simples modificação de uma situação criada anteriormente, deixando o princípio constitucional sem possibilidade de aplicação efetiva, ou seja, esvaziando-o completamente.

Por derradeiro, vale a observação de que esta espécie de eficácia, que leva à invalidade da norma ou ato posterior que revoga uma situação mais vantajosa e nada se coloca em seu lugar, não serve para impugnar o comportamento por omissão.

4. FLEXIBILIZAÇÃO E DESREGULAMENTAÇÃO DOS DIREITOS TRABALHISTAS

Em primeiro lugar, é importante distinguir flexibilização de desregulamentação dos direitos trabalhistas.

A "flexibilização" pode ser conceituada como forma de amenizar o rigor e a rigidez de algumas normas jurídicas trabalhistas.

Quanto à "desregulamentação", o fenômeno implica a supressão de certas normas jurídicas trabalhistas estatais, retirando a proteção cogente, na medida em que os próprios atores sociais passam a estabelecer as regras aplicáveis às relações de trabalho.

Sobre o tema, vale apontar os ensinamentos do Professor Sergio Pinto Martins[90]:

> A doutrina tem vários conceitos sobre a flexibilização do Direito do Trabalho.
>
> Antes de se analisar o conceito da flexibilização, é possível dizer que se trata de uma reação aos padrões até então vigentes das legislações que estão em desacordo com a realidade, das legislações extremamente rígidas que não resolvem todos os problemas trabalhistas, principalmente diante das crises econômicas ou outras.
>
> Internacionalmente, muitas vezes é lembrado o conceito da Organização de Cooperação e Desenvolvimento Econômico (OCDE), tendo por fundamento o "Informe Dahrendorf", em que a flexibilidade é a "capacidade de os indivíduos na economia e em particular no mercado de trabalho de renunciar a seus costumes e de adaptar-se a novas circunstâncias". Ensina Arturo Bronstein, que a referida definição apresenta "aspectos sociológicos e psicológicos da flexibilidade, porém não tem verdadeiramente um conteúdo normativo. Pode servir-nos como referência geral, para destacar conceitualmente os elementos que formam parte do debate sobre flexibilidade, mas não parece suficiente para uma análise sobre os efeitos da doutrina da flexibilidade no Direito do Trabalho, debate que deve necessariamente integrar-se com elementos jurídicos".
>
> Cassio Mesquita Barros Jr. informa que a "flexibilidade do Direito do Trabalho consiste nas medidas ou procedimentos de natureza jurídica que têm a finalidade social e econômica de conferir a possibilidade de ajustar a sua produção, emprego e condições de trabalho às contingências rápidas ou contínuas do sistema econômico".
>
> Na mesma linha anterior, verifica-se o entendimento de Arturo Hoyos, dizendo que a flexibilização trabalhista é "a possibilidade de a empresa contar com mecanismos jurídicos que lhe permitam ajustar sua produção, emprego e condições de trabalho às flutuações rápidas e contínuas do sistema econômico (demanda efetiva e sua diversificação, taxa de câmbio, juros bancários, competição internacional), às inovações tecnológicas e a outros fatores que requerem ajustes com rapidez".
>
> Luiz Carlos Amorim Robortella ensina que a flexibilização do Direito do Trabalho é "o instrumento de política social caracterizado pela adaptação constante das normas jurídicas à realidade econômica, social e institucional, mediante intensa participação de trabalhadores e empresários, para eficaz regulação do mercado de trabalho, tendo como objetivos o desenvolvimento econômico e o progresso social".
>
> Rosita Nazaré Sidrim Nassar entende que a flexibilização do Direito do Trabalho é "a parte integrante do processo maior de flexibilização do mercado de trabalho, consistente no conjunto de medidas destinadas a dotar o Direito Laboral de novos mecanismos capazes de compatibilizá-lo com as

---

90 *Flexibilização das condições de trabalho.* 4. ed. São Paulo: Atlas, 2009, p. 11-15.

mutações decorrentes de fatores de ordem econômica, tecnológica ou de natureza diversa exigentes de pronto ajustamento". Essa definição constata a realidade da flexibilização no mercado de trabalho, necessitando haver um sistema para melhor adaptar a realidade à previsão legal.

Júlio Assunção Malhadas leciona que a flexibilização é "a possibilidade de as partes – trabalhador e empresa – estabelecerem, diretamente ou através de suas entidades sindicais, a regulamentação de suas relações sem total subordinação ao Estado, procurando regulá-las na forma que melhor atenda aos interesses de cada um, trocando recíprocas concessões".

Mario Pasco Cosmopolis informa que flexibilização é a "modificação atual e potencial das normas laborais que se traduz na atenuação dos níveis de proteção dos trabalhadores e que frequentemente vai acompanhada de uma aplicação da faculdade patronal de direção".

Santiago Barajas Montes de Oca afirma que a flexibilidade do Direito do Trabalho é o "elemento complementar da relação de trabalho segundo o qual trabalhadores e patrões acertam um ajuste econômico, com caráter provisório ou temporal, para as condições de trabalho estabelecidas, de uma empresa em crise". Informa que devem ser observados três elementos: (a) o acordo voluntário e livre dos interlocutores sociais; (b) um ajuste econômico, de caráter provisório ou temporal; (c) o presente em uma empresa em crise. O conceito compreende uma situação provisória ou temporal, que é o que ocorre na maioria dos casos, mas pode estar inserida num contexto permanente de necessidade de modificações e de estabelecer regras flexíveis na legislação para quando houver uma determinada situação a ser aplicada. As definições citadas abrangem aspectos jurídicos, políticas econômicas e sociais, instrumentos e outros aspectos.

De fato, a flexibilização abarca uma série de aspectos, de acordo com o Direito de cada país, compreendendo fatores econômicos, políticos etc. Existem várias formas de flexibilização do Direito do Trabalho, em decorrência de cada sistema.

Do ponto de vista sociológico, a flexibilização é a capacidade de renúncia a determinados costumes e de adaptação a novas situações.

Prefiro dizer que a flexibilização das condições de trabalho é o conjunto de regras que tem por objetivo instituir mecanismos tendentes a compatibilizar as mudanças de ordem econômica, tecnológica, política ou social existentes na relação entre o capital e o trabalho.

Conjunto porque forma um todo organizado, um sistema para o fim de estabelecer mecanismos para compatibilizar as regras do Direito do Trabalho com as mudanças, isto é, uma reunião de medidas visando flexibilizar as relações trabalhistas. Não se faz a flexibilização apenas de uma forma ou mediante medidas isoladas, mas dentro de um conjunto. São adotados vários procedimentos para a flexibilização.

Não se trata de flexibilização do Direito do Trabalho, mas de condições de trabalho, de regras que serão observadas em relação ao pacto laboral. O objetivo do Direito do Trabalho não é ser flexível, mas melhorar as condições do trabalhador. Logo, não se pode falar em flexibilidade do Direito do Trabalho.

O sistema compreende as modificações de ordem econômica, tecnológica ou social, e não apenas regras jurídicas.

Sob o aspecto jurídico, é uma norma, ou instituto, ou situação, que era inflexível e passa a sofrer um processo de mudança visando a sua atenuação ou adaptação à realidade.

A flexibilização das regras trabalhistas é, ainda, uma forma de atenuar o princípio da proteção à relação laboral. O referido princípio não será, porém, eliminado, mas serão minorados seus efeitos em certas situações específicas.

Há necessidade, assim, de adaptação ou flexibilização, de modo a adaptar o Direito à realidade, e não o inverso.

Flexibilização não é exatamente a revogação ou exclusão de direitos trabalhistas, mas a modificação de certos direitos mediante negociação coletiva, notadamente diante das crises econômicas.

A analogia feita por Mario Pasco Cosmopolis bem serve para explicar a flexibilização: ela desempenha função equivalente à da poda de uma árvore ou de seus galhos, eliminando os ramos secos e supérfluos com o propósito de robustecer o tronco.

Flexisegurança é o modelo que vem sendo usado com maior repercussão na Dinamarca, mesclando dispensa flexível, sistema de indenização generoso, com indenizações na dispensa superiores às de outros países e políticas ativas de mercado de trabalho.

Não se confunde flexibilização com desregulamentação. Desregulamentação significa desprover de normas heterônomas as relações de trabalho. Na desregulação, o Estado deixa de intervir na área trabalhista, não havendo limites na lei para questões trabalhistas, que ficam a cargo da negociação individual ou coletiva. Na desregulamentação, a lei simplesmente deixa de existir, pois é retirada a proteção do Estado em relação ao trabalhador. Na flexibilização, são alteradas as regras existentes, diminuindo a intervenção do Estado, porém garantindo um mínimo indispensável de proteção ao empregado, para que este possa sobreviver, sendo a proteção mínima necessária. A flexibilização é feita com a participação do sindicato. Em certos casos, porém, é permitida a negociação coletiva para modificar alguns direitos, como reduzir salários, reduzir e compensar jornada de trabalho, como ocorre nas crises econômicas.

Leciona Amauri Mascaro Nascimento que a desregulamentação fica adstrita ao Direito Coletivo do Trabalho. No Direito Individual do Trabalho, haveria a flexibilização. No Direito Coletivo do Trabalho, a substituição da lei pela norma coletiva. Tal segmento do Direito do Trabalho seria regulado pela norma coletiva, pelo princípio da liberdade sindical, havendo ausência de leis do Estado que dificultem essa liberdade.

Distingue-se a flexibilização da precarização do trabalho. Nesta, há o trabalho incerto, instável e indefinido, a regulamentação insuficiente do trabalho, ou não existe qualquer regulamentação, ficando o trabalhador marginalizado. Na flexibilização deve haver a manutenção de um nível mínimo de legislação, com garantias básicas ao trabalhador, e o restante seria estabelecido mediante negociação coletiva.

Na flexibilização, há a adaptação a um novo contexto econômico.

Muitos fatores e crises têm transformado a economia mundial. O consequente enfraquecimento da política interna dos países tem resultado em altos índices de desemprego e subempregos de milhões de pessoas.

Para estabelecer o equilíbrio entre os interesses empresariais com as necessidades profissionais, justifica-se a flexibilização de determinados preceitos rígidos e a manutenção da saúde da empresa e da fonte de emprego.

É preciso encontrar uma solução no Direito do Trabalho que harmonize os princípios de proteção ao trabalhador e os direitos garantidores da dignidade da pessoa humana com a necessidade de manutenção da saúde da empresa.

A flexibilização das normas deve ser utilizada apenas quando os reais interesses entre empregados e empregadores forem convergentes.

O contrato de trabalho, por ser regulamentado por lei, limita a liberdade. Isto se explica diante da desigualdade das partes, em que um dos lados é hipossuficiente em relação ao outro, necessitando da proteção estatal. Diante desse desnivelamento substancial, mister a aplicação de uma igualdade jurídica[91] nos contratos de trabalho.

Um dos princípios primordiais do Direito do Trabalho que não poderá ser olvidado no fenômeno da flexibilização é o princípio protetor, pautado pelos princípios da razoabilidade e da racionalidade, incentivando o sindicato a atuar como representante dos empregados com o intuito de zelar pela classe operária.

A flexibilização é um direito do empregador, previsto na Constituição Federal, mas deve ser utilizada com muita cautela e apenas em casos de real e comprovada necessidade, e sempre sob a tutela do sindicato, responsável por zelar os direitos dos empregados.

Alice Monteiro[92] divide a desregulamentação – para a autora, sinônimo de flexibilização – em "normativa" e "de novo tipo". A primei-

---

91 Arnaldo Süssekind; Délio Maranhão; João de Lima Teixeira; Segadas Vianna e A. Gorini, *Instituições*, cit., p. 239.

92 *Curso*, cit., p. 87-88.

ra (normativa) equivale à flexibilização heterônoma, isto é, imposta unilateralmente pelo Estado. A segunda (novo tipo) – sinônimo de flexibilização autônoma – pressupõe a substituição das garantias legais pelas garantias convencionais, com primazia da negociação coletiva.

Vólia Bomfim Cassar[93] defende que o Brasil adotou a flexibilização legal e a sindical ou negociada sindicalmente. A primeira (legal) ocorre quando a própria lei prevê as exceções ou autoriza, em certas hipóteses, a redução de direitos. A segunda (sindical ou negociada sindicalmente) acontece quando as normas coletivas autorizam a diminuição de direitos.

Para Maurício Godinho Delgado[94], existem direitos de indisponibilidade absoluta e de indisponibilidade relativa:

> Absoluta será a indisponibilidade, do ponto de vista do Direito Individual do Trabalho, quando o direito enfocado merecer uma tutela de nível de interesse público, por traduzir um patamar civilizatório mínimo firmado pela sociedade política em um dado momento histórico. (...) Relativa será a indisponibilidade, do ponto de vista do Direito Individual do Trabalho, quando o direito enfocado traduzir interesse individual ou bilateral simples, que não caracterize um padrão civilizatório geral mínimo firmado pela sociedade política em um dado momento histórico. (...) As parcelas de indisponibilidade relativa podem ser objeto de transação (não de renúncia, obviamente), desde que a transação não resulte em efetivo prejuízo ao empregado.

O Tribunal Superior do Trabalho tem aceitado a flexibilização das normas, desde que não restrinja certos direitos assegurados aos trabalhadores, ou seja, os direitos indisponíveis, irrenunciáveis:

> TURNOS ININTERRUPTOS DE REVEZAMENTO – JORNADA DE OITO HORAS – ACORDO COLETIVO – VALIDADE. À luz do inciso XIV do artigo 7º da Constituição Federal de 1988 é válido acordo coletivo que fixa em oito horas diárias a jornada laborada em turnos de revezamento, não havendo que se falar em pagamento como extras das sétima e oitava horas. Recurso de Revista conhecido e provido (E-RR-498794-21.1998.5.05.5555, Rel. Min. Valdir Righetto, j. 5-5-1999, 2ª T., DJ, 21-5-1999).
> INTERVALO INTRAJORNADA. REDUÇÃO. FLEXIBILIZAÇÃO. ACORDO COLETIVO DE TRABALHO.
> O intervalo mínimo intrajornada constitui medida de higiene, saúde e segurança do empregado, não apenas garantida por norma legal imperativa (CLT, art. 71), como também tutelada constitucionalmente (art. 7º, inc.

---

93 *Direito do trabalho*, cit., p. 31.

94 *Curso*, cit., p. 201.

XXII, da CF/88). Comando de ordem pública, é inderrogável pelas partes e infenso mesmo à negociação coletiva: o limite mínimo de uma hora para repouso e/ou refeição somente pode ser reduzido por ato do Ministro do Trabalho (CLT, art. 71, § 3º).

O acordo coletivo de trabalho e a convenção coletiva de trabalho, igualmente garantidos pela Constituição Federal como fontes formais do Direito do Trabalho, não se prestam a validar, a pretexto de flexibilização, a supressão ou a diminuição de direitos trabalhistas indisponíveis. A flexibilização das condições de trabalho apenas pode ter lugar em matéria de salário e de jornada de labor, ainda assim desde que isso importe uma contrapartida em favor da categoria profissional.

Inválida cláusula de acordo coletivo de trabalho que autoriza a redução, em trinta minutos, do intervalo mínimo intrajornada de uma hora fixado para empregado submetido a jornada diária de oito horas.

Embargos de que se conhece, por divergência jurisprudencial, e a que se nega provimento (ED-RR-488883-66.1998.5.02.5555, Rel. Min. João Oreste Dalazen, j. 22-3-2004, Subseção I Especializada em Dissídios Individuais, *DJ*, 16-4-2004).

A OJ n. 372 da SDI-I também limita a flexibilização por norma ou acordo coletivo, considerando nula a cláusula prevista nos acordos que aumenta o limite de 5 minutos que antecedem e sucedem a jornada de trabalho para fins de apuração de horas extras.

A jurista Vólia Bomfim Cassar[95] ainda apresenta mais dois posicionamentos:

Há, ainda, a posição de alguns ministros do TST no sentido de aceitar a flexibilização de qualquer direito. Argumentam que se o constituinte autorizou o mais, isto é, se a Constituição autorizou a redução do maior de todos os direitos (salário), mediante convenção ou acordo coletivo, logo, o menos também é permitido. Neste sentido, tudo que não seja o próprio salário base do empregado é menos.

Existe, também, jurisprudência que, embora admita a corrente acima, exige como requisito mínimo para validade do ajuste concessões recíprocas. É a chamada Teoria da Conglobalização dos Pactos Coletivos. Alguns Tribunais Regionais do Trabalho, inclusive, adotam esta vertente.

INDENIZAÇÃO DO ART. 71, § 4º, DA CLT. CONVENÇÃO COLETIVA. LIMITES. É salutar que os sindicatos assumam a responsabilidade pela representação de classe que lhes foi conferida pela Constituição Federal de 1988 no inciso III do art. 8º. Conquistada a representação irrestrita da categoria, é certo que os sindicatos que representam os trabalhadores devem exercê-la com maior consciência e zelo, em especial ao negociarem os acordos coletivos com o sindicato patronal. Convencionado entre as partes intervalo intrajornada de

---

95 *Direito do trabalho*, cit., p. 32-33.

15 minutos e comprovado nos autos que o autor usufruía de tal intervalo, não há que se falar na indenização prevista no § 4°, do art. 71, da CLT. TRT/ DF – Processo n. 00191.2002.011.10.00.9 – Rel. Designado: Juíza Elaine Machado Vasconcelos. DJ/DF 22-11-2002.

REAJUSTE SALARIAL DIFERENCIADO PREVISTO EM ACORDO COLETIVO DE TRABALHO. IMPOSSIBILIDADE DE EXTENSÃO À FUNÇÃO GRATIFICADA. INCORPORADA. Decorrem as negociações coletivas de concessões recíprocas, em que observada a autonomia das partes convenentes, sedimentada na Carta Magna, as quais podem abrir mão, inclusive, de uma vantagem, em prol de condições que lhes tragam maiores benefícios. Tal flexibilização, ajustada, patenteia-se, a exemplificar, nas disposições do art. 7°, incisos VI, XIII, XIV da Constituição Federal. Há, pois, que prevalecer o Acordo Coletivo do Trabalho, que determina índices de reajuste diferenciados para as diferentes rubricas salariais, estabelecendo que o reajuste de 25% tem pertinência, tão somente, à tabela de empregos permanentes da Reclamada – EP, não se estendendo à gratificação de função incorporada. TRT/DF – Processo n. 00704.2004.011.10.0.3 – Rel. Designado: Juiz Alexandre Nery de Oliveira. DJ/DF 14-1-2005.

A desregulamentação não se confunde com a flexibilização das normas de proteção ao trabalho, pois defende a inexistência da maioria dessas normas[96].

5. RECONHECIMENTO DO VÍNCULO DE EMPREGO – PRINCÍPIO DA PRIMAZIA DA REALIDADE

O reconhecimento do vínculo empregatício configura-se pela junção dos seguintes requisitos: trabalho exercido por pessoa física, pessoalidade, não eventualidade, onerosidade e subordinação.

A configuração do vínculo rege-se não pelo aspecto formal, mas pela realidade dos fatos, em obediência ao princípio da primazia da realidade, que acarreta a descaracterização de uma relação civil de prestação de serviços, quando presentes os requisitos da relação de emprego.

O saudoso jurista Américo Plá Rodriguez[97] relata:

> O significado que atribuímos a este princípio é o da primazia dos fatos sobre as formas, as formalidades ou as aparências. Isso significa que em matéria de trabalho importa o que ocorre na prática, mais do que aquilo que

---

96 Arnaldo Süssekind, *Curso de direito do trabalho*. 2. ed. Rio de Janeiro: Renovar, 2004, p. 54.

97 *Princípios de direito do trabalho*. 3. ed. São Paulo: LTr, 2000, p. 351-353.

as partes hajam pactuado de forma mais ou menos solene, ou expressa, ou aquilo que conste em documentos, formulários e instrumentos de controle. Esse desajuste entre os fatos e a forma pode ter diferentes procedências: resultar de uma intenção deliberada de fingir ou simular uma situação jurídica distinta da real. É o que se costuma chamar de simulação. É muito difícil conceber casos de simulação absoluta na qual se pretenda apresentar um contrato de trabalho, quando na realidade não exista nada. Ao contrário, o mais frequente é o caso das simulações relativas, nas quais se dissimula o contrato real, substituindo-o ficticiamente por um contrato diverso. As diferenças entre o contrato simulado e o efetivo podem versar sobre todos os aspectos: as partes, as tarefas, os horários, as retribuições, etc. Nesta categoria se pode fazer outra grande distinção entre as simulações acordadas bilateralmente e as impostas ou dispostas unilateralmente por uma parte, com toda a variadíssima gama de matizes intermediários;

provir de um erro. Esse erro geralmente recai na qualificação do trabalhador e pode estar mais ou menos contaminado de elementos intencionais derivados da falta de consulta adequada ou oportuna. Também essa situação equívoca se pode atribuir a erro imputável a ambas as partes ou a uma só delas; derivar de uma falta de atualização dos dados. O contrato de trabalho é um contrato dinâmico no qual vão constantemente mudando as condições da prestação dos serviços. Para que os documentos reflitam fielmente todas as modificações produzidas, devem ser permanentemente atualizadas. Qualquer omissão ou atraso determina um desajuste entre o que surge dos elementos formais e o que resulta da realidade; e

originar-se da falta de cumprimento de requisitos formais. Algumas vezes, para ingressar ou ter acesso a um estabelecimento, requer-se a formalidade da nomeação por parte de determinado órgão da empresa ou o cumprimento de qualquer outro requisito que se haja omitido. Em tais casos, também o que ocorre na prática importa mais do que a formalidade.

Em qualquer das quatro hipóteses que mencionamos, os fatos primam sobre as formas. Não é necessário analisar a pesar o grau de intencionalidade ou de responsabilidade de cada uma das partes. O que interessa é determinar o que ocorre no terreno dos fatos, o que poderia ser provado na forma e pelos meios de que se disponham em cada caso. Porém, demonstrados os fatos, eles não podem ser contrapesados ou neutralizados por documentos ou formalidades.

Maurício Godinho Delgado[98] define:

O princípio da primazia da realidade sobre a forma constitui-se em poderoso instrumento para a pesquisa e encontro da verdade real em uma situação de litígio trabalhista. Não deve, contudo, ser brandido unilateralmente pelo operador jurídico. Desde que a forma não seja da essência do ato (ilustrativamente, documento escrito para a quitação ou instrumento escrito para

---

98 *Curso*, cit., p. 192.

contrato temporário), o intérprete e aplicador do Direito deve investigar a aferir se a substância da regra protetiva trabalhista foi atendida na prática concreta efetivada entre as partes, ainda que não seguida estritamente a conduta especificada pela legislação.

Alice Monteiro de Barros[99] faz a seguinte dicção:

> O princípio da primazia da realidade significa que as relações jurídico-trabalhistas se definem pela situação de fato, isto é, pela forma como se realizou a prestação de serviços, pouco importando o nome que lhes foi atribuído pelas partes. Despreza-se a ficção jurídica. É sabido que muitas vezes a prestação de trabalho subordinado está encoberta por meio de contratos de pronunciar sobre o caso concreto, retirar essa roupagem e atribuir-lhe o enquadramento adequado, nos moldes traçados pelos arts. 2º e 3º da CLT. Esse princípio manifesta-se em todas as fases da relação de emprego.

A Justiça do Trabalho tem invocado reiteradamente esse princípio, que se sintoniza com o disposto no art. 9º da CLT, para reconhecer o contrato de trabalho subordinado em relações jurídicas formalmente ajustadas sob o rótulo de serviços autônomos, estágio de técnicos ou universitários, trabalho prestado por meio de empresas terceirizadas ou cooperativas etc. Desde que haja prestação pessoal de serviços, em caráter não eventual, sob o poder de comando de quem se aproveita dos serviços e os remunera, haverá relação de emprego (arts. 2º e 3º da CLT)[100].

Os Tribunais Regionais do Trabalho têm rechaçado cada vez mais esse tipo de atitude por parte dos empregadores, que obrigam os funcionários a constituírem "pessoas jurídicas", na tentativa de camuflar uma verdadeira relação de emprego, em prol de redução de custos e de obrigações trabalhistas. Transcrevemos a seguir:

> Vínculo Empregatício. Ônus da Prova. Tendo a reclamada admitido a prestação de serviços por parte do trabalhador, a ela incumbe o ônus probatório para a não caracterização do vínculo celetista. Se desse ônus não se desincumbe, prevalece o entendimento de que a relação jurídica existente é a do vínculo de emprego. **Prestação de Serviços Através de Empresa Autônoma. Dissimulação de Trabalho Subordinado. Considerando-se que prestação de serviços pela reclamante através de empresa autônoma destinou-se apenas à dissimulação do trabalho subordinado e tendo em vista que no direito do trabalho vigora o princípio da primazia da realidade, esta Justiça Especializada não pode acobertar este

---

99 *Curso*, cit., p. 186.

100 Arnaldo Süssekind, *Direito constitucional do trabalho*. 3. ed. Rio de Janeiro: Renovar, 2004, p. 71.

tipo de relação fraudulenta. Assim, como os elementos constantes dos autos apontam para uma relação de emprego marcada pela subordinação jurídica, habitualidade, pessoalidade e onerosidade, impõe-se o reconhecimento da existência do vínculo de emprego. Recurso da Reclamada Improvido (TRT, 2ª Região, 12ª T., RO n. 20090691754, Rel. Delvio Buffulin, j. 27-8-2009). (Negritamos.)

Princípio da primazia da realidade. Salário "por fora". Prova. **O princípio da primazia da realidade norteia o contrato de trabalho, não só quanto à sua formação, mas durante toda a execução do pacto.** Logo, embora haja recebido comprovando a quitação de determinado salário, ele pode ser elidido por depoimentos de testemunhas, que confirmaram a quitação de salário pago "por fora" (TRT, 3ª Região, 2ª T., RO n. 2278-2003-073-03-00-6, Rel. Juíza Alice Monteiro de Barros, j. 17-8-2004). (Negritamos.)

6. PRINCÍPIO DA INDISPONIBILIDADE/ IRREDUTIBILIDADE DOS DIREITOS TRABALHISTAS

O princípio da indisponibilidade dos direitos trabalhistas retrata a inviabilidade de poder o empregado abdicar das vantagens e proteções que a ordem jurídica lhe assegura.

De acordo com Maurício Godinho Delgado[101], é comum a doutrina valer-se da expressão irrenunciabilidade dos direitos trabalhistas para enunciar esse princípio. Segundo o autor, renúncia é ato unilateral. E o princípio da indisponibilidade vai além do simples ato unilateral, interferindo também nos atos bilaterais de disposição de direitos (transação).

Alice Monteiro de Barros[102] não diferencia o princípio da indisponibilidade do princípio da irrenunciabilidade:

> Embora atenuado pela negociação coletiva (art. 7º, incisos VI, XIII e XIV da Constituição Federal vigente), está vinculado à ideia de imperatividade, isto é, de indisponibilidade de direitos. Seu objetivo é limitar a autonomia da vontade das partes, pois não seria viável que o ordenamento jurídico, impregnado de normas de tutela do trabalhador, permitisse que o empregado se despojasse desses direitos, presumivelmente pressionado pelo temor reverencial de não obter emprego ou de perdê-lo, caso não formalizasse a renúncia.
>
> (...)

---

101 *Curso*, cit., p. 1187.

102 *Curso*, cit., p. 186.

A irrenunciabilidade manifesta-se também por meio da declaração de nulidade de todo ato cujo objetivo é estabelecer solução diferente da estipulada pelo legislador, como, aliás, ressalta Plá Rodriguez. Em consonância com esse entendimento, o Direito do Trabalho brasileiro, no art. 9º da CLT, torna irrenunciáveis explicitamente as normas consolidadas, ao prever a nulidade "de pleno direito dos atos praticados com o objetivo de desvirtuar, impedir ou fraudar a aplicação dos preceitos contidos na presente Consolidação".

7. ATUAÇÃO DO MINISTÉRIO PÚBLICO DO TRABALHO

De acordo com a Constituição Federal de 1988, cabe ao Ministério Público do Trabalho, no âmbito de suas funções típicas, a promoção das ações públicas (civil e penal) em defesa da ordem jurídica, do regime democrático e dos interesses sociais e individuais indisponíveis, bem como do patrimônio público e social, entre outras.

Carlos Henrique Bezerra Leite[103] relata que constituem funções atípicas do Ministério Público a representação judicial e a consultoria jurídica de entidades públicas. A rigor, a Constituição veda expressamente essas funções, como se infere do seu art. 129, IX, embora as tenha deixado a cargo do *Parquet*, apenas a título transitório, até que fosse organizada a Advocacia-Geral da União. São também atípicas as funções de prestar assistência aos empregados nas rescisões trabalhistas (CLT, art. 477, § 3º), a assistência judiciária trabalhista (Lei n. 5.584/70, art. 17), a substituição processual das vítimas de crimes nas ações *ex delicto* e do revel citado por edital (CPC, art. 9º, II, e parágrafo único).

Visando a operacionalização das diversas funções do MPT na promoção e defesa dos direitos humanos, a Chefia da Instituição criou Coordenadorias temáticas.

Em 30 de setembro de 2003, foi criada a Coordenadoria Nacional de Combate às Fraudes nas Relações de Trabalho – Conafret, pela Exma. Procuradora-Geral do Trabalho Sandra Lia Simon, por meio da Portaria n. 386.

A Conafret surgiu com o objetivo de estudar, combater e inibir as práticas fraudulentas que objetivam afastar a relação de emprego e desvirtuar a aplicação dos direitos trabalhistas previstos na Constituição Federal, na CLT e em demais normas de proteção ao trabalhador:

---

103 *Ministério Público do Trabalho.* 4. ed. São Paulo: LTr, 2010, p. 79.

O combate às fraudes nas relações de emprego é uma das metas institucionais do Ministério Público do Trabalho. Nesse sentido, os Procuradores do Trabalho lutam contra o trabalho informal, que desonra os salários e retira direitos garantidos para o pleno exercício da cidadania de todos os trabalhadores.

Direitos constitucionalmente assegurados aos maiores de 16 anos, como fundo de garantia por tempo de serviço, 13º salário, férias com acréscimo de 1/3, horas extras com acréscimo de 50% sobre o valor da hora normal, aviso prévio, carteira assinada, que garanta aposentadoria e salário-desemprego. Ao agir na defesa da ordem jurídica e dos direitos difusos coletivos e individuais homogêneos dos trabalhadores, o MPT também protege os cofres públicos, acima de tudo o da Previdência Social. Ao combater as irregularidades trabalhistas, o MPT age em defesa da sociedade, de modo a assegurar as contribuições exigidas por lei. Da mesma forma, impede abusos como os decorrentes de acordos fraudulentos quitados com o uso de precatórios. A atuação da Coordenadoria Nacional de Combate às Fraudes nas Relações de Trabalho (Conafret) se estende aos estados e municípios, tendo como alvos preferenciais as cooperativas fraudulentas e os tomadores de mão de obra que insistem em ignorar os direitos assegurados aos trabalhadores.

Visando preservar o direito de todos os trabalhadores à formalização dos contratos, o MPT atua fiscalizando a realização de concursos públicos; combate as falsas cooperativas ao mesmo tempo em que estimula o verdadeiro cooperativismo; e combate a terceirização ilegal.

Conforme prevê a Lei Complementar 75/93, o MPT pode atuar como árbitro em conflitos individuais e, como mediador, na solução de conflitos trabalhistas de natureza coletiva.

Também tem competência legal para ajuizar, junto à Justiça do Trabalho, ações anulatórias de cláusulas de acordos e convenções coletivas consideradas ilegais e fiscalizar o exercício do direito de greve nas atividades essenciais.

Os procuradores do Trabalho integrantes da Conafret reúnem-se periodicamente, a fim de deliberar sobre as ações que visam combater o processo irregular de terceirização feito por bancos, hospitais, embaixadas e órgãos públicos. A ação atinge os falsos estágios; a contratação de pessoa jurídica como empregado e toda série de irregularidades que configuram as fraudes nas relações de trabalho (Disponível em http://www.anpt.org.br/site/index. php? option=com_content&view=article&id=87. Acesso em 16-2-2010).

8. ATUAÇÃO DO MINISTÉRIO DO TRABALHO E EMPREGO

O fenômeno da pejotização é uma realidade no mercado de trabalho por abranger um número cada vez maior de categorias profissionais, como professores, jornalistas, publicitários, médicos etc.

Em virtude disso, os auditores fiscais do trabalho, integrantes do Ministério do Trabalho e Emprego, que tem a incumbência de serem guardiões do direito administrativo do trabalho e promotores dos direitos trabalhistas por meio da fiscalização das relações trabalhistas, terão a responsabilidade frequente de fiscalizar a pejotização no ambiente do trabalho. Partindo da premissa dessa nova realidade, destacaremos a seguir os ensinamentos de Alexei Almeida Chapper, extraídos de sua monografia *A questão da pejotização e da informalidade*, que obteve o Prêmio Coqueijo Costa 2008, conferido pela Comissão Julgadora da Academia Nacional de Direito do Trabalho:

> O trabalho intelectual prestado por pessoas jurídicas tornou-se objeto de debates entre os juristas trabalhistas brasileiros em razão de recentes modificações legislativas a respeito da matéria.
>
> Procuraremos identificar as referidas inovações legislativas, compará-las à legislação trabalhista vigente e, finalmente, destacaremos as nossas impressões acerca da celeuma jurídica em tela. Desde já, porém, adiantamos que a solução a ser indicada neste estudo é intuitivamente lógica – para não se dizer óbvia – simplesmente porque os princípios de nosso Estado Democrático de Direito conjugados aos peculiares princípios do Direito do Trabalho já estão a apontar para as respostas perquiridas.
>
> Diante de toda a pesquisa até aqui realizada, percebemos que a precarização do trabalho vem sendo intensificada de modo a desvirtuar os propósitos de proteção do Direito do Trabalho por meio da flexibilização de suas regras. Entretanto, as normas trabalhistas, seu regramento e seus princípios, continuam em vigor, permitindo que nelas nos baseemos a fundamentar nossa argumentação.
>
> Devemos lembrar, inicialmente, que foi aprovado no Congresso Nacional o Projeto de Lei n. 6.272/2005 convertido na Lei n. 11.457, de 16 de março de 2007 (Lei da Super-Receita), alterando-se diversos dispositivos da Lei n. 10.593, de 6 de dezembro de 2002 (regulamenta o trabalho dos auditores fiscais do Poder Executivo).
>
> Nessa conjuntura foi também aprovada a tão famosa e polêmica Emenda n. 3 que, através do art. 9º da Lei n. 11.457/2007, alterava o art. 6º, § 4º, da Lei n. 10.593/2002, da seguinte forma:
>
> "Art. 6º São atribuições dos ocupantes do cargo de Auditor Fiscal da Receita Federal do Brasil:
>
> § 4º No exercício das atribuições da autoridade fiscal de que trata esta Lei, a desconsideração da pessoa, ato ou negócio jurídico que implique reconhecimento de relação de trabalho, com ou sem vínculo empregatício, deverá sempre ser precedida de decisão judicial".
>
> Com efeito, tal redação não foi bem recebida pelos trabalhadores, afinal de contas, a Emenda n. 3 proibia que o Poder Executivo reconhecesse em suas

fiscalizações que a prestação de serviço alegada pela empresa correspondia, na verdade, a uma fraude à legislação trabalhista.

O impedimento aos auditores fiscais incentivaria a manutenção de contratos de aparência formal idônea a produzir seus efeitos jurídicos normais, mas que estariam a esconder uma real relação de emprego disfarçada pela roupagem de pessoa jurídica.

O ilustre Professor Georgenor de Sousa Franco Filho manifestou-se acerca da famigerada Emenda n. 3 no seguinte sentido:

"Não vejo a Emenda n. 3 como alguns apontaram: uma fraude ao fisco, porque é diferente a tributação das pessoas jurídicas e das pessoas físicas, e outra fraude à legislação trabalhista, como que a querer extingui-la. Transferir essa tarefa para auditores é suprimir o acesso à Justiça, e atribuir-lhes atividade que é, ainda, exclusiva do Poder Judiciário" (Disponível em: http://www.andt.org.br. Acesso em: 23 jul. 2008).

Data maxima venia, ousamos discordar do respeitável entendimento externado pelo admirado jurista supracitado por entendermos que a atribuição fiscalizadora dos auditores da Receita Federal, da Previdência Social e do Ministério do Trabalho não irá, efetivamente, julgar se há ou não o vínculo empregatício entre duas pessoas, o que, de fato, sempre foi e continuará sendo tarefa exclusiva do Poder Judiciário. O objetivo fiscalizador da atuação dos auditores fiscais trata-se tão somente de um forte elemento de pressão e de intimidação àqueles que insistem em tentar burlar os direitos materiais dos empregados por meio de circunstâncias formalmente adequadas e bem estruturadas, como o registro civil de pessoas jurídicas, mas que na realidade não passam de artifícios fraudulentos não concretizados faticamente.

De qualquer forma, para alívio dos trabalhadores brasileiros, referido § 4º foi vetado pelo Presidente da República aos 16 de março de 2007 por meio da Mensagem n. 140, conforme as seguintes razões:

"As legislações tributária e previdenciária, para incidirem sobre o fato gerador cominado em lei, independem da existência de relação de trabalho entre o tomador do serviço e o prestador do serviço. Condicionar a ocorrência do fato gerador à existência de decisão judicial não atende ao princípio constitucional da separação dos Poderes".

Somem-se às razões do veto, outrossim, os possíveis e previsíveis incentivos à ilegalidade por meio de contratos fantasiosamente firmados por pessoas jurídicas, que tal parágrafo poderia promover se viesse a obstar a atuação dos auditores do Poder Executivo nas suas fiscalizações em âmbito empresarial.

Nesse contexto, foram aprovados em 23 de novembro de 2007 dois enunciados na 1ª Jornada de Direito Material e Processual na Justiça do Trabalho:

AUDITOR FISCAL DO TRABALHO. RECONHECIMENTO DA RELAÇÃO DE EMPREGO. POSSIBILIDADE. Os auditores do trabalho têm por missão funcional a análise dos fatos apurados em diligências de fiscalização, o que não pode excluir o reconhecimento fático da relação de emprego, garantindo-se ao empregador o acesso às vias judicial e/ou administrativa, para fins de reversão da autuação ou multa imposta.

FISCALIZAÇÃO DO TRABALHO. RECONHECIMENTO DE VÍNCULO EMPREGATÍCIO. DESCONSIDERAÇÃO DA PESSOA JURÍDICA E DOS CONTRATOS CIVIS. Constatando a ocorrência de contratos civis com o objetivo de afastar ou impedir a aplicação da legislação trabalhista, o auditor fiscal do trabalho desconsidera o pacto nulo e reconhece a relação de emprego. Nesse caso, o auditor fiscal não declara, com definitividade, a existência da relação, mas sim constata e aponta a irregularidade administrativa, tendo como consequência a autuação e posterior multa à empresa infringente.

Vejamos abaixo um exemplo de atuação prática do Ministério do Trabalho e Emprego em relação ao fenômeno da pejotização:

Ação da DRT/PE registra 1,6 mil trabalhadores no primeiro semestre
O número deste ano deve superar o saldo do ano passado, quando foram registrados 1.817 empregados em mais de 200 empresas e recolhidos R$145 mil em FGTS.

Recife, 24/09/2007 – Somente no primeiro semestre a Delegacia Regional do Trabalho em Pernambuco (DRT/PE) registrou sob ação fiscal 1.633 trabalhadores e recolheu mais de R$ 336 mil em Fundo de Garantia por Tempo de Serviço (FGTS) para contas do trabalhador pernambucano. As ações são resultado do trabalho da Equipe de Combate à Fraudes na Relação de Emprego (Ecofrem) em 95 empresas. O número deste ano deve superar o saldo do ano passado, quando foram registrados 1.817 empregados em mais de 200 empresas e recolhidos R$145 mil em FGTS.

O grupo, criado em 2000 pela DR/PE, desenvolve um trabalho para combater fraudes contra os direitos trabalhistas e previdenciários. O foco das primeiras ações foi na terceirização ilícita de trabalhadores, feita através das cooperativas fraudulentas, passando depois a atingir as demais formas de terceirização.

No ano passado, o Ecofrem começou a fiscalizar órgãos da administração direta e indireta do setor público, incluindo autarquias, empresas públicas e sociedades de economia mista da União, Estados e Municípios. Em 2006, os auditores centraram sua atuação no combate ao estágio irregular, nas cooperativas fraudulentas, no contrato de pessoas jurídicas e ainda na terceirização irregular. Em 2007, as ações continuam no setor de saúde e nas indústrias, atingindo também o ramo das telecomunicações e dos transportes.

Como funciona – O trabalho tem início com a definição dos setores econômicos que serão priorizados na ação fiscal, a partir de denúncias ou em entendimento com o Ministério Público do Trabalho. Em seguida, são realizados os seminários com os empregadores e representantes sindicais, a fim de esclarecer sobre a legislação e o procedimento fiscal adotado nos locais de trabalho. Este tipo de procedimento produz um efeito em cadeia, ampliando o número de admissões nas empresas de um mesmo setor, logo após os seminários.

Desde então, muitos trabalhadores já tiveram a sua situação profissional regularizada e diversas empresas estão em processo de regularização dos vínculos empregatícios firmado em Termo de Compromisso.

OIT – Estudos da Organização Internacional do Trabalho (OIT) comprovam que não é qualquer trabalho que contribui para o avanço da sociedade, somente o trabalho digno. A fraude nas relações de emprego, além de retirar a dignidade do trabalhador, não cria novos postos de trabalho e ainda precariza os já existentes. Diversas são as formas de contratação utilizadas, entre elas: terceirização ilícita, pseudocooperativas, "pejotização" (criação de pessoas jurídicas para a prestação de serviços subordinados às empresas), estágio irregular e trabalho voluntário.

Muitas empresas usam essas alternativas para diminuir seus custos, burlando a legislação e deixando os trabalhadores desprovidos de seus direitos. É comum encontrar terceirizados exercendo funções na atividade-fim da empresa ou estagiários utilizados como mão de obra barata em atividades sem conexão com o curso frequentado.

(http://www.mte.gov.br/delegacias/pe/sgcnoticiaDRT.asp?IdConteudoNoticia=1730&PalavraChave=FGTS) Visitado em: 16-2-2010.

9. ATUAÇÃO DOS SINDICATOS DE CLASSE

Hoje muito se discute sobre o papel do sindicato no âmbito da flexibilização.

Sobre o assunto, comenta o parlamentar Ney Lopes[104]:

> Recebi carta do sr. José Antonio de Souza, Presidente da Força Sindical no RN, comentando a flexibilização da CLT, com pedido de divulgação. A Força Sindical é a maior Central Sindical do país com 1.600 sindicatos filiados e 12 milhões de trabalhadores. Segue-se a íntegra da carta:
>
> "Usamos a sua respeitada coluna OPINIÃO para manifestar a nossa revolta pela distorção e manipulação enganosa, grosseira e eleitoreira, que a CUT (Central Única dos Trabalhadores) tem feito sobre a flexibilização do artigo 618 da CLT. Os trabalhadores não são massa de manobra para se deixarem enganar com a falsa informação de que a flexibilização da CLT retira o 13º salário, as férias, a indenização e outros direitos. Tudo para provocar temor na classe trabalhadora. Como seria possível uma central do tamanho da Força Sindical apoiar algo que prejudicasse o trabalhador? Seria suicídio; significaria a nossa própria morte, enquanto entidade sindical.

---

104 Flexibilização da CLT, *O Poti* e *Gazeta do Oeste*. Disponível em: www.neylopes. com.br/index2.php?option=. Acesso em: 28-3-2010.

Sou trabalhador e Presidente da Força Sindical no RN. Esta Central congrega 1.600 sindicatos e 12 milhões de filiados no país. Estou convencido de que a flexibilização da CLT é totalmente favorável ao trabalhador, mantém intocáveis todos os seus direitos, dá mais segurança ao emprego e elimina o trabalho informal (sem carteira assinada).

A campanha difamatória da CUT contra a flexibilização e contra a posição favorável assumida pela Força Sindical, deixa de citar um ponto muito importante. No projeto de lei está um artigo, sugerido pela nossa entidade, que diz o seguinte: *'Os sindicatos poderão solicitar o apoio e acompanhamento das centrais sindicais, confederação ou federação a que estiverem filiados, quando da negociação da convenção ou acordo coletivo previsto no presente artigo'.*

Perguntamos: será que a CUT se acha incapaz de dar esta assistência ao trabalhador? Como uma legislação, que assegura poderes aos Sindicatos e Centrais Sindicais para proteger e acompanhar de perto as negociações da flexibilização trabalhista, poderia retirar direitos dos trabalhadores? Vê-se, claramente, que isto é impossível.

Devemos esclarecer que, embora existam muitas divergências entre a CUT e a Força Sindical, reconhecemos que a Central Única dos Trabalhadores procurou recentemente no ABC paulista evitar o desemprego de metalúrgicos e **negociou até redução temporária de salário para que não houvesse demissão em massa.** O que é isto, senão a flexibilização trabalhista, ou seja, o sindicato de trabalhadores e de patrões, sentados numa mesa, negociando a forma do trabalhador gozar os seus direitos, que jamais poderão ser reduzidos ou eliminados, por estarem escritos na Constituição do país, no artigo 7º. É bom deixar muito claro que negociar a forma de gozar o direito do trabalhador é absolutamente diferente de negociar redução ou eliminação destes mesmos direitos. Os direitos sociais estão na Constituição Federal; a regulamentação destes direitos está na CLT. A flexibilização de apenas o artigo 618 da CLT significa acrescentar, adicionar mais um direito em favor do trabalhador, ou seja, o sindicato negociar a forma de exercer os seus direitos, sem nenhuma redução ou eliminação, até porque uma lei (a CLT) não poderia acabar com os direitos trabalhistas, que são direitos constitucionais e só poderiam ser tocados, através de uma Emenda Constitucional. A flexibilização do art. 618 da CLT não é emenda constitucional; é um simples projeto de lei ordinária para fazer no Brasil o que o mundo democrático já fez ou está fazendo com o objetivo de manter o emprego, valorizar o sindicato e as centrais sindicais (inclusive a CUT) e exigir a carteira assinada, acabando com a infelicidade do trabalho informal. A flexibilização só ocorre quando o trabalhador, através do seu sindicato, deseja negociar. Caso ele não deseje, tudo permanece como está. Na nossa experiência sindical, constatamos inúmeros casos de trabalhadores postos para fora do emprego por falta de um esclarecimento ou diálogo. O próprio candidato à Presidência da República da CUT, Luiz Inácio Lula da Silva, para quem a entidade trabalha abertamente, diz todos os dias no seu programa eleitoral que, se eleito, irá sentar numa mesa sindicatos de empregados e empregadores para o entendimento do capital com o trabalho. O que é isto senão a flexibilização que a Força Sindical defende? Será que a CUT quer agora amedrontar o trabalhador e depois da eleição, então, reconhecer que nós o estamos realmente defendendo? O mais honesto é fazê-lo logo. A Força Sindical luta pelo trabalhador e suas famílias e não podemos deixá-los enganados, daí por que estamos escrevendo esta carta com pedido de divulgação.

A Organização Internacional do Trabalho – OIT – em todos os seus documentos, estudos e análises recomenda enfaticamente a negociação sindicato a sindicato, ou seja, a flexibilização da lei trabalhista no mundo. Não se pode concordar com a alegação pública de que os sindicatos nordestinos são frágeis e incapazes de defender os seus associados. Isso é um preconceito condenável contra o nordestino. As pressões do poder econômico contra os trabalhadores já existem hoje em dia e somente a valorização e o fortalecimento dos sindicatos de empregados poderá estabelecer maior equilíbrio. A flexibilização é para fortalecer o sindicato e nenhum direito será revogado. As férias continuam de 30 dias; o 13º salário calculado sobre o maior salário; a indenização; o aviso prévio; o direito da doméstica; o FGTS; a aposentadoria; a estabilidade da gestante que é constitucional; a licença-maternidade paga pela Previdência e não pelo empregador, portanto fora de negociação e todos os demais direitos constitucionais. O que poderá ocorrer é negociação – sindicato a sindicato – para formas de pagamento ou gozo de tais direitos. Por exemplo: o 13º ser pago mensalmente, ao invés de no fim do ano; as férias em três ou quatro períodos, o que é proibido hoje; um banco de horas para compensar horas extras. Tudo, porém, sem tocar em nenhum dos atuais direitos dos trabalhadores, que estão na Constituição e só poderiam ser mudados através de emenda constitucional com aprovação de três quintos dos votos separados de Deputados e Senadores.

A Força Sindical fica grata a esta coluna OPINIÃO pela divulgação da presente, como informação pública da posição favorável que assumimos, em favor da flexibilização da CLT, na forma como foi votada na Câmara dos Deputados".

9.1. A PEJOTIZAÇÃO À LUZ DAS CATEGORIAS PROFISSIONAIS

A pejotização atinge não apenas os trabalhadores intelectuais, mas aqueles submetidos a outros contratos de trabalho.

A Lei n. 11.196/2005 prevê apenas a "suposta" contratação de trabalhadores intelectuais por intermédio de pessoa jurídica.

No entanto, há diversas situações em que trabalhadores não intelectuais operam com esse mecanismo, a fim de fraudar a legislação justrabalhista.

A Conafret – Coordenadoria de Combate às Fraudes nas Relações de Trabalho – tem discutido estratégias para combater os diversos tipos de pejotização:

A terceirização do serviço de *call center* das companhias de telefonia celular e a contratação de trabalhadores por meio de pessoa jurídica (processo já chamado de pejotização) estiveram entre os principais itens da pauta da reunião ordinária da Coordenadoria de Combate às Fraudes nas Relações de Trabalho (Conafret), concluída hoje (03), em Brasília (DF).

Procuradores do Trabalho de todas as Regiões do País relataram os setores que mais concentram a fraude, que consiste na demissão de um empregado subordinado e sua recontratação, dias depois, como pessoa jurídica (ou PJ), em prejuízo de direitos trabalhistas legalmente assegurados. Em grandes centros, como Rio de Janeiro e São Paulo, a irregularidade concentra-se em empresas jornalísticas.

Já no Distrito Federal e em Minas Gerais, a irregularidade ocorre no setor de saúde, principalmente na especialidade médica de radiologia. Segundo relato dos procuradores, embora a pejotização alcance primordialmente a classe médica, há hospitais e clínicas em que o mecanismo já afeta auxiliares e técnicos de enfermagem e enfermeiros que, para não perderem o emprego, aceitam a nova forma de trabalho imposta pelos patrões.

No caso dos médicos, a preocupação dos procuradores da Conafret decorre da constatação de que, em muitos casos, a pejotização é uma opção da categoria, já que o médico pode ser enquadrado como profissional liberal autônomo e trabalhar por meio de associação ou cooperativa. Por isso, a coordenadoria vai ter o cuidado de avaliar a estratégia de atuação caso a caso, com vistas a combater o problema que atinge realmente quem foi coagido a abrir mão de uma relação de emprego formal e tornar-se PJ.

Outro item da pauta foi a discussão da terceirização no serviço de *call center* por parte das empresas de telefonia fixa e celular que operam no País. Para o Ministério Público do Trabalho, trata-se de atividade-fim das empresas, por isso há vedação legal e jurisprudencial quanto à terceirização. Mas o entendimento não é unânime na Justiça do Trabalho. Alguns Tribunais Regionais do Trabalho têm acolhido ações do MPT, outros não.

Além disso, há precedentes do TST permitindo a terceirização, a partir de uma interpretação da Lei n. 8.987/95, que trata do regime de concessão e permissão da prestação de serviços públicos. Na reunião que terminou hoje, foi instituído um grupo de trabalho que fará um levantamento das ações propostas pelo MPT em todo o País contra as empresas de telefonia (Disponível em: http://www.jusbrasil.com.br/noticias/19941/conafret-discute-estrategias-para-combater-terceirizacao-de-call-center-e-contratacao-por-meio-de-pj – Fonte: assessoria de comunicação social da procuradoria geral do trabalho – Visitado em: 16-2-2010).

Vejamos o caso de uma jornalista, contratada como pessoa jurídica para prestar serviços como empregada. O Tribunal Superior do Trabalho reconheceu o vínculo de emprego, considerando como fraude ao contrato de trabalho:

Uma jornalista contratada como pessoa jurídica para prestar serviços à TV Globo conseguiu o reconhecimento do vínculo empregatício com a empresa. A Sexta Turma do Tribunal Superior do Trabalho rejeitou agravo de instrumento da emissora, entendendo haver evidências de fraude à legislação trabalhista nos contratos de locação de serviços. O ministro Horácio Senna Pires, relator do agravo, concluiu que o esquema "se tratava de típica fraude ao contrato de trabalho, caracterizada pela imposição feita pela Globo para que a jornalista constituísse pessoa jurídica com o objetivo de burlar a relação de emprego". A Sexta Turma manteve decisão do Tribunal Regional do Trabalho da 1ª Região (RJ), que condenou a TV Globo à anotação da carteira de trabalho da jornalista, no período de maio de 1989 a março de 2001, com o salário de R$10.250,00. Ao avaliar prova pericial e depoimentos, o TRT constatou a presença dos elementos do artigo 3º da CLT – onerosidade, pessoalidade, habitualidade e subordinação –, que caracterizam o vínculo de emprego entre as partes. Assim, segundo o Regional, prevalece o que efetivamente ocorreu na execução prática do contrato, pouco importando a forma como se deu essa pactuação, pois o que interessa é a forma como se deu a prestação dos serviços, ou seja, o princípio da primazia da realidade do Direito do Trabalho. De 1989 a 2001, a jornalista trabalhou como repórter e apresentadora de telejornais e programas da Globo, como Jornal Nacional, Jornal da Globo, Bom Dia Rio, Jornal Hoje, RJ TV e Fantástico. No entanto, nunca teve sua carteira de trabalho assinada pois, segundo informou, a emissora condicionou a prestação de serviços à formação de uma empresa pela qual a jornalista forneceria a sua própria mão de obra. Para isso, ela então criou a C3 Produções Artísticas e Jornalísticas Ltda., que realizou sucessivos contratos denominados "locação de serviços e outras avenças". Em julho de 2000, a repórter foi informada que seu contrato não seria renovado. Isso, segundo ela, depois de ter adquirido doença ocupacional: após exames detectarem um pólipo em sua faringe, ela foi submetida a tratamento fonoaudiológico pago pela Globo. No entanto, após a dispensa, teve que arcar com as custas desse tratamento e de cirurgia para a retirada do pólipo. Na ação trabalhista, além de vínculo de emprego, ela pleiteou, entre outros itens, o ressarcimento das despesas e indenização por danos morais, indeferidos pela 51ª Vara do Trabalho do Rio de Janeiro. A jornalista recorreu e o TRT da 1ª Região alterou a sentença quanto ao vínculo. Em um dos depoimentos utilizados pelo Regional para concluir pela existência da relação de emprego, um ex-diretor de jornalismo, a quem a autora foi subordinada, relatou que ela tinha que obedecer às determinações da empresa em relação a maquiagem, tipo de cabelo e roupas usadas durante a apresentação. Afirmou também que suas matérias eram determinadas pela emissora, e que eventualmente ela podia sugerir uma pauta e a ideia ser ou não acatada pela direção. Disse, ainda, ser ele, diretor, quem determinava o horário em que a jornalista tinha que estar diariamente na empresa.

Além disso, o TRT da 1ª Região verificou que, nos contratos de prestação de serviços, apesar de haver a previsão de inexistência de vínculo de emprego, algumas parcelas tipicamente trabalhistas foram pactuadas, como o pagamento de "uma quantia adicional correspondente à remuneração que estivesse percebendo" nos meses de dezembro. O Regional entendeu que esse adicional era uma verdadeira gratificação natalina. "Nesse contexto, concluo que se tratava de típica fraude ao contrato de trabalho", afirmou o relator do agravo no TST (AIRR 1313/2001-051-01-40.6).

Segundo o sindicato dos jornalistas profissionais do Estado de São Paulo, a exemplo da TV Globo, o Grupo Bandeirantes mantém com seus jornalistas contratos de prestação de serviços como se estes fossem empresas:

Ministério Público do Trabalho investiga "pejotização" na Band
O procurador do trabalho Rodrigo de Lacerda Carelli, da Coordenadoria Nacional de Combate às Fraudes nas Relações de Trabalho (Conafret), solicitou, na segunda-feira (16 de abril), à FENAJ e aos sindicatos de jornalistas de todo o País que fornecessem os endereços de todas as emissoras de TV e rádio do grupo Bandeirantes no Brasil. A iniciativa partiu da própria FENAJ. No início de abril, a federação encaminhou um ofício à Conafret, solicitando diligências em todas as emissoras de rádio e televisão da Band. A empresa insiste em manter com seus jornalistas contratos de prestação de serviços como se fossem empresas, precarizando as relações de trabalho (Fernando de Satis, disponível em: http://www.sjsp.org.br/index.php?option=com_content&task=view&id=1209&Itemid=0. Acesso em: 19-4-2007).

Outro caso semelhante, mas ainda em julgamento, é o de uma bancária que foi obrigada a constituir uma pessoa jurídica sob pena de ser demitida e não receber salários.

Fraude da "pejotização" é mais praticada – Instituições bancárias são denunciadas na Justiça por forçar profissionais a abrir empresas, desconfigurando relação empregatícia entre ambos
As instituições bancárias, empresas que mais lucram no país, têm se utilizado de medidas que ferem os direitos trabalhistas a fim de reduzir seus custos. É a prática conhecida como "pejotização", expressão que vem do termo Pessoa Jurídica, na qual funcionários são obrigados a abrir empresas de fachada para manter suas funções. Por meio de contratos de prestação de serviço, a atuação diária dos funcionários sai mais barata, as instituições não precisam arcar com encargos trabalhistas e o trabalhador é quem se prejudica. Em Cuiabá, a divisão de Previdência e Seguro de Vida de um dos maiores grupos bancários do país responde na Justiça por um caso que

ilustra a prática. Em fevereiro de 2000, Denise (nome fictício) foi contratada pelo grupo Bradesco para trabalhar na agência do Centro. Suas funções, segundo o depoimento à Justiça, mesclavam a atuação de uma bancária e de uma vendedora de seguros. Foram quatro meses trabalhando dessa forma, nas dependências da agência e obedecendo a horários (mas sem carteira de trabalho assinada), até que a funcionária foi surpreendida pelas novas condições de trabalho: ou abria uma empresa em seu nome ou não mais receberia os salários. Temendo perder sua fonte de renda, Denise obedeceu e abriu uma empresa limitada, que atuaria como corretora de seguros, com sede no endereço de sua casa. No contrato de prestação de serviços, constava que teria de atuar exclusivamente para o Banco Bradesco. A partir desse momento, mesmo não sendo formalmente empregada, Denise era obrigada a trabalhar no espaço físico da agência e a cumprir os horários para realizar funções que outros colegas realizavam sem a necessidade de constituírem empresas de fachada. Caso extrapolasse o horário de serviço, não recebia compensações por horas extras. E mais, segundo consta nos depoimentos à Justiça, Denise era proibida de contratar pessoal. O salário vinha por meio da pessoa jurídica, e Denise tinha de expedir nota fiscal. A situação durou até 2007, quando ela foi dispensada sem justa causa e acionou a instituição na Justiça.

DIREITOS – A atual e ampla prática da pejotização pode fazer com que muitos trabalhadores submetidos a ela não entendam de fato a gravidade do esquema. A Superintendência Regional do Trabalho e Emprego de Mato Grosso (SRTE) tem fiscalizado com mais frequência esta prática há cerca de dois anos. "É uma tendência", reconhece o titular da SRTE, Valdiney Arruda, sem deixar de destacar: "esta é uma verdadeira fraude". A prática, diz Arruda, constitui um subterfúgio para que as empresas possam lucrar mais, como se a relação com o funcionário fosse de terceirização. Não é. A maioria dos casos de pejotização se caracteriza da mesma forma que o de Denise, que entrou na Justiça contra o Banco Bradesco e cujo processo está atualmente no Tribunal Regional do Trabalho (ver matéria). Nesses casos, a única coisa que foge às costumeiras e regulamentadas relações de trabalho é o contrato de prestação de serviços. Ora, se a função é exercida na prática como se houvesse vínculo empregatício e com o trabalhador exercendo a atividade-fim da empresa, identifica-se aí fraude por parte da contratante, na intenção de se livrar dos encargos trabalhistas. Mas, no direito do trabalho, o que vale é a "primazia da realidade", observa Arruda, recomendando que o trabalhador nestas condições denuncie a situação para a SRTE fiscalizar e exigir o cumprimento de seus direitos. "A pejotização é um prejuízo para a sociedade. Este trabalhador labora mais, extrapola mais o horário de serviço, adoece mais e custa mais à família e ao Sistema Único de Saúde. Esse adoecimento é real", aponta René Dióz. Disponível em: http://www.diariodecuiaba.com.br/detalhe.php?cod= 355203, edição 12505. Acesso em: 30-8-2009).

10. PAPEL DA JUSTIÇA DO TRABALHO

A Justiça do Trabalho tem cumprido o papel de proteger o trabalhador das atuações fraudulentas dos empregadores:

Do vínculo empregatício. Exsurge da prova oral que a depoente, assim como o recorrido, cumpriam jornada fixa e havia controle de horário. O fato do reclamante ter aberto uma empresa, em seu próprio nome, para corretagem de seguros, nada comprova; trata-se de mais um caso incluído no rol da chamada "pejotização", isto é, os trabalhadores tornam-se "pessoas jurídicas", por força da imposição patronal, como garantia da manutenção ou obtenção do emprego. Presentes os requisitos da pessoalidade, da subordinação jurídica; havia onerosidade, habitualidade e não eventualidade. E aplicando-se o princípio da continuidade da relação de emprego, não há que se falar em reforma da r. sentença de primeira instância. Mantenho. Comissões. Valor arbitrado. A reclamada não fez prova de qual seria a quantia paga. Os documentos produzidos unilateralmente não têm o condão de afastar a pretensão do autor, declinada na inicial; não têm valor probatório. A recorrente não se desincumbiu do ônus da prova, à luz do inciso II do artigo 333 do CPC. Da prescrição quinquenal. Equivoca-se a recorrente; a r. sentença declarou prescritas parcelas anteriores a 16.09.1999 e não a 08.03.1999. Nada a deferir. Correção monetária. Deverão ser as verbas ora deferidas ser corrigidas nos moldes da Súmula n. 381 do Colendo TST, limitada sua aplicação aos salários e títulos a ele jungidos, sendo que as demais verbas, como 13º salário e férias, deverão ser atualizados com os índices pertinentes às épocas das respectivas concessões. Honorários advocatícios. A r. sentença não condenou a reclamada no pagamento de honorários advocatícios. Nada a deferir. Da Justiça Gratuita. Nada a reformar, diante da declaração de pobreza acostada às fls. 17 dos autos. Atendidos, dessa forma, os requisitos da Lei n. 1.060/50. Confirmo, nos termos do § 3º do artigo 790 da CLT. Dos descontos previdenciários e fiscais. Nada a reformar. Aplicam-se os critérios determinados na Súmula n. 368 do C. TST. RECURSO ORDINÁRIO A QUE SE NEGA PROVIMENTO (TRT, 2ª Região, 10ª T., RO n. 20090179921, Rel. Marta Casadei Momezzo, *DJ*, 17-3-2009 – negritamos).

RELAÇÃO DE EMPREGO. AUTÔNOMO. ATIVIDADE-FIM. ATIVAÇÃO DIÁRIA. Trabalhador contratado para desenvolver atividade ligada aos fins da empresa, sem justificativa em aumento inesperado de serviço ou outra causa excepcional, ativando-se diariamente, sob controle e fiscalização da empresa, é empregado e não autônomo, mesmo que se verifique a transferência de responsabilidades, como a utilização de veículo próprio e fornecimento de nota fiscal. A "pejotização" das relações de emprego encontra óbice no art. 9º da CLT e deve ser combatida. RECURSO ORDINÁRIO PROVIDO PARA RECONHECER O VÍNCULO EMPREGATÍCIO (TRT, 2ª R., 12ª T., RO n. 20080832479, Rel. Davi Furtado Meirelles, *DJ*, 18-9-2008 – negritamos).

VÍNCULO EMPREGATÍCIO – CARACTERIZAÇÃO – "PEJOTIZAÇÃO". Presentes os requisitos caracterizadores do vínculo empregatício na relação havida entre reclamante e reclamada, ainda que por intermédio de pessoa jurídica ("pejotização"), cumpre reconhecer o vínculo empregatício (TRT, 2ª R., 2ª T., RO n. 20080709057, Rel. Rosa Maria Zuccaro, *DJ*, 14-8-2008 – negritamos).

11. COMPETÊNCIA DA JUSTIÇA DO TRABALHO

Desde as suas origens históricas como órgão administrativo vinculado ao Poder Executivo, e mesmo depois de sua integração ao Poder Judiciário nacional com o advento da Constituição Federal de 1946, a Justiça do Trabalho sempre se preocupou preponderantemente com a relação de emprego, e com algumas poucas relações de trabalho.

Esse cenário foi modificado significativamente com a entrada em vigor da Emenda Constitucional n. 45/2004, nacionalmente conhecida como a Reforma do Judiciário.

A aludida emenda ampliou veementemente a competência material da Justiça Laboral, que está delineada na redação do art. 114 da Constituição Cidadã de 1988.

Com efeito, ao realizarmos uma interpretação sistemático-teleológica dessa competência material, chegaremos à conclusão de que o foco de estudo foi alterado substancialmente, deixando de ser a pessoa envolvida e voltando-se a relação jurídica submetida à apreciação judicial.

Nessa linha de raciocínio, o mencionado art. 114 do Texto Maior, em seus incisos I e IX, aduz que compete à Justiça do Trabalho processar e julgar as ações oriundas da relação de trabalho, bem como outras controvérsias dela decorrentes.

Logo, tanto as ações de reconhecimento de vínculo de emprego, alegando-se pejotização fraudulenta com base no princípio da primazia da realidade sobre a forma, bem como as ações cujo objeto é a ventilação de eventuais direitos trabalhistas envolvendo uma pejotização lícita, são inexoravelmente de competência material da Justiça do Trabalho.

Por derradeiro, poderíamos chegar à falsa conclusão de que, caso a pejotização fosse considerada lícita, teríamos duas pessoas jurídicas em lados opostos na relação de trabalho, bem como, em consequência, a incompetência material da Justiça Laboral. Não obstante, esse raciocínio não merece prosperar, por ser a Justiça do Trabalho a mais preparada para lidar com essas relações jurídicas, respeitando-se as demais justiças, que desenvolvem a prestação jurisdicional da forma mais célere, justa e efetiva possível.

12. PEJOTIZAÇÃO ENTRE PROFESSORES DE CURSOS PREPARATÓRIOS PARA O EXAME DE ORDEM E CONCURSOS PÚBLICOS

Este capítulo é um dos mais importantes desta obra, uma vez que nos dedicamos ao primordial estudo do diálogo das fontes entre o Direito do Trabalho e os Direitos Fundamentais no contexto da pejotização identificada entre professores de cursos preparatórios para Exame de Ordem e concursos públicos.

Devido a nossa atividade nessa área, há muitos anos, militamos diariamente na preparação dos alunos, inclusive aos finais de semana.

Ao longo do tempo, percebemos mudanças substanciais na relação entre os professores e os Cursos.

No começo da carreira profissional, constatávamos a famosa "hora-aula", ou seja, cada Curso estipulava o valor a ser pago ao professor, variando essa remuneração de acordo com:

- a qualificação e a titulação do professor;
- a experiência do professor na Casa e em outros lugares;
- o público-alvo (se os alunos estudavam para concursos públicos de nível médio ou superior, ou para o Exame de Ordem);
- o nome e o prestígio que o curso gozava nesse mercado (quanto mais nome e mais consagrado era o Curso Preparatório, maior era o valor pago ao professor, em tese);
- recepção do professor perante os alunos (quanto maior a aceitabilidade, maior era o número de aulas e o respectivo valor).

Vale ressaltar que os professores são avaliados de forma periódica, normalmente em cada curso onde ele ministra aulas. Essa avaliação é crucial para a continuidade do docente na turma e no Curso, bem como para o aumento ou não do valor de sua hora-aula e do número de suas turmas. Isso gera naturalmente muita angústia e ansiedade, e, muitas vezes, essas avaliações são utilizadas como forma de pressão, consubstanciando um verdadeiro "assédio moral".

No passado, a maioria dos Cursos Preparatórios pagava "por fora" o valor da hora-aula, até com cheques de alunos, o que gerava problemas, como a falta de provisão de fundos.

Hoje, o trabalho informal ainda continua muito presente, com o famoso pagamento "por fora" da hora-aula.

Entretanto, com o decorrer dos anos, foram implementadas mudanças substanciais, tais como:

- os pagamentos passaram a ser contabilizados diante do aumento significativo da fiscalização trabalhista, previdenciária e tributária, obrigando muitos Cursos a regularizarem a sua situação;
- o sistema de pagamento aos professores passou a ser basicamente de três formas:

1. pagamento "por fora" no trabalho informal, ainda muito comum;
2. mediante RPA (Recibo de Pagamento Autônomo), com a inserção do professor em uma sociedade;
3. mediante a criação de uma pessoa jurídica para a prestação de serviços educacionais, mediante emissão de Nota Fiscal ("pejotização");

- as aulas, além de presenciais, tornaram-se telepresenciais, de forma que o professores passaram a ministrar aulas a milhares de alunos espalhados por todo o Brasil, podendo-se destacar os seguintes aspectos positivos: alta qualidade de ensino para todas as regiões do País, ideia inviável no passado; democratização do ensino; maior competitividade nos certames, uma vez que os alunos de todas as regiões passaram a prestar as provas realmente em pé de igualdade etc.;
- alguns dos Cursos Preparatórios foram incorporados a grandes grupos econômicos, de forma que a preocupação com a alta lucratividade e a consecução de metas passaram a caracterizar o ensino jurídico brasileiro;
- o professor tornou-se um profissional com dedicação praticamente exclusiva ao magistério (figura do "professor profissional").

Vale ressaltar que a imagem do Professor de Direito no passado era de um advogado, promotor, juiz, procurador, defensor, delegado etc. que, além de exercer o seu ofício, também lecionava, no período diurno ou noturno. Todavia, diante do novo perfil de professor que trabalha em cursos preparatórios para concursos públicos e Exame de Ordem, cada vez mais profissionais optaram por dedicar-se em caráter total ou praticamente exclusivo ao magistério, o que significou, sem dúvida, substancial melhora na qualidade da preparação dos alunos.

Aliás, passamos a vivenciar uma situação muito curiosa: alunos começaram a nos cumprimentar mesmo sem nos conhecer; a nossa imagem passou a integrar a nossa aula, de forma que a preocupação com os nossos aspectos estéticos não pode ser olvidada.

Como a tributação é consideravelmente maior em relação ao sistema de trabalho autônomo, a maioria dos professores optou pela criação de pessoa jurídica, normalmente inserida no SIMPLES.

Assim, as aulas ministradas começaram a ser remuneradas mediante emissão de nota fiscal, inclusive eletrônica, de prestação de serviços educacionais.

Identificaremos a seguir os aspectos negativos e positivos no processo de pejotização dos professores em cursos preparatórios para o Exame de Ordem e Concursos Públicos.

Os aspectos negativos são os seguintes:

- ofensa inexorável aos direitos fundamentais dos trabalhadores: dignidade da pessoa humana; valores sociais do trabalho e da livre iniciativa; eficácia horizontal dos direitos humanos fundamentais, em suas dimensões objetiva e subjetiva, com efeitos irradiantes; função social da empresa e do contrato de trabalho; não retrocesso social etc.;
- precarização das relações trabalhistas;
- desrespeito aos princípios basilares do Direito do Trabalho prelecionados pelo saudoso jurista uruguaio Américo Plá Rodriguez, como: princípio da proteção (princípio *in dubio pro operario*; princípio da norma mais favorável; princípio da condição mais benéfica); princípio da indisponibilidade dos direitos trabalhistas; princípio da primazia da realidade sobre a forma; princípio da continuidade da relação de emprego;
- flexibilização e desregulamentação dos direitos trabalhistas;
- descaracterização do vínculo empregatício e redução da carga trabalhista das empresas – fraude à legislação trabalhista, previdenciária e tributária – ante a criação da figura do "professor pejotizado";

- maior cobrança dos professores, realizada por alunos de todo o Brasil, pelos coordenadores e pelos parceiros das unidades espalhadas pela República Federativa do Brasil;
- aumento da exploração da energia de trabalho;
- aumento substancial de obras de qualidade duvidosa no mercado editorial, muitas vezes até ventilando informações errôneas, o que prejudica indubitavelmente a formação jurídica dos alunos;
- primazia da preocupação dos Cursos Preparatórios com o lucro, através da angariação cada vez maior de alunos, em detrimento da respectiva aprovação e aprendizagem.

É oportuno consignar que o ordenamento jurídico vigente confere ao "trabalhador pejotizado" a possibilidade de ingressar com reclamação trabalhista e pleitear a configuração do vínculo empregatício, condenando-se a empresa tomadora ao pagamento de todos os haveres trabalhistas. Basta a demonstração em juízo dos requisitos caracterizadores da relação de emprego (elementos fático-jurídicos – pessoa física, pessoalidade, não eventualidade, onerosidade e subordinação), fundamentando o seu pleito no consagrado princípio da primazia da realidade, que aduz a prevalência da verdade real, esta decorrente do confronto entre a realidade dos fatos e uma forma não correspondente a essa realidade.

De outra sorte, são aspectos positivos:

- maior poder de barganha para os professores perante os Cursos Preparatórios (com essa nova roupagem telepresencial, os professores passaram a ser nacionalmente conhecidos e muito disputados);
- aumento do valor da hora-aula, não obstante a redução da proteção trabalhista;
- maior flexibilidade de trânsito entre os Cursos Preparatórios, o que levou alguns a exigirem a assinatura de um contrato de exclusividade (muito questionável à luz do princípios do Direito do Trabalho e dos Direitos Constitucionais e Fundamentais, diga-se de passagem);
- valorização da prestação de serviços;
- melhor qualidade das aulas ministradas (veemente cobrança dos alunos e dos parceiros/franquias de todo o Brasil, e a alta competitividade entre os Cursos Preparatórios e entre os próprios professores);

- novo professor – o "professor profissional", o "professor do futuro" ou o "professor pejotizado", que, além de ministrar aulas com muita qualidade e atualização, também está preocupado com o seu nome e imagem no mercado de trabalho, ao lecionar com viés de aula show (*show business*), gerir os seus negócios com a criação de *sites* e *blogs*, o acesso diário de páginas na web de relacionamento com os alunos e outros profissionais, a participação em programas de televisão, o ensino em Cursos Preparatórios e Pós-Graduações por todo o Brasil etc.;
- aumento da oferta de trabalho;
- aumento da fiscalização trabalhista, previdenciária e tributária com a regularização do trabalho "pejotizado";
- lançamento diversificado de obras didáticas no mercado editorial (professores cada vez mais experientes na preparação dos candidatos a concursos públicos e Exame de Ordem especializaram-se nesse segmento, contribuindo para o ensino jurídico).

Assim, devemos enaltecer toda a experiência adquirida no estudo e ensino do Direito do Trabalho, com os seus princípios basilares de proteção ao trabalhador e de promoção da legislação trabalhista e social.

Ademais, os novos estudos à luz do Direito Constitucional, dos Direitos Fundamentais e do respectivo diálogo das fontes com o Direito do Trabalho são imprescindíveis, levando muitos juristas de nomeada a denominarem a ciência laboral "Direito do Trabalho Constitucional".

Não obstante os argumentos apresentados, os estudiosos do Direito devem dedicar-se à atualização e modernização da ciência, especialmente voltada para a regulamentação de vida em sociedade moderna.

A globalização e a era da informação transformaram a nossa sociedade, pois não é a mesma da época da instituição da CLT (era Getúlio Vargas do Estado Novo, cuja base foi a *Carta Del Lavoro,* de 1927, do direito italiano). Acrescente-se que os brilhantes estudos do saudoso jurista uruguaio Américo Plá Rodriguez deverão ser adaptados à nova realidade do mercado de trabalho brasileiro.

Podemos comparar o fenômeno da pejotização com o fenômeno da terceirização, que, na década de 1970, teve como marco o início da globalização, quando o sistema fordista de produção foi aos poucos sendo substituído pelo toyotista. Na época, pretendia-se a otimização da produção e a redução de custos em um mercado altamente competitivo.

O Direito do Trabalho não tem como impedir totalmente o processo de flexibilização das normas trabalhistas diante do inegável poder mundial do capitalismo, que supera barreiras e prepondera até sobre o próprio Direito.

Concluindo, com o devido respeito aos entendimentos em sentido contrário, preconizamos uma *proteção temperada, mitigada ou relativizada* ao "trabalhador pejotizado", com a criação da "Lei do Trabalhador Pejotizado" ou da "Lei da Pejotização".

A exemplo do que ocorreu com o fenômeno da terceirização, compete aos estudiosos do Direito do Trabalho regulamentarem a intitulada "pejotização", sob a premissa de que ela está muito presente no mercado de trabalho brasileiro e mundial, e que será cada vez mais comum entre um número cada vez maior de categorias profissionais e econômicas.

Ao regulamentar a pejotização, a lei deverá estabelecer hipóteses lícitas e a quais direitos trabalhistas o "trabalhador pejotizado" fará jus.

Outrossim, a forma escrita do contrato de prestação de serviços educacionais é salutar, por consistir em uma forma excepcional de relação de trabalho.

A partir de nossa experiência, afirmamos que a proibição total do fenômeno da pejotização é uma saída possível, mas resultará em aumento considerável do trabalho informal, que já apresenta números alarmantes.

De outra sorte, com a regulamentação haverá aumento do trabalho regular, com proteção trabalhista mitigada do Direito do Trabalho e maior fiscalização trabalhista, previdenciária e tributária. Com isso, temos o aumento do número de oferta de trabalho e de arrecadação para os cofres públicos.

Por fim, o trabalhador tem o direito de prestar os seus serviços pautados em princípios constitucionais, como o da dignidade da pessoa humana e o dos valores sociais do trabalho e da livre iniciativa. Mas o tomador tem o direito fundamental de desenvolver as suas atividades econômicas no mercado de trabalho, respeitando-se os princípios e normas do ordenamento jurídico vigente. Assim, merece destaque a aplicação do *princípio da ponderação de interesses*, estudando-se uma *proteção mitigada* pautada em critérios de razoabilidade e proporcionalidade, pois temos no caso em tela um choque de postulados constitucionais.

CONCLUSÃO

O fenômeno da "pejotização" é uma realidade cada vez mais comum no mercado de trabalho brasileiro, sendo caracterizado como o comportamento patronal de exigir dos trabalhadores a criação de pessoas jurídicas como condição indispensável para a prestação dos serviços.

O saudoso jurista uruguaio Américo Plá Rodriguez alinhavou de forma brilhante os princípios que regem o Direito do Trabalho, quais sejam: princípio da proteção, protetivo, tutelar ou tuiutivo (estudado em três âmbitos: *in dubio pro operario*, norma mais favorável e condição mais benéfica); princípio da primazia da realidade sobre a forma; princípio da indisponibilidade ou da irrenunciabilidade dos direitos trabalhistas; e princípio da continuidade da relação de emprego.

Dentre os mencionados princípios, o que apresenta maior destaque é o princípio da proteção ao trabalhador hipossuficiente, a grande razão de ser do Direito do Trabalho. Ao pressupormos que o empregado é a parte mais fraca no plano dos fatos (hipossuficiente), o Direito Laboral tem por escopo assegurar uma superioridade jurídica ao empregado, garantindo-lhe direitos trabalhistas mínimos (patamar civilizatório mínimo) por meio de normas imperativas, cogentes, de ordem pública ou estatais (dirigismo estatal básico ou intervencionismo básico do Estado). Resolve-se uma desigualdade criando-se uma outra desigualdade (princípio da igualdade, isonomia ou paridade de armas).

Com efeito, desde as origens históricas do estudo do Direito do Trabalho, tendo como grande marco a 1ª Revolução Industrial, o desígnio da ciência jurídica laboral foi a promoção dos direitos trabalhistas e a melhoria da condição social do trabalhador.

Atualmente, a moderna doutrina vem estudando o Direito do Trabalho à luz da Constituição Federal e dos Direitos Fundamentais, representando um verdadeiro Direito do Trabalho Constitucional. Nesse raciocínio, é cristalina a importância do estudo do Direito Constitucional e dos Direitos Fundamentais, resultando em um reestudo da Ciência Trabalhista.

Os direitos sociais trabalhistas representam os direitos fundamentais de segunda dimensão, que traduzem o ideário de igualdade.

Os princípios constitucionais são mandamentos nucleares do sistema jurídico, seu verdadeiro alicerce. Nesse diapasão, são de suma importância no estudo do Direito do Trabalho os princípios constitucionais da supremacia da constituição, da interpretação das leis em conformidade com a constituição, da presunção de constitucionalidade das leis, da unidade da constituição, do efeito integrador, da concordância prática ou harmonização, da convivência das liberdades públicas ou relatividade, da força normativa, da máxima efetividade das normas constitucionais e da conformidade funcional, exatidão funcional ou "justeza".

Da mesma forma, não poderão ser esquecidos os princípios da eficácia vertical e horizontal dos direitos fundamentais, em suas dimensões objetiva e subjetiva e seus efeitos irradiantes, bem como os princípios da ponderação de interesses, da razoabilidade e da proporcionalidade.

Ademais, as ideias da dignidade da pessoa do trabalhador, dos valores sociais do trabalho e da iniciativa, da proibição da discriminação, do direito do trabalho como um direito social e da vedação ao retrocesso social amparam a nova roupagem da ciência moderna.

Assim, percebemos um diálogo das fontes cada vez mais intenso entre o Direito do Trabalho, o Direito Constitucional e os Direitos Fundamentais.

Nesse contexto, ao analisarmos a "pejotização", apontamos os respectivos argumentos desfavoráveis e favoráveis.

Como argumentos desfavoráveis, temos:

- inexorável desrespeito aos princípios basilares do Direito do Trabalho, em especial ao princípio da proteção, gênese do estudo da ciência jurídica;
- ofensa aos direitos fundamentais trabalhistas, em especial à dignidade da pessoa do trabalhador;
- ofensa à legislação trabalhista e social;
- precarização dos direitos trabalhistas;
- aviltamento da condição social do trabalhador;

- desregulamentação e flexibilização da proteção trabalhista;
- incremento do número de horas trabalhadas, tendo em vista a ausência de controle de jornada, que resulta em maior número de acidentes de trabalho e doenças ocupacionais, bem como redução das horas dedicadas à família, aos amigos, ao lazer e aos estudos.

Como argumentos favoráveis, e eles existem, embora cause estranheza esse raciocínio, partindo da premissa do estudo dos princípios constitucionais e dos direitos fundamentais, temos:

- maior poder de barganha no valor da prestação dos serviços;
- valorização do profissional, tendo em vista a alta competitividade do mercado e a disputa das empresas pelos bons profissionais;
- com a redução da proteção trabalhista, as amarras burocráticas são mitigadas, o que resulta em maiores possibilidades de troca de local de prestação de serviços ou a sua prestação simultânea em mais de um lugar;
- aumento de vagas de trabalho, em face da redução da carga trabalhista.

É oportuno consignar que não defendemos a "pejotização". No mundo dos sonhos, todos os trabalhadores teriam os seus empregos, com salários capazes de proporcionar uma vida digna aos trabalhadores e a suas famílias, meio ambiente de trabalho hígido, ótimo amparo odontológico, médico e previdência digna para o final de sua vida.

Mas não é essa a realidade brasileira e mundial, e a função da doutrina e da jurisprudência moderna é o estudo das novas teorias e, principalmente, da sua aplicação prática à realidade social vigente.

No confronto entre a força da Economia e do Direito do Trabalho prevalecem os avanços econômicos, como estes sempre ocorreram ao longo da história da humanidade. Comparamos o fenômeno da pejotização com o da terceirização. Nesta, que teve como grande marco histórico a globalização, caracterizada pela otimização da produção, redução dos custos e substituição do sistema fordista pelo toyotista de produção, o avanço relativizou significativamente as normas trabalhistas protetivas. Coube ao Direito do Trabalho apenas conter o avanço desmedido, limitando as hipóteses de cabimento de terceirização lícita, previstas na famigerada Súmula n. 331 do TST.

No âmbito da "pejotização", o raciocínio é o mesmo. Os avanços da economia vêm tornando esse fenômeno cada vez mais comum, na medida em que se pretende reduzir a carga trabalhista. Não há como o Direito do Trabalho impedir totalmente o avanço, mas sim conter a evolução desenfreada, com a edição do regramento legal alinhavando as hipóteses lícitas de cabimento.

Particularmente, defendemos a edição de uma "Lei da Pejotização", regulamentando a situação dos trabalhadores que foram obrigados pelos tomadores a criarem pessoas jurídicas como condição *sine qua non* para a prestação dos serviços.

Somos favoráveis a uma proteção mitigada, com a previsão das seguintes regras:

- contrato escrito de prestação de serviços entre o trabalhador/ pessoa jurídica e a empresa tomadora dos serviços;
- fiscalização contratual pelos auditores-fiscais do trabalho e pelos procuradores do trabalho, que são os promotores da legislação trabalhista e social;
- descumprimento de qualquer dispositivo da lei acarretaria a desconsideração da personalidade jurídica e a configuração do vínculo empregatício, sem a necessidade de alegação do princípio da primazia da realidade, que aduz a preferência de realidade dos fatos no confronto entre a verdade real e a verdade formal;
- empresas tomadoras que reiteram na contratação irregular ficariam impedidas de novas contratações por um bom lapso temporal;
- os trabalhadores/pessoas jurídicas teriam os seguintes direitos trabalhistas: valor acordado da prestação de serviços; aviso prévio, estipulando-se um prazo mínimo para a respectiva adaptação pela extinção contratual e procura de uma nova contratação; indenização por eventuais prejuízos decorrentes de extinção contratual antecipada e imotivada;
- competência material da Justiça do Trabalho para processar e julgar as ações oriundas da "pejotização".

Em suma, a nosso ver a relativização da proteção é muito melhor do que a defesa inflexível da proteção completa e o consequente aumento da informalidade das relações no mercado de trabalho. A pejotização é uma realidade cada vez mais presente, que merece regulamentação específica do ordenamento jurídico vigente, regulamentação essa que vai contribuir, e muito, com a proteção mitigada do trabalhador, a redução da informalidade e o aumento da oferta de trabalho.

Caberá a conscientização dos trabalhadores para mensurarem a carga de trabalho, realizando a ponderação de interesses, como o lazer, os estudos, e o convívio da família e dos amigos. O trabalhador brasileiro, de modo até forçado, criará o hábito de poupar para as suas férias e de reservar parte de seus ganhos à Previdência Social Privada.

Essa é a nova realidade do trabalhador do futuro. Cabe ao Direito do Trabalho e aos respectivos operadores do direito o estudo e a fiscalização dessas novas relações de trabalho, para que os direitos fundamentais trabalhistas sejam protegidos, ainda que de forma mitigada, assegurando-se uma condição digna de trabalho. Outrossim, cabe ao Estado a aplicação correta dos volumosos recursos oriundos da alta carga tributária e previdenciária, a fim de melhorar a condição social do cidadão, como moradia, educação, saúde, higiene, transporte etc.

VIII
REFERÊNCIAS

ABRANTES, José João. *Contrato de trabalho e direitos fundamentais*. Coimbra: Almedina, 2005.

ALMEIDA, Amador Paes de. *CLT comentada: legislação, doutrina, jurisprudência*. 5. ed. São Paulo: Saraiva, 2008.

AMARAL, Júlio Ricardo de Paula. *Eficácia dos direitos fundamentais nas relações trabalhistas*. São Paulo: LTr, 2007.

ANDRADE, José Carlos Vieira de. *Os direitos fundamentais na Constituição portuguesa de 1976*. 3. ed. Coimbra: Almedina, 2004.

BARROS, Alice Monteiro de. *Curso de direito do trabalho*. 5. ed. São Paulo: LTr, 2009.

BOBBIO, Norberto. *A era dos direitos*. Rio de Janeiro: Campus, 1992.

BONAVIDES, Paulo. *Curso de direito constitucional*. 9. ed. São Paulo: Malheiros, 2000.

————. *Teoria constitucional da democracia participativa*. São Paulo: Malheiros, 2001.

CAIRO JUNIOR, Carlos. *Curso de direito do trabalho*. Salvador: Jus Podivm, 2008.

CALVET, Otavio Amaral. *Direito ao lazer nas relações de trabalho*. São Paulo: LTr, 2006.

CARLOS, Vera Lúcia. *Discriminação nas relações de trabalho*. São Paulo: Método, 2004.

CARRION, Valentin. *Comentários à consolidação das leis do trabalho*. 35. ed. São Paulo: Saraiva, 2010.

CASSAR, Vólia Bomfim. *Direito do trabalho*. 3. ed. Niterói: Impetus, 2009.

CHAPPER, Alexei Almeida. *A questão da pejotização e da informalidade*. Monografia jurídica. Academia Nacional de Direito do Trabalho – Prêmio Coqueijo Costa, 2008.

COMPARATO, Fábio Konder. *A afirmação histórica dos direitos humanos*. 6. ed. São Paulo: Saraiva, 2008.

DALLEGRAVE NETO, José Affonse. A crise econômica chegou. Quais os desafios para o direito do trabalho? *Revista da Academia Nacional de Direito do Trabalho*. Ano XVII, n. 17, 2009.

DELGADO, Maurício Godinho. *Curso de direito do trabalho*. 8. ed., São Paulo: LTr, 2009.

FONSECA, Maria Hemília. *Direito ao trabalho: um direito fundamental no ordenamento jurídico brasileiro*. São Paulo: LTr, 2009.

GARCIA, Gustavo Filipe Barbosa. *Curso de direito do trabalho*. 3. ed. São Paulo: Método, 2009.

GOMES CANOTILHO, José Joaquim. *Direito constitucional e teoria da constituição*. 7. ed. Coimbra: Almedina, 2003.

GOSDAL, Thereza Cristina. *Dignidade do trabalhador: um conceito construído sob o paradigma do trabalho decente e da honra*. São Paulo: LTr, 2007.

JAKUTIS, Paulo. *Manual de estudo da discriminação no trabalho: estudos sobre discriminação, assédio moral*. São Paulo: LTr, 2006.

JORGE, Manoel; SILVA, Neto. *Direitos fundamentais e o contrato de trabalho*. São Paulo: LTr, 2005.

JORGE NETO, Francisco Ferreira; CAVALCANTE, Jouberto de Quadros Pessoa. *Direito do trabalho*. 4. ed. Rio de Janeiro: Lumen Juris, 2008. t. I.

LEITE, Carlos Henrique Bezerra. *Ministério Público do Trabalho*. 4. ed. São Paulo: LTr, 2010.

MAC CRORIE, Benedita Ferreira da Silva. *A vinculação dos particulares aos direitos fundamentais*. Coimbra: Almedina, 2005.

MAIOR, Jorge Luiz Souto. *Curso de direito do trabalho*. São Paulo: LTr, 2008. v. 2.

MANUS, Pedro Paulo Teixeira. *Direito do trabalho*. 12. ed. São Paulo: Atlas, 2009.

MARTINS, Sergio Pinto. *Direito do trabalho*. 25. ed. São Paulo: Atlas, 2009.

————. *Flexibilização das condições de trabalho*. 4. ed. São Paulo: Atlas, 2009.

MIRANDA, Jorge. *Manual de direito constitucional: direitos fundamentais*. 3. ed. Coimbra: Coimbra Editora, 2000. t. IV.

MORAES, Alexandre de. Direito ao silêncio e comissões parlamentares do inquérito. *Revista do Ministério Público Militar*. Brasília, v. 29, n.19.

————. *Direitos humanos fundamentais*. 4. ed. São Paulo: Atlas, 2002.

NASCIMENTO, Amauri Mascaro. *Curso de direito do trabalho*. 24. ed. São Paulo: Saraiva, 2009.

————. *Iniciação ao direito do trabalho*. 34. ed. São Paulo: LTr, 2009.

PAROSKI, Mauro Vasni. *Direitos fundamentais e acesso à justiça na constituição*. São Paulo: LTr, 2008.

PECES-BARBA MARTÍNEZ, Gregório. *Lecciones de derechos fundamentales*. Madri: Dykinson, 2005.

PERES, Célia Mara. A contratação de pessoa jurídica e a caracterização de vínculo empregatício. In: *Temas em Direito do Trabalho*. São Paulo: LTr, 2008.

PINTO, José Augusto Rodrigues. Empregabilidade e precarização do emprego. *Revista da Academia Nacional de Direito do Trabalho*, ano XVII, n. 17, 2009.

PIOVESAN, Flávia. *Direitos humanos e o direito constitucional internacional*. 10. ed. São Paulo: Saraiva, 2009.

————. *Direitos humanos e justiça internacional*. São Paulo: Saraiva, 2006.

PIOVESAN, Flávia; CARVALHO, Luciana Paula Vaz de (coord.). *Direitos humanos: direito do trabalho*. São Paulo: Atlas, 2010.

PORTO, Lorena Vasconcelos. *A subordinação no contrato de trabalho: uma releitura necessária*. São Paulo: LTr, 2009.

QUEIROZ, Cristina. *Direitos fundamentais: teoria geral*. Coimbra: Coimbra Editora, 2002.

REALE, Miguel. A globalização da economia e o direito do trabalho. In: *Revista LTr*, 61-01/12.

REQUIÃO, Rubens. *Curso de direito comercial*. 21. ed. São Paulo: Saraiva, 1993.

RODRIGUEZ, Américo Plá. *Princípios de direito do trabalho*. 3. ed. São Paulo: LTr, 2000.

SANTOS, Enoque Ribeiro dos. Internacionalização dos direitos humanos trabalhistas: o advento da dimensão objetiva e subjetiva dos direitos fundamentais. In: *Revista do Ministério Público do Trabalho*, n. 36, ano XVIII, set. 2008.

SCHIAVI, Mauro. O alcance da expressão relação de trabalho e a competência da Justiça do trabalho um ano após a emenda constitucional n. 45/2004. In: *Revista TST*, v. 72, n. 1, jan./abr. 2006.

SILVA, Homero Batista Mateus da. *Curso de direito do trabalho: parte geral*. Rio de Janeiro: Elsevier, 2009. v. 1.

SILVA, José Afonso da. *Curso de direito constitucional positivo*. 19. ed. São Paulo: Malheiros, 2001.

SOUZA, Rodrigo Trindade de. *Função social do contrato de emprego*. São Paulo: LTr, 2008.

SÜSSEKIND, Arnaldo. *Curso de direito do trabalho*. 2. ed. Rio de Janeiro: Renovar, 2004.

————. *Direito constitucional do trabalho*. 3. ed. Rio de Janeiro: Renovar, 2004.

SÜSSEKIND, Arnaldo; DÉLIO, Maranhão; TEIXEIRA, João de Lima; GORINI, Segadas Vianna e A. *Instituições de direito do trabalho*. 19. ed. São Paulo: LTr, 2000. v. 1.

VILHENA, Paulo Emílio Ribeiro de. *Relação de emprego*. São Paulo: Saraiva, 1975.

ZANGRANDO, Carlos Henrique da Silva. *Curso de direito do trabalho*. São Paulo: LTr, 2008. t. II.

JURISPRUDÊNCIA CORRELATA

SUPREMO TRIBUNAL FEDERAL

AGRAVO REGIMENTAL NA RECLAMAÇÃO. TRABALHISTA. TERCEIRIZAÇÃO DE SERVIÇOS. ALEGAÇÃO DE AFRONTA À AUTORIDADE DA DECISÃO PROFERIDA POR ESTA SUPREMA CORTE NA ARGUIÇÃO DE DESCUMPRIMENTO DE PRECEITO FUNDAMENTAL 324/DF. TRIBUNAL RECLAMADO RECONHECEU A OCORRÊNCIA DO INSTITUTO CHAMADO "PEJOTIZAÇÃO". AUSÊNCIA DE ESTRITA ADERÊNCIA ENTRE A DECISÃO RECLAMADA E O PARADIGMA INVOCADO. AGRAVO REGIMENTAL A QUE SE NEGA PROVIMENTO. I - No julgamento da ADPF 324/DF, o Plenário do Supremo Tribunal Federal firmou a seguinte tese: "1. É lícita a terceirização de toda e qualquer atividade, meio ou fim, não se configurando relação de emprego entre a contratante e o empregado da contratada". II- Na espécie, o Tribunal de origem reconheceu tratar-se de hipótese de "pejotização" (contratação de pessoas físicas como pessoas jurídicas para mascarar a relação de emprego). III – A aderência estrita do objeto do ato reclamado ao conteúdo da decisão paradigma é requisito de admissibilidade da reclamação constitucional. IV - Dessa forma, não deve prosperar a alegação de descumprimento do que decidido na ADPF 324/DF, de relatoria do Ministro Roberto Barroso. V - Agravo regimental a que se nega provimento.

(Rcl 42666 AgR, Relator(a): RICARDO LEWANDOWSKI, Segunda Turma, julgado em 20/10/2020, PROCESSO ELETRÔNICO DJe-263 DIVULG 03-11-2020, PUBLIC 04-11-2020)

AÇÃO DECLARATÓRIA DE CONSTITUCIONALIDADE. REGIME JURÍDICO FISCAL E PREVIDENCIÁRIO APLICÁVEL A PESSOAS JURÍDICAS PRESTADORAS DE SERVIÇOS INTELECTUAIS, INCLUINDO OS DE NATUREZA

CIENTÍFICA, ARTÍSTICA E CULTURAL. COMPATIBILIDADE CONSTITU-
CIONAL. LIVRE INICIATIVA E VALORIZAÇÃO DO TRABALHO. LIBER-
DADE ECONÔMICA NA DEFINIÇÃO DA ORGANIZAÇÃO EMPRESARIAL.
AÇÃO JULGADA PROCEDENTE. 1. A comprovação da existência de controvérsia judicial prevista no art. 14 da Lei n. 9.868/1999 demanda o
cotejo de decisões judiciais antagônicas sobre a validade constitucional
na norma legal. Precedentes. 2. É constitucional a norma inscrita no art.
129 da Lei n. 11.196/2005. (ADC 66, Relator(a): CÁRMEN LÚCIA, Tribunal Pleno, julgado em 21/12/2020, PROCESSO ELETRÔNICO DJe-053,
DIVULG 18-03-2021, PUBLIC 19-03-2021)

Rcl 47843 / BA - BAHIA

RECLAMAÇÃO

Relator(a): Min. CÁRMEN LÚCIA

Julgamento: 21/06/2021

Publicação: 30/06/2021

DECISÃO

RECLAMAÇÃO. TRABALHISTA. PEJOTIZAÇÃO. ALEGADO DESCUMPRI-
MENTO DA SÚMULA VINCULANTE N. 10 DO SUPREMO TRIBUNAL FEDE-
RAL E DO DECIDIDO NA ARGUIÇÃO DE DESCUMPRIMENTO DE PRECEITO
FUNDAMENTAL N. 324/DF E NO RECURSO EXTRAORDINÁRIO N. 958.252,
TEMA 725. AUSÊNCIA DE ESTRITA ADERÊNCIA E DE DEMONSTRAÇÃO
DE CONTRARIEDADE À CLÁUSULA DE RESERVA DE PLENÁRIO. IMPOSSI-
BILIDADE DE UTILIZAR RECLAMAÇÃO COMO SUCEDÂNEO DE RECURSO:
PRECEDENTES. RECLAMAÇÃO À QUAL SE NEGA SEGUIMENTO.

RELATÓRIO

1. Reclamação, com requerimento de medida liminar, ajuizada por Instituto Fernando Filgueiras – IFF, em 14.6.2021, contra "acórdão proferido pelo Tribunal Regional do Trabalho da Quinta Região e decisão
proferida pela Desembargadora Convocada do Tribunal Superior do
Trabalho, Tereza Aparecida Asta Gemignani, nos autos da Ação Civil
Pública n. 0000267-20.2016.5.05.0010" (fl. 1), pela qual se teria descumprido a Súmula Vinculante n. 10 do Supremo Tribunal Federal e
desrespeitado o decidido por este Supremo Tribunal na Arguição de
Descumprimento de Preceito Fundamental n. 324/DF e no Recurso
Extraordinário n. 958.252, Tema 725 da repercussão geral.

O CASO

2. Em 29.11.2018, o Tribunal Regional do Trabalho da Quinta Região decidiu:

"AÇÃO CIVIL PÚBLICA. INTERMEDIAÇÃO DE MÃO DE OBRA. **PEJOTIZAÇÃO.** CONTRATAÇÃO ILÍCITA DE MÉDICOS POR ENTIDADE SEM FINS LUCRATIVOS GESTORA DE HOSPITAIS PÚBLICOS. RECONHECIMENTO DO VÍNCULO DIRETAMENTE COM O TOMADOR. O precedente obrigatório emanado do julgamento da Arguição de Descumprimento de Preceito Fundamental (ADPF) 324 e do Recurso Extraordinário (RE) 958252, em 30/08/2018, avança apenas sobre a natureza do contrato de prestação de serviços. Com esse precedente, perde relevância a tarefa de examinar o objeto social da tomadora a fim de verificar se houve repasse de atividade-fim ou atividade-meio, epítetos que não mais se justificam nas discussões em torno da licitude da terceirização. No entanto, permanecem vigentes os arts. 2° e 3° da CLT, que definem o empregador como aquele que dirige a prestação pessoal de serviço e o empregado como a pessoa física que presta serviços sob a dependência do empregador. Desse modo, comprovada a subordinação jurídica e a pessoalidade em face da tomadora, ônus que pertence ao acionante, permanece sendo possível o reconhecimento do vínculo empregatício, com espeque no art. 9° consolidado. Na espécie, são de nenhum efeito jurídico os documentos assinados por diversos médicos com o intuito de manifestar o desinteresse no reconhecimento de vínculo empregatício.

(...) Feitos os registros, constato que o conjunto probatório evidencia a fraude à legislação trabalhista, em razão da subordinação jurídica e da pessoalidade na prestação de serviços à acionada.

O juízo de origem foi preciso ao assim se pronunciar:

'Neste sentido, os documentos produzidos nos autos pelo Parquet evidenciam que as pessoas jurídicas contratadas pelo acionado são compostas por um empresário individual, que era o próprio médico prestador dos serviços, inexistindo a possibilidade de sua substituição, bem como que há elaboração das escalas de plantão por prepostos do acionado, o que revela a subordinação dos médicos prestadores de serviços. Portanto, a modalidade de contratação empreendida nos presentes autos enseja a precarização das relações trabalhistas e por seu nítido caráter fraudulento impõe a aplicação do art. 9°, da CLT. É o que se depreende do relatório de fiscalização do Ministério do Trabalho e Emprego (fls. 37/49) '

(...) Não se questiona que a terceirização é um moderno e eficaz instrumento de reengenharia da atividade econômica, hoje admitida amplamente pela jurisprudência da Suprema Corte. Contudo, essa prática não afasta os elementos fático-jurídicos da relação de emprego, de modo que, configurada a subordinação direta ao tomador e a pessoalidade na prestação dos serviços, impõe-se o reconhecimento do vínculo empregatício em relação a ele.

Note-se, por fim, que os documentos assinados por diversos médicos com o intuito de manifestar o desinteresse no reconhecimento de vínculo empregatício não produzem qualquer efeito jurídico.

(...) Ante o exposto, REJEITO as preliminares de deserção e ausência de dialeticidade em relação ao apelo da demandada e, no mérito, NEGO-LHE PROVIMENTO; e DOU PROVIMENTO PARCIAL ao recurso interposto pelo acionante [Ministério Público do Trabalho] a fim de deferir o pedido formulado na alínea "a. 1" da petição inicial, ou seja, determinar que a ré abstenha-se de contratar trabalhadores por intermédio de pessoa jurídica, em contratos de "prestação de serviços" ou em contrato civil de qualquer natureza, quando presentes, na prestação de serviços de tais trabalhadores, os elementos da relação de emprego, previstos nos artigos 2º e 3º da CLT, sob pena de multa, por empregado, no valor de R$ 15.000,00 (quinze mil reais)" (fls. 1-8, e-doc. 9).

Contra essa decisão o reclamante interpôs recurso de revista.

Em 7.12.2020, o recurso de revista interposto pelo reclamante teve seguimento negado pela ausência de prequestionamento (fls. 1-2, e-doc. 10), em decisão confirmada pela Desembargadora convocada relatora no Tribunal Superior do Trabalho:

"Trata-se de agravo de instrumento interposto em face da decisão do Tribunal Regional do Trabalho que denegou seguimento ao recurso de revista.

O recurso de revista foi interposto na vigência da Lei nº 13.467/2017, de sorte que está sujeito à demonstração de transcendência da causa, conforme previsto nos arts. 896-A da CLT e 246 e 247, do Regimento Interno desta Corte Superior.

Presentes os pressupostos extrínsecos de admissibilidade do agravo de instrumento. Por outro lado, interposto o recurso de revista sob a égide da Lei nº 13.015/2014, o recorrente deve transcrever precisamente o trecho da decisão recorrida que consubstancia o prequestionamento da controvérsia, conforme determina o § 1º-A, I, do art. 896 da CLT, sob pena de não conhecimento do apelo.

No caso, o recorrente, em seu recurso de revista, não transcreveu o trecho exato do acórdão regional que consubstancia o prequestionamento da controvérsia objeto do apelo, não bastando ao cumprimento da exigência legal o mero resumo da decisão recorrida.

Necessário frisar que, tratando-se de pressuposto intrínseco, cuja aferição é essencial para eventual reforma do acórdão, não há falar em defeito meramente formal que autorize a aplicação do § 11 do artigo 896 da CLT.

Do exposto, não tendo o recorrente se eximido de tal ônus, o recurso de revista é manifestamente inadmissível, logo, patente a ausência de transcendência da causa, motivo pelo qual NEGO SEGUIMENTO ao agravo de instrumento" (fl. 70, e-doc. 10, DJe 30.3.2021).

Essa decisão foi objeto de agravo regimental, que aguarda julgamento.

3. Contra o acórdão proferido pelo Tribunal Regional do Trabalho da Quinta Região e a decisão pela qual negado seguimento ao agravo de instrumento proferida pela Desembargadora convocada relatora do Tribunal Superior do Trabalho na Ação Civil Pública n. 0000267-20.2016.5.05.0010, Instituto Fernando Filgueiras – IFF ajuíza a presente reclamação.

Alega ser "Organização Social responsável, atualmente, pela gestão de quatro hospitais públicos e uma Unidade de Pronto Atendimento (UPA) no Estado da Bahia" (fl. 2).

Informa que, "mesmo após a edição da Lei 13.429/2017, e, mais ainda, após o entendimento firmado por esta Excelsa Suprema Corte no âmbito da ADPF 324 e do RE 958.252, o TRT da 5ª Região afastou a validade das contratações de médicos realizadas pelo Instituto Fernando Filgueiras, por meio de pessoas jurídicas. O TRT-5 reconheceu a ilegalidade das contratações de médicos, via pessoa jurídica, não apenas no período anterior à entrada em vigor da Lei 13.429/2017, como havia feito o magistrado de primeira instância, na linha do entendimento do TST predominante à época da prolação a sentença, mas, também, no período posterior" (fl. 6).

Sustenta que "o acórdão proferido pelo TRT da 5ª Região e, por consequência, também as decisões que lhe sucederam, implicaram ofensa à autoridade da decisão proferida por esse Pretório Excelso em ação de controle concentrado de constitucionalidade, e em recurso extraordinário com repercussão geral" (fl. 7).

Assinala que "afastar a validade da terceirização da atividade-fim, como aconteceu no caso que ensejou a propositura da presente Reclamação, para reconhecer o vínculo de emprego entre o contratante, Instituto Fernando Filgueiras, ora Reclamante, e todos os médicos que lhe prestam serviços mediante pessoa jurídica, sem que tenha sido configurada a hipótese de exceção à regra geral da licitude da terceirização, equivale a desrespeitar frontalmente a autoridade do STF, no tocante à matéria em discussão" (fl. 10).

Aponta que, "a partir do momento em que o TRT-5 reconhece que 'a atual ordem jurídica, após ao advento das Lei Nº 13.429/2017 e 13.467/2017, permite a terceirização de qualquer atividade, inclusive aquela que constitui o objeto primordial da pessoal jurídica', mas, por outro lado, diz que 'permanecem vigentes os arts. 2º e 3º da CLT', sem explicar o motivo pelo qual está deixando de aplicar os diplomas legais anteriormente mencionados, ou seja, sem fazer o necessário distinguish, o TRT-5 está, no fundo, afastando a incidência da lei, sem ter observado a cláusula de reserva de plenário (art. 97, CF)" (fls. 24-25).

Requer medida liminar para ser determinada "a suspensão do processo de origem, qual seja, a ACP 0000267-20.2016.5.05.0010, até o julgamento definitivo desta Reclamação" (fl. 32).

No mérito, pede a procedência da presente reclamação "para que sejam cassadas as decisões proferidas pelo Tribunal Regional do Trabalho da 5ª Região no âmbito da Ação Civil Pública 0000267- 20.2016.5.05.0010 e daquelas subsequentes, inclusive a do TST, que inadmitiu o recurso de agravo de instrumento em recurso de revista, na linha dos fundamentos já expostos, diante do desrespeito à autoridade da decisão do STF na ADPF 324 e no RE 958.252, além da violação à Súmula Vinculante n. 10" (fls. 32-33).

Examinados os elementos havidos nos autos, DECIDO.

4. No parágrafo único do art. 161 do Regimento Interno do Supremo Tribunal Federal, dispõe-se que "o Relator poderá julgar a reclamação quando a matéria for objeto de jurisprudência consolidada do Tribunal", como se tem na espécie.

5. Põe-se em foco na reclamação se, ao reputar fraudulenta a contratação de médicos como pessoa jurídica, o Tribunal Regional do Trabalho da Quinta Região e a Juíza convocada relatora no Tribunal Superior do Trabalho teriam usurpado a competência deste Supremo Tribunal para

apreciar controvérsia quanto à contrariedade ao decidido na Arguição de Descumprimento de Preceito Fundamental n. 324 e no Recurso Extraordinário n. 958.252, Tema 725 da repercussão geral, e teriam descumprido a Súmula Vinculante n. 10 do Supremo Tribunal Federal.

6. Em 30.8.2018, este Supremo Tribunal julgou procedente a Arguição de Descumprimento de Preceito Fundamental n. 324/DF, Relator o Ministro Roberto Barroso, nos termos seguintes:

"Direito do Trabalho. Arguição de Descumprimento de Preceito Fundamental. Terceirização de atividade-fim e de atividade-meio. Constitucionalidade. 1. A Constituição não impõe a adoção de um modelo de produção específico, não impede o desenvolvimento de estratégias empresariais flexíveis, tampouco veda a terceirização. Todavia, a jurisprudência trabalhista sobre o tema tem sido oscilante e não estabelece critérios e condições claras e objetivas, que permitam sua adoção com segurança. O direito do trabalho e o sistema sindical precisam se adequar às transformações no mercado de trabalho e na sociedade. 2. A terceirização das atividades-meio ou das atividades-fim de uma empresa tem amparo nos princípios constitucionais da livre iniciativa e da livre concorrência, que asseguram aos agentes econômicos a liberdade de formular estratégias negociais indutoras de maior eficiência econômica e competitividade. 3. A terceirização não enseja, por si só, precarização do trabalho, violação da dignidade do trabalhador ou desrespeito a direitos previdenciários. É o exercício abusivo da sua contratação que pode produzir tais violações. 4. Para evitar tal exercício abusivo, os princípios que amparam a constitucionalidade da terceirização devem ser compatibilizados com as normas constitucionais de tutela do trabalhador, cabendo à contratante: i) verificar a idoneidade e a capacidade econômica da terceirizada; e ii) responder subsidiariamente pelo descumprimento das normas trabalhistas, bem como por obrigações previdenciárias (art. 31 da Lei 8.212/1993). 5. A responsabilização subsidiária da tomadora dos serviços pressupõe a sua participação no processo judicial, bem como a sua inclusão no título executivo judicial. 6. Mesmo com a superveniência da Lei 13.467/2017, persiste o objeto da ação, entre outras razões porque, a despeito dela, não foi revogada ou alterada a Súmula 331 do TST, que consolidava o conjunto de decisões da Justiça do Trabalho sobre a matéria, a indicar que o tema continua a demandar a manifestação do Supremo Tribunal Federal a respeito dos aspectos constitucionais da terceirização. Além disso, a aprovação da lei ocorreu após o pedido de inclusão do feito em pauta. 7. Firmo a seguinte tese: 1. É lícita a terceirização de toda e qualquer atividade, meio ou fim, não se configurando relação de emprego entre a contratante e o empregado da contratada. 2. Na terceirização, compete à contratante: i) verificar a idoneidade e a capacidade econômica da terceirizada; e ii) responder subsidiariamente pelo descumprimento das normas trabalhistas, bem como por obrigações previdenciárias, na forma do art. 31 da Lei 8.212/1993. 8. ADPF julgada procedente para assentar a licitude da terceirização de atividade-fim ou meio. Restou explicitado pela maioria que a decisão não afeta automaticamente decisões transitadas em julgado" (DJe 6.9.2019).

7. Em 30.8.2018, no julgamento do Recurso Extraordinário n. 958.252-RG, Relator o Ministro Luiz Fux, este Supremo Tribunal fixou a seguinte tese de repercussão geral:

"É lícita a terceirização ou qualquer outra forma de divisão do trabalho entre pessoas jurídicas distintas, independentemente do objeto social das empresas envolvidas, mantida a responsabilidade subsidiária da empresa contratante" (DJe 13.9.2019).

8. O Tribunal Regional do Trabalho da Quinta Região deu provimento ao recurso ordinário interposto pelo Ministério Público do Trabalho, por concluir ser fraudulenta a contratação de médicos como pessoa jurídica. Essa decisão foi mantida no julgamento do recurso de revista e do agravo de instrumento.

9. Não se vislumbra descompasso, nem estrita aderência entre os atos impugnados e o entendimento firmado pelo Supremo Tribunal Federal no julgamento da Arguição de Descumprimento de Preceito Fundamental n. 324/DF e do Recurso Extraordinário n. 958.252, Tema 725 da repercussão geral. Assim, por exemplo:

"AGRAVO REGIMENTAL NA RECLAMAÇÃO. TRABALHISTA. TERCEIRIZAÇÃO DE SERVIÇOS. ALEGAÇÃO DE AFRONTA À AUTORIDADE DA DECISÃO PROFERIDA POR ESTA SUPREMA CORTE NA ARGUIÇÃO DE DESCUMPRIMENTO DE PRECEITO FUNDAMENTAL 324/DF. TRIBUNAL RECLAMADO RECONHECEU A OCORRÊNCIA DO INSTITUTO CHAMADO "PEJOTIZAÇÃO". AUSÊNCIA DE ESTRITA ADERÊNCIA ENTRE A DECISÃO RECLAMADA E O PARADIGMA INVOCADO. AGRAVO REGIMENTAL A QUE SE NEGA PROVIMENTO. I - No julgamento da ADPF 324/DF, o Plenário do Supremo Tribunal Federal firmou a seguinte tese: "1. É lícita a terceirização de toda e qualquer atividade, meio ou fim, não se configurando relação de emprego entre a contratante e o empregado da contratada". II- Na espécie, o Tribunal de origem reconheceu tratar-se de hipótese de "**pejotização**" (contratação de pessoas físicas como pessoas jurídicas para mascarar a relação de emprego). III – A aderência estrita do objeto do ato reclamado ao conteúdo da decisão paradigma é requisito de admissibilidade da reclamação constitucional. IV - Dessa forma, não deve prosperar a alegação de descumprimento do que decidido na ADPF 324/DF, de relatoria do Ministro Roberto Barroso. V - Agravo regimental a que se nega provimento" (Rcl n. 42.666-AgR, Relator o Ministro Ricardo Lewandowski, Segunda Turma, DJe 4.11.2020).

"CONSTITUCIONAL, TRABALHISTA E PROCESSUAL CIVIL. AGRAVO INTERNO NA RECLAMAÇÃO. ALEGADA OFENSA AO DECIDIDO POR ESTE TRIBUNAL NO JULGAMENTO DA ADPF 324. EMPRESAS QUE INTEGRAM O MESMO GRUPO ECONÔMICO. AUSÊNCIA DE ESTRITA ADERÊNCIA ENTRE O ATO RECLAMADO E O PARADIGMA INVOCADO. RECURSO NEGADO. 1. Diferentemente dos reiterados casos julgados procedentes, por ofensa ao entendimento fixado na ADPF 324 (Rel. Min. ROBERTO BARROSO), nos quais a Justiça laboral considera ilícita a terceirização das atividades inerentes, no caso concreto, não há que se falar em terceirização de serviços, uma vez que o juízo de origem reconheceu o vínculo empregatício entre a beneficiária da decisão e o grupo econômico, formado pela reclamante e o Banco Itaú, por reputar que a hipótese é de subordinação estrutural, visto que as empresas envolvidas na contratação da empregada fazem parte do mesmo grupo econômico. Precedentes. 2. Nessas circunstâncias, em que não está presente o contexto específico da ADPF 324 (Rel. Min. ROBERTO BARROSO) e do RE 958252 (Rel. Min. LUIZ FUX), não há estrita aderência entre o ato impugnado e os paradigmas invocados. É, portanto, inviável a presente reclamação. 3. Agravo interno a que se nega provimento" (Rcl n. 44.427-AgR, Relator o Ministro Alexandre de Moraes, Primeira Turma, DJe 11.1.2021).

"AGRAVO REGIMENTAL EM RECLAMAÇÃO. AÇÃO TRABALHISTA. CONTRATO DE TERCEIRIZAÇÃO. FRAUDE. FALTA DE ADERÊNCIA ESTRITA AOS PARADIGMAS INVOCADOS. NÃO CABIMENTO DA RECLAMAÇÃO. AGRAVO NÃO PROVIDO. 1. É inviável a reclamação quando o ato reclamado não possui aderência estrita ao paradigma apontado como afrontado. 2. In casu, não há que se falar em preservação da garantia das decisões proferidas na ADPF 324 ou no RE 958.252-RG (processo piloto do Tema 725 da sistemática da repercussão geral), na medida em que a argumentação do ato reclamado não guarda estrita pertinência com os paradigmas invocados, sendo incabível a reclamação. 3. Agravo regimental a que se nega provimento" (Rcl n. 36.432-AgR, Relator o Ministro Edson Fachin, Segunda Turma, DJe 19.10.2020).

"AGRAVO INTERNO. RECLAMAÇÃO CONSTITUCIONAL. ADPF Nº 324 E RE Nº 958.252-RG. ADERÊNCIA ESTRITA. AUSÊNCIA. ALEGAÇÃO DE AFRONTA À SÚMULA VINCULANTE 10. AUSÊNCIA DE INDICAÇÃO DO DISPOSITIVO LEGAL AFASTADO. AGRAVO A QUE SE NEGA PROVIMENTO. 1. À míngua de identidade material entre o paradigma invocado e o ato reclamado, não há como divisar a alegada afronta à autoridade de decisão desta Suprema Corte. 2. Não há falar em afronta à Súmula Vinculante 10/STF. Ausência de indicação de dispositivos legal afastado pela Corte reclamada. 3. Agravo interno conhecido e não provido, com aplicação da penalidade prevista no art. 1.021, § 4º, do CPC/2015,calculada à razão de 1% (um por cento) sobre o valor atualizado da causa, se unânime a votação" (Rcl n. 40.755-AgR, Relatora a Ministra Rosa Weber, Primeira Turma, DJe 28.9.2020).

"AGRAVO REGIMENTAL NA RECLAMAÇÃO. DESCONTOS DE CONTRIBUIÇÃO PREVIDENCIÁRIA. AUSÊNCIA DE TRANSCENDÊNCIA TRABALHISTA: ALEGADO DESCUMPRIMENTO DO DECIDIDO PELO SUPREMO TRIBUNAL FEDERAL NA ARGUIÇÃO DE DESCUMPRIMENTO DE PRECEITO FUNDAMENTAL N. 324 E NO RECURSO EXTRAORDINÁRIO N. 958.252-RG. AUSÊNCIA DE IDENTIDADE MATERIAL. AGRAVO REGIMENTAL AO QUAL SE NEGA PROVIMENTO" (Rcl n. 41.970-AgR, de minha relatoria, Segunda Turma, DJe 31.8.2020).

10. Quanto ao alegado desrespeito à Súmula Vinculante n. 10, o Tribunal Regional do Trabalho da Quinta Região não declarou a inconstitucionalidade nem afastou, com fundamento constitucional, a incidência das normas contidas nas Leis ns. 13.429/2017 e 13.467/2017, somente, analisando os elementos jurídicos e probatórios, concluiu que houve fraude na contratação e que havia vínculo empregatício, na espécie.

Ausentes, na espécie vertente, os requisitos processuais viabilizadores do regular trâmite desta reclamação.

11. Pelo exposto, nego seguimento à presente reclamação (§ 1º do art. 21 e parágrafo único do art. 161 do Regimento Interno do Supremo Tribunal Federal), prejudicada a medida liminar requerida.

Publique-se.

Brasília, 21 de junho de 2021.

Ministra CÁRMEN LÚCIA

Relatora

SUPERIOR TRIBUNAL DE JUSTIÇA

RECURSO ESPECIAL Nº 1883965 - RJ (2020/0172320-9)

RELATORA: MINISTRA MARIA ISABEL GALLOTTI

RECORRENTE: LEDUCA EMPREENDIMENTOS IMOBILIARIOS LTDA

ADVOGADOS: RENATO CORTES NETO - RJ092120

CRISTINA DE OLIVEIRA NASCIMENTO - RJ198843

RECORRIDO: JM2 SERVICOS ADMINISTRATIVOS E ENGENHARIA LTDA

ADVOGADOS: CLÁUDIA MARIA FERRARI BARBOSA - RJ049430

MAURÍCIO DE OLIVEIRA CAMPOS - RJ052393

MARCELO FERRARI BARBOSA - RJ154240

DECISÃO

Trata-se de recurso especial interposto por LEDUCA EMPREENDIMENTOS IMOBILIÁRIOS LTDA. contra acórdão prolatado, por unanimidade, pela Vigésima Primeira Câmara Cível do Tribunal de Justiça do Estado do Rio de Janeiro, em sede de apelação, assim ementado (e-STJ fl. 419):

> Ação de Cobrança. Serviços de Engenharia Civil. Inadimplemento de verba rescisória prevista em cláusula contratual. Sentença de parcial procedência. Apelo da ré. Alegação de competência da justiça trabalhista que se afasta. Relação fundada em contrato de prestação de serviços com pessoa jurídica em lugar da pessoa física. Prática conhecida como "pejotização". A tomadora dos serviços alega simulação, todavia o contrato foi firmado livremente e com benefícios previstos para ambas as partes. Venire Contra Factum Proprium. Súmula nº 363 do STJ. Inadimplemento confesso. Cláusula contratual que prevê a indenização no equivalente a 12 prestações mensais. Pacta Sunt Servanda. Alegação de relação trabalhista que não pode prosperar somente no momento de angariar benefícios.
> Precedente desta Corte. NEGADO PROVIMENTO AO RECURSO. Majoração dos honorários sucumbenciais para 12%.

Opostos embargos de declaração, foram rejeitados (e-STJ fls. 472/476).

No recurso especial, fundado no artigo 105, III, "a", da Constituição Federal, a parte recorrente aponta violação aos artigos 64 e 1.022, II, do Código de Processo Civil de 2015; e 317, 412 e 413 do Código Civil de 2002 (e-STJ fls. 491/498).

Aduz ter havido omissões e ausência de fundamentação na decisão recorrida, relativamente a questões relevantes para o deslinde da causa.

Alega competência absoluta da Justiça Trabalhista para julgar o feito, devido à relação de trabalho estabelecida com pessoalidade, apesar de ter sido contratada como pessoa jurídica (fenômeno da "pejotização").

Afirma que "[...] além da elevadíssima cláusula penal que estabelecia o pagamento de 12 (doze) vezes o valor mensal (de R$ 40.000,00), a recorrente ainda cobra valores relativos ao 13º salário, férias mais 1/3 e saldo de dias trabalhados, que perfazem o valor total da rescisão no valor de R$ 636.222,21 (seiscentos e trinta e seis, duzentos e vinte e dois reais e vinte e um centavos) [...]" (e-STJ fl. 495).

Argumenta, ainda, que a "[...] crise econômica e política devastou a incorporadora, ora recorrente, que precisou rescindir a maioria de seus contratos de uma só vez, além de ter sido bastante afetada com inúmeros distratos de seus empreendimentos, pois precisou devolver cerca de 90% (noventa por cento) de todo valor pago pelos adquirentes, ficando em situação financeira extremamente complicada, não dispondo de caixa para desenvolver os empreendimentos de adquirentes que permaneceram com seus contratos bem como para quitar seus fornecedores [...]" (e-STJ fls. 498/499).

Com contrarrazões (e-STJ fls. 508/512).

O recurso especial foi admitido na origem (e-STJ fls. 514/515).

Assim delimitada a controvérsia, passo a decidir.

Consoante o decidido pelo Plenário desta Corte, na sessão realizada em 9.3.2016, o regime de recurso será determinado pela data da publicação do provimento jurisdicional impugnado. Assim sendo, no presente caso, aplica-se o Código de Processo Civil de 2015.

Não assiste razão à recorrente.

De início, não se pode conhecer a apontada violação ao artigo 1.022 do Código de Processo Civil de 2015, porquanto o recurso cinge-se a alegações genéricas e, por isso, não demonstra, com transparência e precisão, qual seria o ponto omisso, contraditório ou obscuro do acórdão recorrido, bem como a sua importância para o deslinde da controvérsia, o que atrai o óbice da Súmula n. 284 do Supremo Tribunal Federal, aplicável, por analogia, no âmbito desta Corte, segundo a qual "É inadmissível o recurso extraordinário, quando a deficiência na fundamentação não permitir a exata compreensão da controvérsia". Guardados os devidos contornos fáticos próprios de cada caso, vejam-se os seguintes precedentes:

AGRAVO INTERNO NO AGRAVO EM RECURSO ESPECIAL. AÇÃO DECLA-
RATÓRIA DE INEXISTÊNCIA DE DÉBITOS CUMULADA COM REPETIÇÃO E
INDENIZAÇÃO POR DANOS MORAIS. NEGATIVA DE PRESTAÇÃO JURISDI-
CIONAL. INEXISTÊNCIA DE DANO MORAL. AUSÊNCIA DE ATO ILÍCITO.
SÚMULA Nº 284/STF. ARTIGO 373, INCISO II, DO CPC/2015. VIOLAÇÃO.
SÚMULA Nº 7/STJ.
[...] 2. O recurso especial que indica violação do artigo 1.022 do Código
de Processo Civil de 2015, mas traz somente alegação genérica de negativa
de prestação jurisdicional, é deficiente em sua fundamentação, o que atrai
o óbice da Súmula nº 284 do Supremo Tribunal Federal.
[...] 5. Agravo interno não provido.
(AgInt no AREsp n. 1.346.358/RJ, Rel. Ministro RICARDO VILLAS BÔAS
CUEVA, TERCEIRA TURMA, julgado em 27/5/2019, DJe 29/5/2019).
AGRAVO INTERNO NO RECURSO ESPECIAL - CUMPRIMENTO PROVISÓRIO
DE SENTENÇA - DECISÃO MONOCRÁTICA QUE NEGOU PROVIMENTO AO
RECLAMO. INSURGÊNCIA DO DEMANDADO.
[...] 1.1. "A admissão de prequestionamento ficto (art. 1.025 do CPC/15),
em recurso especial, exige que no mesmo recurso seja indicada violação ao
art. 1.022 do CPC/15, para que se possibilite ao Órgão julgador verificar a
existência do vício inquinado ao acórdão, que uma vez constatado, poderá
dar ensejo à supressão de grau facultada pelo dispositivo de lei". (REsp
1639314/MG, Rel. Ministra NANCY ANDRIGHI, TERCEIRA TURMA, julgado
em 04/04/2017, DJe 10/04/2017).
1.2. Na hipótese, porém, a alegação de afronta ao art. 1.022 do NCPC se deu
de forma genérica, circunstância impeditiva do conhecimento do recurso
especial, no ponto, pela deficiência na fundamentação.
Aplicação da Súmula 284 do STF, por analogia.
[...] 3. Agravo interno desprovido.
(AgInt no REsp n. 1.734.203/RS, Rel. Ministro MARCO BUZZI, QUARTA
TURMA, julgado em 30/5/2019, DJe 4/6/2019 – sem destaques no original).

**De outra parte, quanto às questões aventadas pela parte ora agravante,
assim decidiu o Juízo de primeiro grau (e-STJ fls. 309/310):**

[...] Não resta dúvida que as partes celebraram contrato de prestação de
serviços (fls. 18/20), cujo objetivo o "apoio na administração de obras de
construção civil, sem qualquer vínculo de ordem empregatícia entre as
partes". (cláusula 1.1, fls. 18) Não se desconhece que empresas de grande
porte praticam o que vem sendo denominado de "pejotização" (vale dizer,
contratar pessoas jurídicas e não pessoas físicas), com o intuito óbvio de
diminuir custos decorrentes do vínculo empregatício, que são, de fato,
desproporcionais em nosso País.
Ocorre que o contrato de prestação de serviços firmado entre as partes
afasta, expressamente a figura do vínculo empregatício, razão pela qual
prevalece, no caso concreto, a figura meramente contratual, devendo a
pretensão ser analisada à luz do Direito Civil. Pensar de forma diversa

apenas exaltaria a própria torpeza da Ré, que firma contrato de prestação de serviços com pessoa jurídica para se beneficiar, mas dele pretende se desfazer quando não lhe é mais vantajoso. Auferiu o bônus relativo a forma contratada, que arque, então, com o respectivo ônus.

Fixada tal premissa, o que se extrai dos autos é a conclusão de que, realmente, a Ré (Contratante) deixou de cumprir com as obrigações assumidas no termo de rescisão de fls. 23/25.

Na verdade, sequer nega a Ré que deixou de quitar o valor ali estabelecido, se prendendo a defesa em apenas buscar uma forma de esquivar do pagamento, do que em justificar, seja lá de que forma, a patente inadimplência contratual.

O princípio da força obrigatória (pacta sunt servanda), segundo o qual o contrato obriga as partes nos limites da lei, além de princípio básico do Direito Civil, é uma regra e, como tal, deve prevalecer, ainda que temperado pela necessidade de observância da função social do contrato, da probidade e da boa-fé [...] Não se pode perder de vista que o contrato tem natureza jurídica de negócio jurídico bilateral ou plurilateral, e, apesar de ser regra a liberdade de forma (CC/2002, artigo 107), alguns aspectos devem ser observados para viabilizar sua eficácia jurídica. Além de agente capaz, objeto lícito, possível, determinado ou determinável e forma prescrita ou não defesa em lei, existem outros elementos indispensáveis à formação do contrato, dentre eles o acordo de vontade entre as partes, que se manifesta pela oferta e pela aceitação.

A declaração de vontade das partes reveste-se de força vinculante, e, em sendo eleita a forma escrita para o negócio jurídico, para que seja considerado válido, perfeito e acabado é indispensável que do contrato conste a assinatura de contratante e contratado. E não é sem razão, pois o aceite da proposta, além de vincular aqueles que o firmam, é conclusivo, vez que encerra o negócio (CC/2002, artigo 427).

Notadamente, os contratos e a rescisão juntados às fls. 18/25 foram devidamente firmados por contratante e contratada, razão pela qual devem ser cumpridos em seus exatos termos.

Note-se que a Ré não faz nenhuma prova em desfavor do que foi estabelecido em contrato e no distrato, além de não negar a sua inadimplência, sendo incabível, portanto, a alegação de onerosidade da cláusula que fixa a multa pela rescisão, livremente pactuada entre as partes, ainda mais sendo a Ré de empresa de grande porte na construção civil, integrante de grupo econômico composto por mais de 23 empresas (fls. 192/193), com assessoria jurídica de alto nível.

Da mesma forma, descabida a aplicação da regra constante no artigo 412 do Código Civil, vez que a obrigação principal, ao contrário do alegado pela Ré, não se resume apenas a um mês, mas sim a todo o contrato, de trato sucessivo, ou seja, com o pagamento de R$ 40.000,00 (quarenta mil reais) por cada mês de serviço prestado, além de uma parcela de igual valor no último mês de cada ano e 1/3 de tal valor após um ano de prestação de serviço, valendo ressaltar que o contrato vigia por tempo indeterminado (cláusula 5.1, fls. 19).

Portanto, tendo o Autor prestado serviços à Ré pelo prazo de um ano, verifica-se que o valor total recebido ultrapassou os doze meses fixados a título de multa, que, portanto, não excede o valor do principal.

Destarte, perfeitamente válida a cláusula 5, do Termo de Prestação de Serviços de fls. 21/22, bem como o disposto no parágrafo primeiro da Cláusula Terceira do Instrumento Particular de Rescisão de Contrato de fls. 23/25, que fixou como devido pela rescisão o valor de R$ 636.222,21 (seiscentos e trinta e seis mil, duzentos e vinte e dois reais e vinte e um centavos).

De se notar, no entanto, que a Ré junta aos autos prova (fls. 167) de que o próprio Autor reconhece que o valor da rescisão estaria a maior, em R$ 80.000,00 (oitenta mil reais), documento e alegação não impugnados quando da réplica. Como decidiu o Superior Tribunal de Justiça no Recurso Especial nº 174.222-SP, relator Ministro Eduardo Ribeiro: "Independem de prova os fatos afirmados por uma parte e não contestados pela outra". Neste sentido, há que se reconhecer como valor devido pela Ré o montante de R$ 400.000,00 (quatrocentos mil reais), conforme reconhecido na contra notificação de fls. 32/34.

[...]

Da mesma maneira, o Tribunal de origem, ao analisar as circunstâncias fáticas e as provas carreadas aos autos, corroborou o mesmo entendimento, sob os seguintes fundamentos (e-STJ fls. 424/428):

[...] O caso indica a possibilidade da prática de "pejotização", ou seja, uma empresa que contrata pessoa jurídica para não arcar com despesas trabalhistas.

As partes firmaram contrato com cláusulas do direito civil, inclusive com previsão para o caso de rescisão. De início ambas se beneficiaram, mas no momento da rescisão a ré não cumpriu o contrato alegando a simulação e desejando pagar tão somente as verbas de rescisão trabalhista.

A autora é engenheira civil pediu demissão de seu antigo trabalho para aceitar a proposta da ré. Constituiu a empresa JM2 Serviços Administrativo LTDA sendo titular de 990 das mil cotas, estando as outras 10 em nome de uma pessoa qualificada como estudante.

A ré contratou esta empresa para prestar serviços de "apoio em administração de obras de construção civil", com remuneração de R$ 40.000,00 mensais, mais uma parcela de mesmo valor adicional no final do ano, evidentemente com a finalidade de substituir um décimo terceiro salário. Há previsão de descanso remunerado, inclusive com adicional de 1/3 da parcela mensal, após 01 ano de prestação dos serviços.

Em sua preliminar, a ré alega que a competência para julgar o presente caso seria da justiça do trabalho.

O art. 9º da CLT determina:

Art. 9º - Serão nulos de pleno direito os atos praticados com o objetivo de desvirtuar, impedir ou fraudar a aplicação dos preceitos contidos na presente Consolidação.

O que se precisa analisar é se houve o intuito de fraudar a lei trabalhista e o proveito que a parte ré teria, em ver declarado que seu intuito primário, agora, não poderia ser considerado para que incidissem as regras trabalhistas na rescisão do contrato.

Não se enquadraria como empregado aquele que efetivamente é trabalhador autônomo ou eventual.

Neste caso é a própria tomadora de serviço quem afirma ter praticado a simulação. Se, de fato, agiu assim, agora quer valer-se de sua própria torpeza para não ser compelida a cumprir o contrato firmado que prevê cláusula de rescisão mais gravosa que as normas de rescisão trabalhistas. Incide o princípio do venire contra factum proprium.

Ora, o direito comporta a proibição do comportamento contraditório – Nemo potest venire contra factum proprium. É exigida a boa-fé nos contratos.

Se ambos contrataram visando benefícios comuns e, de fato, se beneficiando, agora cabe à ré cumprir o que pactuou.

Portanto, deve ser entendido que a relação é de natureza civil, tendo por fundamento no contrato de prestação de serviços de i-21.

[...]

Deve ser aplicada ao caso a Súmula nº 363 do STJ: "Compete à Justiça estadual processar e julgar a ação de cobrança ajuizada por profissional liberal contra cliente".

[...]

Ressalte-se que de forma alguma a parte ré pode ser entendida como hipossuficiente nesta relação contratual, devendo ser estritamente observado o contratado, de acordo com o brocardo pacta sunt servanda.

Este ponto foi bem fundamentado na cuidadosa sentença:

A declaração de vontade das partes reveste-se de força vinculante, e, em sendo eleita a forma escrita para o negócio jurídico, para que seja considerado válido, perfeito e acabado é indispensável que do contrato conste a assinatura de contratante e contratado. E não é sem razão, pois o aceite da proposta, além de vincular aqueles que o firmam, é conclusivo, vez que encerra o negócio (CC/2002, artigo 427).

Notadamente, os contratos e a rescisão juntados às fls. 18/25 foram devidamente firmados por contratante e contratada, razão pela qual devem ser cumpridos em seus exatos termos.

Note-se que a Ré não faz nenhuma prova em desfavor do que foi estabelecido em contrato e no distrato, além de não negar a sua inadimplência, sendo incabível, portanto, a alegação de onerosidade da cláusula que fixa a multa pela rescisão, livremente pactuada entre as partes, ainda mais sendo a Ré de empresa de grande porte na construção civil, integrante de grupo econômico composto por mais de 23 empresas (fls. 192/193), com assessoria jurídica de alto nível.

Considere-se, ainda, que a representante legal da prestadora de serviços abandonou seu emprego anterior para dedicar-se à nova empreitada, e também o fato de que é comum o pagamento de bônus de contratação, por vezes denominado "luvas", a executivos de alto padrão quando da formalização de sua contratação, por vezes em valores até maiores. O mesmo objetivo, repartir entre as partes o risco de eventual insucesso da relação contratual, encerrando-se o vínculo antes do esperado, pode ser alcançado com a previsão de multa por rescisão, como foi o caso.

Portanto, inexiste qualquer abusividade na cláusula do contrato, que prevê, em caso de rescisão, a indenização equivalente a 12 parcelas mensais.

De resto, a ré não nega o inadimplemento, limitando-se a afirmar que devem prevalecer seus cálculos realizados na forma de rescisão de contrato de trabalho, o que, como demonstrado, não é o caso.

[...]

Dessa forma, reinterpretar as cláusulas contratuais e, ainda, reexaminar o conjunto fático-probatório dos autos, para chegar a conclusão distinta, faz incidirem, portanto, respectivamente, as Súmulas n. 5 e 7 do Superior Tribunal de Justiça. Guardados os devidos contornos fáticos próprios de cada caso, vejam-se os seguintes precedentes:

AGRAVO INTERNO NO AGRAVO EM RECURSO ESPECIAL. 1. AUSÊNCIA DE VIOLAÇÃO DO ART. 1.022 DO CPC/2015. 2. REEXAME DO ACERVO FÁTICO-PROBATÓRIO. IMPOSSIBILIDADE. SÚMULA 7/STJ, POR AMBAS AS ALÍNEAS DO PERMISSIVO CONSTITUCIONAL. 3. AGRAVO INTERNO DESPROVIDO.

[...] 2. A revisão das conclusões estaduais quanto aos prejuízos decorrentes da rescisão contratual demandaria, necessariamente, a interpretação de cláusulas do acordo e o revolvimento do acervo fático-probatório dos autos, providências vedadas no âmbito do recurso especial, ante os óbices dispostos nas Súmulas 5 e 7 do STJ.

3. Agravo interno a que se nega provimento.

(AgInt no AREsp n. 1.347.639/SP, Rel. Ministro MARCO AURÉLIO BELLIZZE, TERCEIRA TURMA, julgado em 17/2/2020, DJe 19/2/2020).

CIVIL. PROCESSUAL CIVIL. AGRAVO INTERNO NO AGRAVO EM RECURSO ESPECIAL. REAVALIAÇÃO DO CONTRATO E DO CONJUNTO FÁTICO-PROBATÓRIO DOS AUTOS. INADMISSIBILIDADE. INCIDÊNCIA DAS SÚMULAS N. 5 E 7 DO STJ. DECISÃO MANTIDA.

1. O recurso especial não comporta o exame de questões que impliquem interpretação de cláusula contratual ou incursão no contexto fático-probatório dos autos, a teor do que dispõem as Súmulas n. 5 e 7 do STJ.

[...]

3. Agravo interno a que se nega provimento. (AgInt no AREsp n. 1.740.991/SP, Rel. Ministro ANTONIO CARLOS FERREIRA, QUARTA TURMA, julgado em 1º/3/2021, DJe 3/3/2021).

Além disso, verifica-se que, nesse contexto, trata-se de obrigação decorrente de contrato de prestação de serviços como autônomo e, em consequência, não tem como ser apreciada pela Justiça do Trabalho.

Com efeito, esta Corte possui entendimento consolidado, por meio da Súmula n. 363 do Superior Tribunal de Justiça, no sentido de que "Compete à Justiça estadual processar e julgar a ação de cobrança ajuizada por profissional liberal contra cliente" (AgRg no CC n. 100.747/SP, Rel. Ministro Sidnei Beneti, Segunda Seção, julgado em 13/5/2009, DJe 22/5/2009).

No mesmo sentido, os seguintes precedentes desta Corte Superior:

CONFLITO NEGATIVO DE COMPETÊNCIA. JUSTIÇA ESTADUAL E JUSTIÇA DO TRABALHO. AÇÃO DE COBRANÇA. PRESTAÇÃO DE SERVIÇOS MÉDICOS. VÍNCULO CONTRATUAL DE NATUREZA CIVIL. COMPETÊNCIA DA JUSTIÇA ESTADUAL.

PRECEDENTES DO STJ.

1. Compete à Justiça Estadual processar e julgar as ações relativas à prestação de serviços profissionais com vínculo contratual de natureza civil. Precedentes: CC 46722/PB, Rel. Min. Castro Filho, DJ de 03.04.2006; CC n. 52.719/SP. Rel. Min. Denise Arruda, unânime, DJU de 30.10.2006; AgRg no CC 79.500/RS, 1ª Seção, Rel. Min. José Delgado, DJ de 29.6.2007.

2. Súmula n.º 363/STJ. Compete à Justiça estadual processar e julgar a ação de cobrança ajuizada por profissional liberal contra cliente.

3. In casu, restou assentado pelo Juízo suscitante que o autor da ação não busca verbas decorrentes de relação empregatícia, mas tão-somente a cobrança pelos serviços prestados, após contratação precedida de licitação pública, verbis: Entretanto, como já informado, não foram postuladas verbas decorrentes de relação empregatícia, mas de típico contrato administrativo. O próprio ente público demandado o admite em sua defesa ao trazer aos autos o documento de fls. 136/137, no qual se vislumbra a contratação administrativa, precedida de procedimento licitatório do tipo carta-convite, constando expressamente que os serviços seriam prestados sem vínculo empregatício e, portanto, sem subordinação jurídica (cláusula segunda). (fls. 167) 4. Destarte, verifica-se da petição inicial e da causa de pedir que a natureza do pleito não tem índole trabalhista. Os autos tratam de ação de cobrança, não estando em discussão qualquer obrigação de índole trabalhista ou de vínculo empregatício, mas, essencialmente, pedido relacionado à cobrança decorrente de prestação de serviços médicos, o qual, por si só, não caracteriza relação de trabalho para efeito de definir a competência em favor da Justiça do Trabalho após a Emenda Constitucional nº 45. Prece-

dente: CC 51937/SP, Rel. Ministro Carlos Alberto Menezes Direito, Segunda Seção, DJ 19/12/2005.

5. Conflito Negativo de Competência conhecido, para declarar competente o Juízo de Direito de Pérola/PR.

(CC n. 74.603/PR, Rel. Ministro LUIZ FUX, PRIMEIRA SEÇÃO, julgado em 27/5/2009, DJe 1º/7/2009).

CONFLITO NEGATIVO DE COMPETÊNCIA. JUSTIÇA DO TRABALHO. JUSTIÇA COMUM ESTADUAL. AÇÃO DE COBRANÇA. RESCISÃO DE CONTRATO DE PRESTAÇÃO DE SERVIÇOS. AVALIAÇÃO DE PESSOAL PARA SOCIEDADE EMPRESÁRIA POR PSICÓLOGO. PROFISSIONAL LIBERAL. RELAÇÃO DE EMPREGO NÃO ALEGADA.

CAUSA DE PEDIR. PEDIDO. ÍNDOLE EMINENTEMENTE CIVIL.

1. O pedido e a causa de pedir denotam a competência da Justiça Comum Estadual porque o autor em nenhum momento pede o reconhecimento da existência de relação de emprego e a percepção dos seus consectários; ao revés, pretende o recebimentos dos exatos valores previstos na "cláusula cinco do contrato" de prestação de serviços.

2. Desse modo, a pretensão deriva da prestação, por psicólogo, do serviço de intermediação e avaliação de aptidão de candidatos a empregos oferecidos pela empresa contratante, de forma autônoma e não subordinada, fazendo incidir o teor da Súmula 363 desta Corte:

"Compete à Justiça estadual processar e julgar a ação de cobrança ajuizada por profissional liberal contra cliente."

3. Conflito conhecido para declarar competente a Justiça Comum Estadual.

(CC n. 135.007/MG, Rel. Ministro RAUL ARAÚJO, SEGUNDA SEÇÃO, julgado em 22/10/2014, DJe 17/11/2014).

AGRAVO REGIMENTAL NO RECURSO ESPECIAL. AÇÃO DE INDENIZAÇÃO. DANOS MATERIAIS E MORAIS. CONTRATO DE PRESTAÇÃO DE SERVIÇOS. TRANSPORTE E DESCARGA DE GRÃOS. CAMINHÃO PRÓPRIO. PROFISSIONAL AUTÔNOMO.

INEXISTÊNCIA DE RELAÇÃO DE TRABALHO. NEGATIVA DE PRESTAÇÃO JURISDICIONAL. INOCORRÊNCIA. COMPETÊNCIA. APLICAÇÃO DA SÚMULA 363/STJ.

[...] 2. "Compete à Justiça estadual processar e julgar a ação de cobrança ajuizada por profissional liberal contra cliente." (Súmula 363/STJ).

3. Agravo regimental a que se nega provimento.

(AgRg no REsp n. 1.540.004/DF, Rel. Ministra MARIA ISABEL GALLOTTI, QUARTA TURMA, julgado em 1º/9/2015, DJe 9/9/2015).

Da análise dos autos, portanto, observo que o Colegiado estadual decidiu em consonância com o entendimento pacificado nesta Corte, razão pela qual o recurso especial esbarraria no óbice sumular n. 83 do Superior Tribunal de Justiça.

Em face do exposto, nego provimento ao recurso especial e, ainda, nos termos do artigo 85, § 11, do Código de Processo Civil de 2015, majoro em 10% (dez por cento) a quantia já arbitrada a título de honorários em favor da parte recorrida, observando-se os limites dos §§ 2º e 3º do mesmo artigo.

Intimem-se.

Brasília, 26 de abril de 2021.

MARIA ISABEL GALLOTTI Relatora

(Ministra MARIA ISABEL GALLOTTI, 30/04/2021)

TRIBUNAL SUPERIOR DO TRABALHO

"AGRAVO INTERNO EM AGRAVO DE INSTRUMENTO EM RECURSO DE REVISTA INTERPOSTO PELA RÉ. LEI Nº 13.467/2017. NULIDADE POR NEGATIVA DE PRESTAÇÃO JURISDICIONAL. **VÍNCULO DE EMPREGO. REPRESENTAÇÃO COMERCIAL. FRAUDE. "PEJOTIZAÇÃO".** DIFERENÇAS DE PLR. AUSÊNCIA DE TRANSCENDÊNCIA DA CAUSA. Não se constata a transcendência da causa, no aspecto econômico, político, jurídico ou social. No aspecto político, em relação ao vínculo de emprego, destaca-se que o Tribunal Regional consignou presentes os elementos fático-jurídicos caracterizadores da relação de emprego, porquanto demonstrado nos autos que havia pessoalidade na prestação de serviços; onerosidade; subordinação jurídica; e não eventualidade. Afastou-se, portanto, a prestação de serviços de forma autônoma, porque constatado o intuito de fraudar direitos previstos na legislação trabalhista por meio da constituição de pessoa jurídica, fenômeno conhecido como "pejotização". É possível reconhecer a ilegalidade de tal prática, quando objetiva fraudar a aplicação da lei trabalhista, em clara afronta ao disposto no artigo 9º da CLT, diante da completa subordinação com o suposto contratante, incompatível com o próprio conceito de empresa, ao arrepio dos princípios protetivos clássicos do Direito do Trabalho. Interessa, pois, analisar a moldura fática delineada pelo Tribunal regional de maneira a evidenciar a presença dos requisitos configuradores do liame empregatício. No caso - frise-se -, a Corte de origem registrou: "o que se verifica é a pulverização dos direitos do trabalhador, por meio da contratação ilegítima de pessoa jurídica como autêntico empregado, sob a prática do que se passou a denominar de ' pejotização', privilegiando-se o capital em detrimento do trabalho, atraindo à hipótese o disposto no art. 9º da CLT". Assim, reafirmou a presença dos elementos fático-jurídicos que tipificam a relação de emprego. Nesse contexto delineado, o TRT findou por imprimir efetividade à regra do artigo 9º, da CLT. Não se vislumbra ofensa direta e inequívoca aos arts. 3º e 818 da CLT e 373 do CPC, na forma imposta pela alínea "c" do art. 896/CLT. Agravo interno conhecido e não provido, por ausência de transcendência da causa " (Ag-AIRR-11645-58.2016.5.03.0129, 7ª Turma, Relator Ministro Claudio Mascarenhas Brandao, DEJT 18/12/2020).

"AGRAVO EM AGRAVO DE INSTRUMENTO EM RECURSO DE REVISTA. LEI Nº 13.015/2014. CPC/2015. INSTRUÇÃO NORMATIVA Nº 40 DO TST. NEGATIVA DE PRESTAÇÃO JURISDICIONAL. AUSÊNCIA DE COMPROVAÇÃO DO EFETIVO PREQUESTIONAMENTO. REQUISITO PREVISTO NO ARTIGO 896, § 1º-A, I, DA CLT. Em virtude da natureza especial do recurso de revista, decorre a necessidade de observância de requisitos próprios de admissibilidade, entre os quais o disposto no artigo 896, § 1º-A, I, da CLT, introduzido pela Lei nº 13.015/2014, que disciplina ser ônus da parte a indicação do trecho da decisão recorrida que consubstancia o prequestionamento da controvérsia objeto do apelo. Transpondo tal exigência para os casos em que se busca o reconhecimento da negativa de prestação jurisdicional, a parte deverá demonstrar, de forma inequívoca, que provocou a Corte de origem, mediante a oposição de embargos declaratórios, no que se refere à matéria desprovida de fundamentação. Necessário, portanto, transcrever o trecho pertinente da petição de embargos e do acórdão prolatado no seu julgamento, para possibilitar o cotejo entre ambos. Inexistindo a delimitação dos pontos sobre os quais o Tribunal Regional, supostamente, teria deixado de se manifestar, torna-se inviável a análise da nulidade. Agravo conhecido e não provido. RECONHECIMENTO DE VÍNCULO DE EMPREGO. FENÔMENO DENOMINADO "PEJOTIZAÇÃO". FRAUDE. TERCEIRIZAÇÃO DE ATIVIDADE-FIM. O fenômeno denominado "pejotização" constitui modalidade de precarização das relações de trabalho por intermédio da qual o empregado é compelido ou mesmo estimulado a formar pessoa jurídica, não raras vezes mediante a constituição de sociedade com familiares, e presta os serviços contratados, mas com inteira dependência, inclusive econômica, e controle atribuídos ao tomador. Tal prática vem sendo declarada ilegal pela Justiça do Trabalho, quando comprovado o intuito de fraudar a aplicação da lei trabalhista, em clara afronta ao disposto no artigo 9º da CLT, diante da inteira e completa subordinação com o suposto contratante, situação incompatível com o próprio conceito de empresa e em clara afronta aos princípios protetivos clássicos do Direito do Trabalho. No caso, o Tribunal Regional constatou que as atividades exercidas pelo reclamante - de prestação de serviços de assistência técnica em instalações centralizadas de gases - ajustavam-se ao núcleo da dinâmica empresarial, de forma permanente, em função essencial à finalidade de seu empreendimento, tratando-se de realização de atividade-fim da reclamada, não pairando dúvidas de que a empresa se utilizou de contrato de prestação de serviços com pessoa jurídica constituída em nome do reclamante na tentativa de mascarar a relação de emprego, prática conhecida como pejotização. Ademais, é incontroverso que o autor desempenhava as mesmas funções anteriormente, sob o regime de vínculo de emprego, o que reforça a ocorrência de fraude. Decidir de forma diversa implica revolvimento do quadro fático-probatório, o que não se admite em face do teor da Súmula nº 126 desta Corte. Agravo conhecido e não provido" (Ag-AIRR-319-19.2012.5.03.0137, 7ª Turma, Relator Ministro Claudio Mascarenhas Brandao, DEJT 18/12/2020).

"I - RECURSO DE REVISTA. PRELIMINAR DE NULIDADE POR NEGATIVA DE PRESTAÇÃO JURISDICIONAL. Constata-se que o col. TRT pronunciou-se expressamente acerca da existência do vínculo empregatício, quanto ao não fracionamento da remuneração pelo alegado direito de imagem e o controle de jornada. No que se refere ao ônus da prova e demais aspectos relacionados ao vínculo de emprego, o Tribunal Regional registrou que "as testemunhas obreiras ouvidas, em audiência, confirmaram que o Autor, já no início do ano de 2012 se ativava na função de apresentador e editor, inexistindo substanciais alterações, após a sua contratação através da pessoa jurídica - fato comum na reclamada -, situação confirmada pela própria testemunha da reclamada, Sr. Augusto Xavier - que também era apresentador e fora substituído pelo reclamante. Diante destas circunstâncias, é inequívoco que no período em que laborou através da empresa Iron Comunicação Ltda - ME, subsistiram as condições de trabalho anteriores, em iguais funções e subordinado a idênticos superiores, restando presentes, portanto, os requisitos caracterizadores do contrato de trabalho insculpidos no artigo 3º da CLT, não havendo que se falar, portanto, em contratos distintos." Tem-se, portanto, que o Tribunal Regional se manifestou expressamente sobre as questões relevantes para o deslinde da causa, tendo concluído pela nulidade do contrato firmado com a pessoa jurídica, diante da ausência de alteração substancial na forma do trabalho prestado, tendo assim concluído com base na prova produzida nos autos, em especial a testemunhal, resultando no reconhecimento do vínculo de emprego em relação a todo o período. Com relação ao direito de imagem, a Corte Regional foi enfática no sentido de que "a referida proporcionalidade constou, expressamente, do contrato de prestação de serviços, que fora considerado nulo de pleno direito, e diante da simulação perpetrada, inviável o acolhimento do fracionamento da remuneração obreira". Logo, ainda que contrário aos interesses da ré, houve manifestação explícita pelo juízo de origem. Quanto a alegação de ausência de controle de jornada, registre-se, que a empresa, em sua defesa, se limitou a requerer a aplicação analógica do art. 62, I, da CLT (trabalho externo) com relação ao período em que o autor prestou serviços através da pessoa jurídica, o que foi reiterado no recurso ordinário. No entanto, tendo a Corte Regional registrado que foram juntados parcialmente os controles de jornada, reconheceu que houve controle, e a ausência de juntada dos cartões de ponto em relação ao restante do período atrai a presunção de veracidade da jornada declinada na inicial, nos estritos termos da Súmula 338, I, do TST, o que afasta a alegada negativa de prestação jurisdicional, no particular. Ressalta-se que o juiz não está obrigado a rebater especificamente as alegações da parte: a dialética do ato decisório não consiste apenas em rebater os argumentos da parte pelo juiz, mas sempre nos limites da lide. Dessa forma, em que o Regional se manifestou sobre os aspectos abordados nos embargos de declaração, direta ou indiretamente, não se há de cogitar de negativa de prestação jurisdicional. Incólumes os dispositivos indicados. Recurso de revista não conhecido. II - AGRAVO DE INSTRUMENTO. RECURSO DE REVISTA.INTERPOSIÇÃO SOB A ÉGIDE DAS LEIS 13.015/2014 E 13.467/2017. PRELIMINAR DE NULIDADE POR NEGATIVA DE PRESTAÇÃO JURISDICIONAL. Considerando que a matéria "preliminar de nulidade por negativa de prestação jurisdicional" foi analisada em sua totalidade no recurso de revista, julga-se prejudicado o agravo de instrumento, no particular. RECONHECIMENTO DE RELAÇÃO DE EMPREGO. UNICIDADE CONTRATUAL. PEJOTIZAÇÃO. O Tribunal Regional, ao analisar a matéria, amparado no conjunto fático-probatório dos autos, concluiu que "o Autor trabalhou, em favor da reclamada, na condição de editor de textos e apresentador, antes da alteração do seu regime jurídico de empregado regido pela CLT para prestador de serviços mediante a contratação de sua empresa - Iron Comunicação Ltda - ME, e sempre subordinado aos mesmos superiores, Sr. Américo, Sr. Frans Vacek e Sra. Lídice." A partir de tais premissas, deve ser mantido o reconhecimento do vínculo, pois comprovada a prestação de serviços como empregado em período anterior à contratação como pessoa jurídica, e, ato contínuo a contratação para prestação de serviços como pessoa jurídica, sem alteração no panorama laboral, inclusive com subordinação jurídica, há presunção de continuidade do vínculo empregatício, sendo ônus da reclamada afastar tal presunção, encargo do qual não se desincumbiu. Logo, pelo princípio da primazia da realidade, a dispensa do reclamante para posterior contratação por intermédio de pessoa jurídica, no fenômeno denominação pela doutrina como "pejotização", sem alteração do contexto da relação empregatícia, mantendo-se inalterados a forma de prestação de serviços e os requisitos dos arts. 2º e 3º da CLT, resulta em fraude, vedada pelo ordenamento jurídico, nos termos do art. 9º da CLT. Incólumes os dispositivos indicados. Agravo de instrumento conhecido e desprovido. REMUNERAÇÃO, VERBAS INDENIZATÓRIAS E BENEFÍCIOS (DIREITO DE IMAGEM). FÉRIAS. INDENIZAÇÃO. DOBRA. TERÇO CONSTITUCIONAL. AGRAVO DE INSTRUMENTO QUE NÃO DESCONSTITUIU O ÓBICE ANTEPOSTO NO DESPACHO AO PROCESSAMENTO DO RECURSO DE REVISTA. O Tribunal Regional denegou seguimento ao recurso de revista diante do óbice da Súmula nº 126 do TST. Em suas razões de agravo de instrumento a empresa, em afronta ao princípio da dialeticidade, não enfrentou o óbice anteposto no despacho denegatório do recurso de revista. De acordo com a Súmula 422, I, do TST, não se conhece de recurso interposto para este Tribunal se as razões do recorrente não impugnam os fundamentos da decisão recorrida, nos termos em que proferida. Agravo de instrumento conhecido e desprovido. CONCLUSÃO: Recurso de revista não conhecido; Agravo de instrumento conhecido e desprovido" (ARR-1000438-41.2016.5.02.0204, 3ª Turma, Relator Ministro Alexandre de Souza Agra Belmonte, DEJT 07/05/2021).

"AGRAVO EM EMBARGOS DE DECLARAÇÃO EM EMBARGOS DE DECLARAÇÃO EM AGRAVO DE INSTRUMENTO EM RECURSO DE REVISTA. LEI Nº 13.015/2014. CPC/2015. INSTRUÇÃO NORMATIVA Nº 40 DO TST. NEGATIVA DE PRESTAÇÃO JURISDICIONAL. OMISSÃO. AUSÊNCIA DE UTILIDADE DO PROVIMENTO. TESE RECURSAL CONTRÁRIA À MATÉRIA PACIFICADA NO SUPREMO TRIBUNAL FEDERAL. TEMA Nº 725 DE REPERCUSSÃO GERAL. O exame dos autos revela que a Corte a quo efetivamente se absteve de analisar a questão atinente a eventual ilicitude da terceirização de serviços prestados pelo autor na atividade-fim do réu, conforme requerido na petição de embargos de declaração. Todavia, ainda que houvesse tal registro fático, a pretensão de reconhecimento do vínculo de emprego esbarraria na jurisprudência pacífica do Supremo Tribunal Federal, proferida na ADPF nº 324 e no Recurso Extraordinário com Repercussão Geral nº 958.252, que culminou com a tese do Tema nº 725, hipótese que se aplica os autos. Agravo conhecido e não provido. RECONHECIMENTO DE VÍNCULO DE EMPREGO. "PEJOTIZAÇÃO" NÃO CARACTERIZADA. MATÉRIA FÁTICA. É possível reconhecer a descaracterização do contrato de prestação de serviços, quando constatado o intuito de fraudar direitos previstos na legislação trabalhista por meio da constituição de pessoa jurídica, fenômeno conhecido como "pejotização". No caso, o Tribunal Regional, soberano na análise do conjunto fático-probatório, em especial nas provas documental e testemunhal, consignou que o autor firmou contratos de prestação de serviços médicos especializados em diagnósticos por imagem com o réu, ora como profissional autônomo, ora por meio de empresas regularmente constituídas, por mais de 30 anos. Registrou, ainda, que o agravante não percebeu remuneração fixa. Assim, diante de tais premissas, insuscetíveis de reexame nesta seara recursal, à luz da Súmula nº 126 do TST, não se constata em afronta aos artigos 2º e 3º da CLT, porque ausentes os requisitos para fins de caracterização do vínculo de emprego, notadamente, a subordinação jurídica. Agravo conhecido e não provido" (Ag-ED-ED-AIRR-969-62.2016.5.12.0012, 7ª Turma, Relator Ministro Claudio Mascarenhas Brandao, DEJT 11/06/2021).

"DECISÃO REGIONAL PUBLICADA NA VIGÊNCIA DA LEI Nº 13.467/2017. RECURSO DE REVISTA INTERPOSTO PELO MINISTÉRIO PÚBLICO DO TRABALHO. AÇÃO CIVIL PÚBLICA. LEGITIMIDADE ATIVA DO MINISTÉRIO PÚBLICO. CONTRATAÇÃO DE PROFISSIONAIS DA ÁREA MÉDICA MEDIANTE "PEJOTIZAÇÃO". DESVIRTUAMENTO. FRAUDE À LEGISLAÇÃO TRABALHISTA. JURISPRUDÊNCIA PACIFICADA. TRANSCENDÊNCIA POLÍTICA CONSTATADA. A jurisprudência do Supremo Tribunal Federal e a desta Corte Superior firmaram-se no sentido de que o Ministério Público do Trabalho detém legitimidade para ajuizar ação civil pública para tutela de interesses difusos, coletivos e individuais indisponíveis ou homogêneos socialmente relevantes. No caso destes autos, o órgão ministerial alega configurado o desvirtuamento na contratação de médicos para trabalhar no hospital Reclamado, mediante a chamada "pejotização", ou seja, há contratação de pessoas jurídicas como se fossem prestadoras de serviço, com evidente fim de impedir a aplicação da legislação trabalhista, com enorme prejuízo social, o que configura fraude, nos termos do artigo 9º da CLT. O Ministério Público postula, assim, além da indenização por danos morais coletivos, a condenação das reclamadas na abstenção de contratar e manter empregado como pessoa jurídica, como prestador de serviço, como autônomo, ou com intermediação de empresa ou cooperativa quando incidirem na relação de trabalho os elementos fático-jurídicos da relação de emprego. Além disso, pretende que, na contratação de pessoal, seja realizada seleção pública, de forma que sejam respeitados os princípios constitucionais que regem as contratações de pessoal na Administração Pública, em especial o princípio da impessoalidade. Trata-se de direitos individuais homogêneos, de origem comum. Precedentes. Assim, patentes a legitimidade ativa e o interesse de agir do Ministério Público do Trabalho. Inteligência dos artigos 127, caput, e 129, III, da Constituição Federal; 5º, I, da Lei nº 7.347/85; 1º, 6º, VII, e 83, I e III, da Lei Complementar nº 75/93. Recurso de revista conhecido e provido" (RR-301-58.2018.5.06.0313, 7ª Turma, Relator Ministro Claudio Mascarenhas Brandao, DEJT 25/06/2021).

"I - AGRAVO DE INSTRUMENTO DO RECLAMANTE. RECURSO DE REVISTA INTERPOSTO NA VIGÊNCIA DA LEI N.º 13.015/2014. NULIDADE DO ACÓRDÃO REGIONAL POR NEGATIVA DE PRESTAÇÃO JURISDICIONAL. O exame dos autos revela que a Corte a quo proferiu decisão completa, válida e devidamente fundamentada, razão pela qual não prospera a alegada negativa de prestação jurisdicional. Verifica-se que o Tribunal Regional consignou expressamente as razões pelas quais manteve a improcedência do pleito de diferenças de comissões. A partir da análise da prova oral e documental, bem como pericial, a Corte Regional entendeu que as vendas realizadas aos clientes nacionais não deve integrar a base de cálculo das comissões pagas ao autor, haja vista a ausência de prova de sua participação. O fato de o Tribunal Regional ter concluído de forma contrária aos interesses da parte não pode ser tido como deficiência de prestação jurisdicional. Incólumes os artigos 832 da CLT e 93, IX, da CF. Agravo de instrumento não provido. II - AGRAVO DE INSTRUMENTO DA 1ª RECLAMADA (TELEVISÃO RECORD DO RIO DE JANEIRO LTDA). RECURSO DE REVISTA INTERPOSTO NA VIGÊNCIA DA LEI N.º 13.015/2014. IMPOSSIBILIDADE JURÍDICA DO PEDIDO. SÚMULA 297/ TST. O Tribunal Regional não emitiu tese sobre a matéria, carecendo do necessário prequestionamento. Incidência da Súmula 297/TST. Agravo de instrumento não provido. **RECONHECIMENTO DO VÍNCULO DE EMPREGO. PEJOTIZAÇÃO. MATÉRIA FÁTICA.** SÚMULA 126/TST. O Tribunal Regional manteve a sentença que concluíra pela existência de vínculo de emprego entre as partes, porquanto comprovado que a contratação da empresa constituída pelo reclamante se deu, exclusivamente, como forma de burlar o cumprimento de obrigações trabalhistas e de evitar o pagamento das verbas dela decorrentes. Com efeito, a partir dos elementos de prova constantes dos autos, consignou a Corte de origem que o autor, como diretor comercial, prestou serviços de agenciamento e captação de verbas publicitárias à 1ª reclamada por intermédio da pessoa jurídica. Assentou que é incontroversa a onerosidade, ante o pagamento por meio de notas fiscais. Asseverou que a pessoalidade resta evidenciada pelos termos do próprio contrato de prestação de serviços firmado entre as partes, segundo o qual o objeto do contrato só poderia ser executado pelo autor, acrescentando que os serviços eram executados na sede da empresa, com utilização dos recursos disponíveis, além de a equipe ser formada apenas por empregados registrados pela empresa (diretamente subordinados ao reclamante). Ainda segundo o acórdão, a atividade diretiva do autor era constante, demonstrando a continuidade da prestação de serviços. No tocante à subordinação jurídica, assentou o Tribunal Regional que, conquanto ao autor dispusesse de certa autonomia no controle comercial de sua atividade e plasticidade quanto à submissão ao poder hierárquico, a prova produzida demonstrou que a direção e execução do seu trabalho estavam inseridas na estrutura organizacional da reclamada, seja pela espécie de atividade explorada, seja pela prestação de contas de seu trabalho e de sua equipe à presidência. Assim, não há como afastar o vínculo de emprego entre as partes, haja vista a presença de subordinação, onerosidade, pessoalidade e não eventualidade. Incólumes, nesse sentido, os artigos 2º e 3º da CLT e 1º da Lei nº 4.886/65. No mais, decidir de modo contrário demandaria a análise do conteúdo fático-probatório dos autos, procedimento defeso nos termos da Súmula 126/TST. Agravo de instrumento não provido. BASE DE CÁLCULO DA REMUNERAÇÃO. MULTA DO ARTIGO 477, § 8º, DA CLT. RESPONSABILIDADE SOLIDÁRIA - GRUPO ECONÔMICO. INOBSERVÂNCIA DO ARTIGO 896, § 1º-A, I, DA CLT. A indicação do trecho da decisão regional que consubstancia o prequestionamento da matéria objeto do recurso é encargo da recorrente, exigência formal intransponível ao conhecimento do recurso de revista. No caso, ao se insurgir quanto aos temas em epígrafe, a parte recorrente não indicou os trechos da decisão regional que consubstanciam o prequestionamento das matérias objeto do recurso, nos termos do art. 896, § 1º-A, I, da CLT (incluído pela Lei n.º 13.015/2014). Agravo de instrumento não provido" (AIRR-134900-47.2007.5.01.0057, 2ª Turma, Relatora Ministra Maria Helena Mallmann, DEJT 25/06/2021).

"AGRAVO. AGRAVO DE INSTRUMENTO EM RECURSO DE REVISTA. ACÓRDÃO PUBLICADO NA VIGÊNCIA DA LEI N° 13.467/2017. **PEJOTIZAÇÃO. FRAUDE. RECONHECIMENTO DO VÍNCULO DE EMPREGO.** SÚMULA 126 DO TST. AUSÊNCIA DE TRANSCENDÊNCIA. O e. TRT, atento à correta distribuição do ônus da prova, concluiu, com base no exame dos elementos de prova, notadamente a testemunhal e a documental, pela existência dos requisitos caracterizados da relação de emprego, conforme prescrevem os arts. 2° e 3° da CLT, razão pela qual manteve o reconhecimento do vínculo empregatício entre as partes. Pontuou para tanto que, além da subordinação estrutural, « Restaram incontroversos, ainda, a onerosidade, conforme se verifica das notas fiscais emitidas pelo autor juntadas aos autos, bem como a pessoalidade e habitualidade, consoante se verifica do depoimento do preposto (fl. 1596), que afirmou que o autor comparecia às dependências da ré. E a subordinação ‹subjetiva›, elemento dístico da relação de emprego, também restou cabalmente demonstrada «. O Colegiado de origem acresceu, ainda, que ficou caracterizado, na hipótese, o fenômeno da «pejotização», « com o verdadeiro intuito de precarizar a relação de trabalho e se esquivar de arcar com o pagamento dos encargos trabalhistas (art. 9° da CLT) «. Nesse contexto, uma conclusão diversa desta Corte, contrariando aquela contida no v. acórdão regional, demandaria o reexame do conjunto probatório, atraindo o óbice contido na Súmula n° 126 do TST, segundo a qual é « Incabível o recurso de revista ou de embargos (arts. 896 e 894, ‹ b› , da CLT) para reexame de fatos e provas «, o que inviabiliza o exame da própria matéria de fundo veiculada no recurso de revista. A existência de obstáculo processual apto a inviabilizar o exame da matéria de fundo veiculada, como no caso, acaba por evidenciar, em última análise, a própria ausência de transcendência do recurso de revista, em qualquer das suas modalidades, conforme precedentes invocados na decisão agravada. Nesse contexto, não tendo sido apresentados argumentos suficientes à reforma da r. decisão impugnada, deve ser desprovido o agravo. Agravo não provido, com determinação de baixa dos autos à origem» (Ag-RRAg-1001262-44.2019.5.02.0705, 5ª Turma, Relator Ministro Breno Medeiros, DEJT 02/07/2021).

"AGRAVO DE INSTRUMENTO. RECURSO DE REVISTA. PROCESSO SOB A ÉGIDE DA LEI 13.015/2014 E ANTERIOR À LEI 13.467/2017. **PRESTAÇÃO DE SERVIÇOS À RECLAMADA, PELA RECLAMANTE, COMO PESSOA JURÍDICA. PEJOTIZAÇÃO. ELEMENTOS DA RELAÇÃO DE EMPREGO EVIDENCIADOS, SEGUNDO A INSTÂNCIA ORDINÁRIA. PREVALÊNCIA DA**

RELAÇÃO EMPREGATÍCIA. MATÉRIA FÁTICA. SÚMULA 126, TST. A Corte Regional, amparada no conjunto fático-probatório produzido nos autos, constatou que a prestação de serviços pela Autora à Reclamada, por vários anos, através de empresa por ela constituída, visava a mascarar o vínculo empregatício existente entre as partes, evidenciando-se nítida fraude trabalhista (fraude denominada na comunidade trabalhista de pejotização, isto é, uso fraudulento da pessoa jurídica para mascarar a relação empregatícia). Diante de tal constatação, e considerando que as informações constantes no acórdão regional demonstram a existência de todos os elementos caracterizadores da relação de emprego, deve persistir a decisão do Regional. Especificamente quanto à subordinação jurídica, o contexto fático delineado pelo TRT demonstra tanto o poder diretivo quanto o poder disciplinar da Reclamada sobre a Autora, que efetivamente desenvolvia a prestação de serviços de forma subordinada. A circunstância de se tratar de profissional universitária, de elevada qualificação, com flexibilidade de horários para a execução de seu mister, enquadra a pessoa humana na hipótese jurídica do art. 62 da CLT, mas não afasta a subordinação jurídica entre as partes, conforme apontado pelo TRT. É que a autonomia constitui conceito antitético ao de subordinação. Enquanto esta traduz a circunstância juridicamente assentada de que o trabalhador acolhe a direção empresarial no tocante ao modo de concretização cotidiana de seus serviços, a autonomia traduz a noção de que o próprio prestador é que estabelece e concretiza, cotidianamente, a forma de realização dos serviços que pactuou prestar. Na subordinação, a direção central do modo cotidiano de prestação de serviços transfere-se ao tomador; na autonomia, a direção central do modo cotidiano de prestação de serviços preserva-se com o prestador de trabalho. Não se desconhece, outrossim, que a relação de emprego é a principal fórmula de conexão de trabalhadores ao sistema socioeconômico existente, sendo, desse modo, presumida sua existência, desde que seja incontroversa a prestação de serviços (Súmula 212/TST - caso dos autos). Na relação socioeconômica e jurídica em exame, ficou firmemente assentada pela prova dos autos a existência de subordinação (e de todos os demais elementos do vínculo de emprego), embora a subordinação fosse menos intensa por se tratar de uma profissional de formação intelectual, com significativa liberdade de horários em sua prestação de trabalho. Observe-se, a propósito, que o fato de a fraude trabalhista propiciar vantagens tributárias à reclamante não constitui elemento fático-jurídico da relação jurídica entre as partes, nem autorização da ordem jurídica para o descumprimento da legislação imperativa. Nesse contexto, configurada a relação empregatícia pela prova dos autos, segundo o TRT, torna-se inviável o revolvimento probatório pelo TST, a teor do disposto na Súmula 126 desta Corte Superior Trabalhista. Agravo de instrumento desprovido" (AIRR-101459-48.2017.5.01.0082, 3ª Turma, Relator Ministro Mauricio Godinho Delgado, DEJT 13/08/2021).

"AGRAVO EM AGRAVO DE INSTRUMENTO EM RECURSO DE REVISTA. DECISÃO REGIONAL PUBLICADA NA VIGÊNCIA DAS LEIS 13.015/2014 E 13.467/2017. DESPACHO QUE NEGA SEGUIMENTO A AGRAVO DE INSTRUMENTO. Inicialmente, frise-se que não procede a alegação recursal de NULIDADE DO DESPACHO AGRAVADO POR NEGATIVA DE PRESTAÇÃO JURISDICIONAL ao fazer remissão à decisão denegatória do recurso de revista sem acrescentar outra argumentação, uma vez que fundamentada aquela decisão "no inciso LXXVIII do artigo 5° da Constituição Federal, que preconiza o princípio da duração razoável do processo" (pág. 1459), tendo sido, efetivamente, dirimida a controvérsia de forma escorreita. Ademais, se tem pleno conhecimento do disposto nos artigos 489, § 1°, III e V, do NCPC, assim como do § 3° do art. 1.021 do CPC/2015, que impediu o Relator de simplesmente reproduzir as decisões agravada/recorrida (fundamentação per relationem) que seriam, no seu entender, suficientes para embasar sua decisão. Contudo, do exame detido da decisão denegatória, concluiu-se que a parte agravante não logrou êxito em demonstrar o preenchimento de qualquer das hipóteses de admissibilidade do recurso de revista, nos termos do artigo 896 da CLT. Assim, não foi somente ratificada ou reproduzida a decisão agravada, mas, realizada uma análise da possibilidade do provimento do apelo, bem como afastados os argumentos e dispositivos invocados nas razões recursais, mesmo que de forma sucinta pelo relator, nos termos do art. 5°, LV e LXXVIII, da CF/88. Dessa forma, não há negativa de prestação jurisdicional a ser declarada, assim como fica afastada a denúncia de violação dos artigos 5°, II, e 93, IX, da CF e 489, § 1°, III, do CPC/2015. Na sequência, quanto ao PEDIDO DE SOBRESTAMENTO DO FEITO, "até que o Eg. Supremo Tribunal Federal apreciasse, em definitivo, a controvérsia relativa a uma das matérias de fundo tratada no presente apelo, referente à licitude de terceirização em atividade-fim" (pág. 1467), DESTACA-SE, independentemente da justificativa do despacho agravado de que tal providência deveria ser tomada apenas em relação aos recursos extraordinários e não em sede de recurso de revista, QUE, tendo a Corte Regional registrado à existência de fraude na terceirização, reconhecendo o vínculo de emprego dos técnicos e auxiliares de radiologia diretamente com a Fundação Antônio Prudente (Mantenedora do Hospital A. C. Camargo Câncer Center), não há como cogitar restrição ao agente econômico não prevista em lei, atentando contra a tese vinculante firmada pelo STF no tema 725 da Tabela de Temas de Repercussão Geral (terceirização de serviços para a consecução da atividade-fim da empresa), razão pela qual se rejeita tal pedido de sobrestamento. Por sua vez, quanto à PRELIMINAR DE NULIDADE DO ACÓRDÃO REGIONAL POR NEGATIVA DE PRESTAÇÃO JURISDICIONAL, observa-se, do apelo principal da ora agravante, às págs. 1331-1337, que realmente foi cumprida a exigência do artigo 896, § 1º-A, IV, da CLT. No entanto, não há nulidade a ser declarada quanto às questões ali aventadas em torno dos temas "ACP - legitimidade sindical" e responsabilidade subsidiária - licitude da terceirização - vínculo de emprego", uma vez que não foi demonstrado o prejuízo processual justificador da pretendida nulidade, como exige o artigo 794 da CLT. Com efeito, em relação à controvérsia em torno da "responsabilidade subsidiária - licitude da terceirização - vínculo de emprego", tendo a Corte Regional, como já dito, registrado a existência de fraude na terceirização, reconhecendo o vínculo de emprego dos técnicos e auxiliares de radiologia diretamente com a Fundação Antônio Prudente (Mantenedora do Hospital A. C. Camargo Câncer Center), mostrava-se inócuo adentrar na questão relativa à natureza da atividade de radiologia (se atividade fim ou meio) e no mérito do tema 725 da Tabela de Temas de Repercussão Geral do STF (terceirização de serviços para a consecução da atividade-fim da empresa), para efeito de sua aplicação. Da mesma forma, incide o artigo 794 da CLT em relação à alegada ilegitimidade sindical para propor Ação Civil Pública, uma vez que, mesmo não se pronunciando a Corte Regional, em sede embargos de declaração, sobre a alegação de não se estar diante de defesa de direitos e interesses da categoria profissional, "uma vez que, na condição de sócios da X-Ray Técnicos em Diagnósticos por Imagem S/S Ltda., empresa regularmente constituída, tais trabalhadores autônomos não podem ser considerados integrantes da categoria representada pelo Sindicato" (pág. 1474), constou da decisão primeva, de forma explícita, que "A matéria trazida como objeto da presente ação reporta a interesses individuais homogêneos, porquanto tem esteio em ato que atinge, ao mesmo tempo, um determinado grupo de trabalhadores, caracterizando-se como gerador de direitos individuais homogêneos. Assim, considerando que os interesses defendidos decorrem de uma mesma origem (lesão) e pertencem a uma mesma categoria, infere-se a correção do pronunciamento primevo, seguido, inclusive, pelo bem fundamentado parecer da Procuradoria Regional do Trabalho (v. fls. 1019/1020-verso), detendo o sindicato legitimidade para agir, na condição de substituto processual, buscando o cumprimento dos direitos trabalhistas sonegados dos membros da categoria" (pág. 1249). Nesse contexto, incólumes os artigos 93, IX, da CF, 832 da CLT e 489 do NCPC. Da mesma forma, é inviável a pretensão recursal quanto à alegada ILEGITIMIDADE DO SINDICATO PARA PROPOR AÇÃO CIVIL PÚBLICA, na medida em que mantido pela Corte Regional o entendimento de que o Sindicato está legitimado a postular direitos individuais homogêneos dos membros da categoria, em conformidade com a jurisprudência do STF e desta Corte Superior, que têm reconhecido aos sindicatos, na qualidade de substitutos processuais, legitimidade ampla para propor qualquer ação para resguardar direitos e interesses coletivos ou individuais da categoria profissional (artigo 8º, III, da Constituição Federal). Desse modo, os sindicatos podem ajuizar reclamação trabalhista pleiteando qualquer direito da categoria por ele representada, derivado de lesões causadas na execução dos contratos de trabalho, caso dos autos. Precedentes. Dessa forma, a decisão recorrida está em conformidade com a jurisprudência desta Corte Superior, incidindo, assim, o óbice do artigo 896, § 7º, da CLT e da Súmula 333/TST ao processamento do recurso de revista, o que torna inviáveis os recursos de agravo de instrumento e de agravo. Por fim, quanto ao tema "RESPONSABILIDADE SUBSIDIÁRIA - LICITUDE DA TERCEIRIZAÇÃO - VÍNCULO DE EMPREGO", decerto que, tendo a Corte Regional, a partir da confissão das reclamadas, afirmado a existência de fraude na terceirização, reconhecendo o vínculo de emprego dos técnicos e auxiliares de radiologia diretamente com a Fundação Antônio Prudente (Mantenedora do Hospital A. C. Camargo Câncer Center), ao fundamento de que, "por intermédio de pessoa jurídica, in casu a segunda reclamada, utilizou-se a primeira ré de seus ex empregados, agora revestidos de sócios da X-RAY, para continuidade de suas atividades, nos mesmos moldes outrora realizados, emergindo, com a evidenciada "pejotização", a fraude perpetrada. Tem-se, portanto, que a grave situação detectada retrata de forma clara o fenômeno denominado de "pejotização", prática nefasta em que o empregador, para se furtar ao cumprimento da legislação trabalhista, obriga o trabalhador a constituir pessoa jurídica e emitir recibos, dando roupagem de relação interempresarial a um típico contrato de trabalho, com o objetivo de desvirtuar, impedir ou fraudar as normas trabalhistas, o qual é nulo, nos termos do artigo 9° consolidado, importando, assim, no reconhecimento do vínculo de emprego, nos termos da bem construída decisão originária" (pág. 1252), resta irreparável o despacho agravado ao denegar seguimento ao agravo de instrumento . Agravo conhecido e desprovido" (Ag-AIRR-1882-38.2015.5.02.0083, 3ª Turma, Relator Ministro Alexandre de Souza Agra Belmonte, DEJT 10/09/2021).

"AGRAVO EM AGRAVO DE INSTRUMENTO EM RECURSO DE REVISTA. NULIDADE PROCESSUAL POR NEGATIVA DE PRESTAÇÃO JURISDICIONAL. É cediço que os arts. 11 do CPC e 93, IX, da Constituição Federal impõem ao Poder Judiciário o dever de fundamentar suas decisões. Impende assinalar, ademais, que é vedado ao Tribunal Superior do Trabalho examinar a controvérsia à luz de contornos fáticos e jurídicos que não foram expressamente definidos pelo Tribunal Regional, por força dos óbices contidos nas Súmulas nºs 126 e 297 do c. TST, dada a dita natureza extraordinária do recurso de revista. Com efeito, extrai-se claramente do v. acórdão recorrido as razões pelas quais se reconheceu o vínculo empregatício entre o autor e a ora ré Fundação Benjamin Guimarães. Pela análise da fundamentação posta no v. acórdão recorrido é possível verificar que a constituição da pessoa jurídica Utip Baleia Ltda teve, por fim, mascarar a relação empregatícia existente entre o reclamante e a ora reclamada Fundação Benjamin Guimarães. Valorando e sopesando a prova carreada aos autos (depoimentos do próprio autor e de sua testemunha e do preposto), a Corte Regional declarou que no período da Utip Baleia Ltda, objeto de insurgência do autor, configurou-se o denominado fenômeno da pejotização e identificou um por um os requisitos que caracterizam o vínculo empregatício, notadamente a subordinação jurídica. Assim, reconheceu o vínculo de emprego entre o reclamante e a ora ré Fundação Benjamin Guimarães. O Tribunal Regional, portanto, fundamentou corretamente a sua decisão, entregando de forma completa e efetiva a prestação jurisdicional, embora em sentido contrário aos interesses da ré. Logo, não se verifica a alegada violação dos arts. 832 da CLT, 489 e 93, IX, da Constituição Federal. PEJOTIZAÇÃO. CONFIGURAÇÃO. VÍNCULO EMPREGATÍCIO. Hipótese em que a Corte Regional consignou expressamente, à luz da prova dos autos, o contexto fático de pejotização e identificou um a um os elementos que caracterizam o vínculo empregatício, notadamente, o mais expressivo, a subordinação jurídica, conforme se extrai dos seguintes trechos: " Os equipamentos eram do hospital, sendo o hospital que passava os pacientes, ou seja, direcionava os trabalhos por meio da central de leitos. A escala de plantão era submetida ao Hospital para que este tivesse ciência do nome do médico que estaria de plantão. O autor fazia treinamento dos residentes escalados pela Diretoria (fl. 653). A entrada no CTI do hospital só ocorria por médico autorizado. O nome do autor constava do site do hospital como sendo um dos médicos que compunha o seu corpo médico. A figura do preceptor, nada mais é do que um chefe, tanto é chefe que é ele que escolhe aqueles que comporão a equipe que trabalhará no hospital." Logo, o v. acórdão recorrido que deu provimento ao recurso ordinário do autor para reconhecer o vínculo empregatício diretamente com a ora ré não afronta os arts. 1.093 do Código Civil, 2º, 3º e 818 da CLT e 373, I, do CPC tampouco contraria a Súmula 331, III, do c. TST. Pelo permissivo do art. 896, "a", da CLT o apelo também não se viabiliza, pois, em relação ao único aresto válido apresentado, a ré não observou as exigências do art. 896, §8º, da CLT. Agravo conhecido e desprovido" (Ag-AIRR-2060-86.2014.5.03.0020, 3ª Turma, Relator Ministro Alexandre de Souza Agra Belmonte, DEJT 10/12/2021).

"I - AGRAVO EM AGRAVO DE INSTRUMENTO DE PECEM II GERACAO DE ENERGIA S.A.. RECURSO DE REVISTA SOB A ÉGIDE DA LEI 13.467/2017. TRANSCENDÊNCIA PREJUDICADA. **RECONHECIMENTO DE RELAÇÃO DE EMPREGO. PESSOA JURÍDICA CONSTITUÍDA PARA MASCARAR VÍNCULO EMPPREGATÍCIO. SUBORDINAÇÃO JURÍDICA E PESSOALIDADE CONFIGURADAS. PEJOTIZAÇÃO.** ÓBICE DA SÚMULA 126 DO TST. Consoante moldura fática delineada no acórdão recorrido, insuscetível de revisão em sede extraordinária na forma da Súmula 126 do TST, verifica-se, in casu, a configuração do fenômeno denominado "pejotização", que constitui modalidade de precarização das relações de trabalho por meio da qual o empregado é compelido ou mesmo estimulado a formar pessoa jurídica, e presta os serviços contratados, mas com inteira dependência, inclusive econômica, e controle atribuídos ao tomador. Destaque-se que esta Corte Superior apenas pode valorar os dados fáticos delineados de forma expressa no acórdão regional. Assim, se a pretensão recursal está frontalmente contrária às afirmações do Tribunal Regional acerca das questões probatórias, o recurso apenas se viabilizaria mediante o revolvimento de fatos e provas, circunstância que atrai o óbice da Súmula 126 do TST. Não ficou demonstrado o desacerto da decisão monocrática que negou provimento ao agravo de instrumento. Agravo não provido, sem incidência de multa, ante os esclarecimentos prestados. ADICIONAL DE PERICULOSIDADE. LAUDO PERICIAL. ÓBICE DA SÚMULA 126 DO TST . O Tribunal Regional manteve a condenação da reclamada ao pagamento de adicional periculosidade, com amparo na conclusão do laudo pericial de que o autor se expunha ao agente agressor energia elétrica. Extrai-se do acórdão regional que as informações do laudo técnico foram fornecidas por trabalhadores da própria reclamada, os quais tinham pleno conhecimento das atividades prestadas pelo reclamante. O Regional, então, consignou que "as testemunhas trazidas pelo autor deixaram claro que as atividades de Operador de Usina exigidas pelas reclamadas envolvia o contato com equipamento energizado." Desse modo, a alegação da reclamada de que o laudo pericial diverge da realidade vivenciada pelo obreiro possui nítido caráter fático, insuscetível de revaloração nesta instância recursal extraordinária, consoante a Súmula 126 do TST. Não ficou demonstrado o desacerto da decisão monocrática que negou provimento ao agravo de instrumento. Agravo não provido, sem incidência de multa, ante os esclarecimentos prestados. II - AGRAVO EM AGRAVO DE INSTRUMENTO DE MABE CONSTRUÇÃO E ADMINISTRAÇÃO DE PROJETOS LTDA. RECURSO DE REVISTA SOB A ÉGIDE DA LEI 13.467/2017. TRANSCENDÊNCIA PREJUDICADA. UNICIDADE CONTRATUAL. PRESCRIÇÃO BIENAL NÃO CONFIGURADA. ÓBICE DA SÚMULA 126 DO TST. Consoante quadro fático traçado pelo Regional, em que pese "a contratação do autor pela 1ª e 2ª reclamadas em períodos distintos, restou claro da análise da prova dos autos que o labor do reclamante foi totalmente desenvolvido, desde o início, em benefício da 2ª reclamada, tendo restado reconhecida, ainda, a utilização da prática nefasta de contratação de prestação de serviços por intermédio de empresa constituída, no intuito de mascarar relação empregatícia." Assim, o Tribunal a quo considerou "como real empregadora a 2ª reclamada [PECEM], desde o início da prestação de serviços do reclamante, que se deu em 06/02/12, portanto, uma única relação de emprego." Diante do reconhecimento da unicidade contratual pelo TRT, não se vislumbra a alegada violação do artigo 7º, XXIX, da CF. No caso, como bem apontou a Corte a quo, "o marco inicial da prescrição bienal conta-se a partir da cessação do trabalho decorrente da extinção do contrato havido com a 2ª reclamada, que ocorreu em 19/12/17, portanto, teria o reclamante o direito de ajuizar a ação até o dia 19/12/2019." Logo, como a presente reclamatória foi ajuizada no ano de 2018, não há falar em ocorrência de prescrição bienal. Tal como proferido, o decisum recorrido encontra-se, inclusive, em plena sintonia com a Súmula 156 do TST. Ademais, a decisão recorrida assentou que "a presente ação foi ajuizada em face de empresas pertencentes a um mesmo grupo econômico, não tendo o labor desenvolvido pelo autor em prol do conglomerado sofrido qualquer solução de continuidade." Não ficou demonstrado o desacerto da decisão monocrática que negou provimento ao agravo de instrumento. Agravo não provido, sem incidência de multa, ante os esclarecimentos prestados" (Ag-AIRR-647-28.2018.5.07.0039, 6ª Turma, Relator Ministro Augusto Cesar Leite de Carvalho, DEJT 17/12/2021).

TRIBUNAIS REGIONAIS DO TRABALHO
TRIBUNAL REGIONAL DO TRABALHO DA 1ª REGIÃO

VÍNCULO DE EMPREGO. "PEJOTIZAÇÃO". ARTIGO 9º DA CLT. FRAUDE À LEGISLAÇÃO TRABALHISTA. O fenômeno da "pejotização" é utilizado para burlar o cumprimento dos direitos trabalhistas devidos ao empregado, que é induzido a constituir pessoa jurídica para firmar contrato de prestação de serviços entre empresas. Trata-se, no caso, de tentativa de dissimulação da relação de emprego existente entre o autor e a 1ª ré, o que não se admite no ordenamento jurídico pátrio, atraindo a aplicação do art. 9º da CLT. (PROCESSO nº 0100908-17.2018.5.01.0023 (ROT) RECORRENTE: FLAVIOMAR SOARES DE SOUZA RECORRIDO: TRANSCONTROL COM IND DE PROD ELETRONICOS LTDA RELATOR: ANGELO GALVAO ZAMORANO, 0100908-17.2018.5.01.0023 - DEJT 2021-05-19).

PEJOTIZAÇÃO. VÍNCULO DE EMPREGO. CONFIGURAÇÃO. Prevalece mesmo no caso destes autos o emprego de uma pseudo contratação de serviços por parte da reclamada, com a utilização da "pejotização "_ transmutação da pessoa natural em "PJ"_, perpetrando a fraude aos direitos trabalhistas da reclamante e a precarização da relação de trabalho havida, em claro descompasso com diversos direitos fundamentais, tais como o valor social do trabalho e a dignidade da pessoa humana, bem como em flagrante desrespeito à Recomendação nº 197 da OIT(Organização Internacional do Trabalho), relativa à Relação de Trabalho, com a valorização do Trabalho Decente, que determina o combate às relações de trabalho disfarçadas no contexto de outras relações que possam incluir o uso de formas de acordos contratuais que escondam o verdadeiro status legal. (PROCESSO nº 0101953-58.2016.5.01.0045 (ROT) RECORRENTE: ANDRE LUIZ BRAGA, IBM BRASIL-INDUSTRIA MAQUINAS E SERVICOS LIMITADA RECORRIDO: ANDRE LUIZ BRAGA, IBM BRASIL-INDUSTRIA MAQUINAS E SERVICOS LIMITADA RELATOR: VALMIR DE ARAUJO CARVALHO, 0101953-58.2016.5.01.0045 - DEJT 2021-05-26).

VÍNCULO DE EMPREGO. PEJOTIZAÇÃO. RELAÇÃO CONTRATUAL HIERARQUIZADA E SUBORDINADA. O direito do trabalho é informado pelo princípio da primazia da realidade, pelo qual privilegia-se o modo como se desenvolve a relação jurídica e não seus aspectos formais. Nesse sentido, a transformação do empregado em "pessoa jurídica", com preservação da relação hierarquizada já existente, bem como da subordinação são elementos suficientes para descaracterizar a alegada intermediação de trabalho por pessoa jurídica. Recurso do Autor ao qual se dá provimento para reconhecer a unicidade contratual e verbas correlatas. (PROCESSO nº 0101502-62.2017.5.01.0024 (ROT), RECORRENTE: CLAYTON ORTIZ GOMES, RECORRIDO: TRES COMERCIO DE PUBLICACOES LTDA., RELATORA: GISELLE BONDIM LOPES RIBEIRO, 0101502-62.2017.5.01.0024 - DEJT 2021-06-25)

PEJOTIZAÇÃO NÃO EVIDENCIADA. NÃO COMPROVADA A FRAUDE. O fenômeno da pejotização deve ser robustamente combatido por esta Justiça Especializada, visto que evidencia fraude aos direitos do trabalhador, que se vê compelido a constituir uma pessoa jurídica para não ficar sem emprego, entretanto, não se verifica nos autos a alegada existência de fraude. (PROCESSO nº 0101399-82.2019.5.01.0057 (ROT), RECORRENTE: MINISTÉRIO PÚBLICO DO TRABALHO, RECORRIDO: NOVA/SB COMUNICAÇÃO LTDA., RELATOR: ALVARO LUIZ CARVALHO MOREIRA, 0101399-82.2019.5.01.0057 - DEJT 2021-07-29)

PEJOTIZAÇÃO. VÍNCULO DE EMPREGO. CONTRATO DE PRESTAÇÃO DE SERVIÇOS VÁLIDO. Em havendo contrato escrito de prestação de serviços autônomos entre as partes, ou seja, não sendo caso de trabalho informal, é ônus do autor demonstrar a fraude. No caso, não foram comprovados os elementos fáticos jurídicos caracterizadores da relação de emprego. (PROCESSO nº 0100488-47.2018.5.01.0076 (ROT), RECORRENTE: IGNÁCIO COQUEIRO DE VASCONCELOS, RECORRIDO: RÁDIO E TELEVISÃO RECORD S.A, RELATOR: IVAN DA COSTA ALEMÃO FERREIRA, 0100488-47.2018.5.01.0076 - DEJT 2021-08-04)

RECURSO ORDINÁRIO DA AUTORA. "PEJOTIZAÇÃO". VÍNCULO EMPREGATÍCIO. ASSUNÇÃO DA PRESTAÇÃO DO SERVIÇO. ÔNUS DA PROVA. Quando o trabalhador atua na atividade fim da empresa contratante, com pessoalidade, subordinação e não eventualidade, ainda que por intermédio de "pessoa jurídica" - "pejotização" -, condição imposta para obtenção do emprego, resta transparente a fraude (art. 9º, CLT), impondo-se, de pronto, o reconhecimento do vínculo de emprego entre as partes. Outrossim, se reconhecida a prestação do serviço pela Ré, a ela incumbe comprovar a natureza autônoma do ajuste. HORAS EXTRAS E SOBREAVISO. In casu, reconhecido o vínculo de emprego, estava a Ré obrigada ao cumprimento do disposto no § 2º do art. 74 da CLT. Omitidos os controles de horário, cabível a inversão do ônus da prova, na forma do item I da Súmula n° 338 do C. TST, com o reconhecimento da jornada narrada na inicial. Não obstante, diante do conflito entre a presunção relativa de veracidade da jornada declinada na inicial, a ausência de elementos probatórios capazes de desconstituí-la e a inverossimilhança das alegações veiculadas na peça vestibular, é assegurada ao magistrado a possibilidade de arbitramento da jornada de trabalho, levando em consideração as peculiaridades do caso concreto e o princípio da razoabilidade, sendo necessária a modulação da jornada narrada na inicial. No que tange ao sobreaviso, há prova nos autos de que o mesmo era efetivamente quitado, logo, não há falar em pagamento de horas de sobreaviso ou do repouso semanal não usufruído corretamente. MULTA POR EMBARGOS PROTELATÓRIOS. EXCLUSÃO. A utilização do direito de ação, visando a satisfação de pretensões da parte, ainda que improcedentes, se insere em direito constitucionalmente garantido. Inexistente a atuação desleal, com a omissão ou alteração de fatos visando encobrir a verdade (formal ou real), em descompasso com o princípio ético-jurídico da lealdade processual, não há falar em aplicação das sanções por litigância de má-fé. Portanto, não há falar em litigância de má-fé, em "intenção do autor de ganhar tempo" ou em "embargos protelatórios", tendo em vista ser a autora a maior interessada em ver satisfeito o crédito trabalhista deferido na sentença. Tem-se que no presente caso, a reclamante apenas exerceu o direito de ação, que é assegurado a todos os cidadãos pela CF/88, não restando configuradas quaisquer hipóteses previstas no art. 80 do CPC. RESPONSABILIDADE SUBSIDIÁRIA DE ENTE PÚBLICO. Recai sobre o ente da Administração Pública que se beneficiou da mão de obra terceirizada a prova da efetiva fiscalização do contrato de prestação de serviços. A constitucionalidade do parágrafo primeiro do artigo 71 da Lei 8.666/93, declarada pelo STF no julgamento da ADC n° 16, por si só, não afasta a responsabilidade subsidiária da Administração Pública, quando esta decorre da falta de fiscalização. Incidência das Súmulas 41 e 43 deste Regional. HONORÁRIOS DE SUCUMBÊNCIA. CABIMENTO. Com a Lei 13.467/2017 modificou-se o regramento dos honorários no processo do trabalho, que passou a prever os honorários sucumbenciais. Após a análise do Recurso Ordinário da parte autora, verifica-se ser cabível a condenação da reclamada ao pagamento de honorários advocatícios. Recurso a que se dá parcial provimento. (RECORRENTE: THABATA FAGUNDES RIBEIRO, RECORRIDO: HOSPITAL ANTONIO CASTRO, MUNICÍPIO DE CORDEIRO, RELATOR: MÁRIO SÉRGIO M. PINHEIRO0100741-51.2019.5.01.0512 - DEJT 2021-08-12)

TRIBUNAL REGIONAL DO TRABALHO DA 2ª REGIÃO

EMENTA: RELAÇÃO DE EMPREGO. PEJOTIZAÇÃO. VÍNCULO RECONHE-CIDO. In casu, competia à reclamada comprovar os fatos modificativos e impeditivos alegados em contestação (art. 373, II, CPC e 818, CLT), ônus do qual não se desincumbiu a contento. É bem verdade que a empresa constituída pela autora firmou contrato de prestação de serviços com a reclamada. Todavia, a maneira como se dava o labor é incompatível com a autonomia apregoada pela defesa. Ora, do conjunto probatório, é evidente o vínculo empregatício com a demandada, bem como a utilização de empresa interposta como parte de um esquema fraudulento de exploração de trabalho. Restou patente a subordinação obreira, eis que a atuação da autora era completamente dirigida pela empresa, através de determinação de procedimentos a serem seguidos, bem como em virtude da imposição de metas e emissão de ordens de serviço. Ressalte-se, ainda, presente a pessoalidade, em razão da obrigatoriedade de comparecimento em treinamentos e, ainda, pela circunstância de ser a obreira o contato direto com os clientes da ré. A habitualidade, por sua vez, é evidente, pelo labor diário, conforme informado pelo representante patronal, bem como a onerosidade, mediante pagamento de comissões. Todos os requisitos do vínculo empregatício encontram-se presentes. Assim, em consonância com o entendimento do Magistrado a quo, tenho que os elementos probantes são cristalinos ao demonstrar a real existência de relação de emprego, deixando patente a forma que a demandada utilizava para ocultar o vínculo, eis que a utilização de empresa interposta para a prestação de serviços (pejotização) e emissão de notas fiscais já são práticas conhecidas nesta Justiça Especializada. Recurso ordinário da reclamada ao qual se nega provimento. (TRT da 2ª Região; Processo: 1000999-64.2019.5.02.0720; Data: 17-03-2021; Órgão Julgador: 4ª Turma - Cadeira 4 - 4ª Turma; Relator(a): RICARDO ARTUR COSTA E TRIGUEIROS)

I - ÔNUS DA PROVA. RELAÇÃO DE EMPREGO. ADMITIDA A PRESTAÇÃO DE SERVIÇOS, MAS NEGADO O VÍNCULO DE EMPREGO. É do réu o ônus da prova de demonstrar o trabalho autônomo, quando este admite a prestação de serviços (fato constitutivo do direito do autor) e indica que esta ocorria de forma autônoma. II - CONTROVÉRSIA SOBRE RELAÇÃO DE EMPREGO. PEJOTIZAÇÃO. SUBORDINAÇÃO VERSUS TRABALHO AUTÔNOMO. PRETENSO CORRETOR DE SEGUROS. IMPOSSIBILIDADE DE SE CONSIDERAR AUTÔNOMO QUEM TEM CLIENTES SUBTRAÍDOS PELO EMPREGADOR, DEVE ATINGIR METAS E PODE SOFRER PUNIÇÕES. Autônomo é o trabalhador que trabalha quando e como quer. Não se pode considerar que há essa espécie de trabalho quando o tomador de serviços interfere tão profundamente na atividade obreira de sorte a determinar quais os produtos devem ser vendidos com prioridade, impondo metas a serem atingidas e, principalmente, retirando clientes do vendedor, caso este não atue da forma que o tomador de serviços deseja. Sentença prestigiada no que toca ao reconhecimento da relação de emprego entre as partes. III - PRESCRIÇÃO. REFLEXOS DE VERBAS PARCIALMENTE PRESCRITAS EM PARCELA CONTRATUAL QUITADA NO PERÍODO IMPRESCRITO. NÃO DESAPARECIMENTO DO CRÉDITO COM A PRESCRIÇÃO. O momento do pagamento do décimo terceiro de 2012 (dezembro de 2012) está no período imprescrito e, por conta disso, o reclamante tem direito a receber a íntegra desse benefício e não, apenas, o valor relativo ao lapso anual não prescrito. Note-se que a prescrição não faz desaparecer o crédito, mas apenas a possibilidade de uma determinada ação exigi-lo e isso tanto é assim que se o devedor pagar ao credor, não poderá exigir devolução (v. art. 882 do CC) do pagamento da verba prescrita. Logo, como o pagamento ocorreria em data imprescrita, o trabalhador tem direito a receber a íntegra do décimo terceiro de 2012. Reforma-se. (TRT da 2ª Região; Processo: 1001993-23.2017.5.02.0313; Data: 08-06-2021; Órgão Julgador: 4ª Turma - Cadeira 4 - 4ª Turma; Relator(a): PAULO SERGIO JAKUTIS)

VÍNCULO DE EMPREGO. PEJOTIZAÇÃO. ENGENHEIRO EM TRABALHO DE MINAS. APROXIMAÇÃO POR ALTERIDADE. SUBORDINAÇÃO NECESSÁRIA. ESTRATÉGIA EMPRESARIAL. CONTRATAÇÃO SEMPRE POR MEIO DE PESSOA JURÍDICA. FRAUDE. A terceirização, segundo o STF, é possível amplamente, inclusive das atividades-fim do tomador de serviços, o que não significa que qualquer posição na empresa pode ser ocupada por pessoas jurídicas. As tarefas que demandam inserção do prestador de serviços no ciclo produtivo de outrem, mediante alteridade, devem ocorrer por subordinação, o que revela a existência de vínculo de emprego. O engenheiro nos campos de obras da empresa que explora mineração não detém autonomia de natureza distinta à técnica, para justificar a terceirização. Demais disso, a prova apontou para a necessidade do cumprimento de jornada, por meio de controle dos dias trabalhados, e atenção aos parâmetros já estabelecidos de cronograma e métodos. Se para se inserir no ciclo produtivo de outrem, o prestador ocupa lugar por alteridade, não há como rejeitar a existência do vínculo de emprego. Recurso provido. (TRT da 2ª Região; Processo:

1001443-57.2016.5.02.0056; Data: 08-07-2021; Órgão Julgador: 15ª Turma - Cadeira 5 - 15ª Turma; Relator(a): MARCOS NEVES FAVA)

ARBITRAGEM. REFORMA TRABALHISTA. SALÁRIO POUCO INFERIOR AO DOBRO DO TETO DOS BENEFÍCIOS DA PREVIDÊNCIA SOCIAL. INAPLICABILIDADE. FLEXIBILIZAÇÃO DE CRITÉRIO OBJETIVO ADOTADO PELO LEGISLADOR. IMPOSSIBILIDADE. A açodada reforma trabalhista de 2017, na contramão da jurisprudência estabilizada pelo TST, adotou a possibilidade de solução de dissídios individuais do trabalho por meio de arbitragem privada. Estabeleceu (artigo 507-A, CLT) o critério de autonomia a partir da remuneração do empregado, indicando o limite mínimo equivalente ao dobro do teto dos benefícios da Previdência Social. Na hipótese, quando esse valor expressava-se em R$ 12.178,40, a remuneração do empregado era de R$ 12.000,00 brutos. A proximidade dos valores, em se tratando de critério objetivo e com consequências severas para o empregado, não estimula arredondamentos ou aproximações, devendo ser observado literalmente. Impossível a aplicação da arbitragem, rejeita-se a exceção de incompetência contida em matéria preliminar. VÍNCULO DE EMPREGO. GERENTE DE MARKETING. TERCEIRIZAÇÃO. INCAPACIDADE ECONÔMICA DA PRESTADORA DE SERVIÇOS. PRESENÇA DE NÍTIDA SUBORDINAÇÃO. FRAUDE. VÍNCULO RECONHECIDO. A terceirização irrestrita, reconhecida primeiro pelo STF, depois pela Lei 6.019/74, exige, por definição (artigo 4º-A), que o prestador tenha capacidade econômica para suportar os encargos da obrigação assumida. Configurou-se, na hipótese, a contratação de microempresa, cujo endereço é coincidente com o residencial do "sócio", sem qualquer demonstração de ostentar patrimônio significativo, à qual o contrato impôs dever amplo de indenização por eventuais danos causados à contratante, a seus empregados e a terceiros. Notória a incompatibilidade entre o porte econômico da contratada e os ônus que assumiu. Ao lado desse requisito ausente, deve ser observada, também, a confirmação de evidente subordinação para que o 'executivo' da contratada, pessoalmente, executasse, em regime de cento e sessenta horas mensais de dedicação exclusiva, recebendo salário, décimo terceiro, férias abonadas e vale refeição. A prova demonstrou que, como gerente da área comercial, o reclamante não poderia sequer montar livremente sua equipe de vendas, prestando contas e recebendo as estratégias da direção da empresa. Evidencia-se a fraude na 'pejotização' do reclamante, o que impõe o reconhecimento do vínculo de emprego. BÔNUS SUBJETIVO. TROCA DE MENSAGENS ENTRE TRABALHADOR E SEU SUPERIOR. ANUÊN-

CIA. FALTA DE COMPROVAÇÃO DA NEGATIVA DO ATINGIMENTO DAS METAS. PROCEDÊNCIA DO PEDIDO. A contratação formal do reclamante incluía bônus de R$ 3.000,00, por cumprimento de metas subjetivas, acordadas no instrumento. Mediante troca de mensagens eletrônicas, que vieram juntadas com a inicial, constata-se que o reclamante alegou e demonstrou ter cumprido os requisitos em setembro e outubro de 2019, sem que dos autos conste outro elemento de negativa ou de insuficiência do tal cumprimento. Devido, assim, o bônus pleiteado. (TRT da 2ª Região; Processo: 1000059-95.2020.5.02.0031; Data: 08-07-2021; Órgão Julgador: 15ª Turma - Cadeira 5 - 15ª Turma; Relator(a): MARCOS NEVES FAVA)

PRESTAÇÃO DE SERVIÇOS. PEJOTIZAÇÃO. FRAUDE. VÍNCULO EMPREGATÍCIO. A contratação de prestação de serviços com uma pessoa física, mas com o pagamento realizado por intermédio de pessoa jurídica, mormente porque esta é de propriedade do contratado, demonstra a inequívoca existência da fraude conhecida como pejotização. Há de se aplicar, na espécie, a disposição contida no artigo 9º, da CLT. Vínculo empregatício a que se reconhece. Recurso Ordinário das reclamadas a que se nega provimento no ponto. (TRT da 2ª Região; Processo: 1001654-50.2019.5.02.0004; Data: 02-09-2021; Órgão Julgador: 17ª Turma - Cadeira 1 - 17ª Turma; Relator(a): MARIA DE FATIMA DA SILVA)

TRIBUNAL REGIONAL DO TRABALHO DA 3ª REGIÃO

CONTRATO CELEBRADO MEDIANTE CONSTITUIÇÃO DE PESSOA JURÍDICA - FRAUDE - VÍNCULO DE EMPREGO RECONHECIDO. A pejotização não encontra respaldo no ordenamento jurídico brasileiro, que consagra o princípio constitucional da dignidade da pessoa humana, em torno do qual se erigem todos os demais princípios justrabalhistas. Tendo em conta o comando inserto no art. 9º da CLT e com supedâneo no princípio da primazia da realidade, impõe-se a declaração da nulidade da contratação realizada sob tal viés. Por assim ser, a contratação do trabalhador por intermédio de empresa não afasta a configuração da relação empregatícia, se a realidade fática descortinada nos autos evidencia que os serviços eram prestados nos moldes previstos pelo artigo 3º, da CLT, mormente quando a pessoa jurídica foi constituída exatamente para tal fim. (TRT da 3.ª Região; PJe: 0010702-28.2016.5.03.0004 (RO); Disponibilização: 29/01/2021; Órgão Julgador: Quarta Turma; Relator: Denise Alves Horta)

VÍNCULO DE EMPREGO. PEJOTIZAÇÃO. Desde 1946, a Declaração da Filadélfia estabelece que o trabalho não é uma mercadoria. E a razão para se dizer isso, é ainda mais antiga. Remonta a Kant que identificou a dignidade como o valor atribuído às pessoas humanas. Dessa forma, há muito a Filosofia e a Ciência Jurídica consolidaram o entendimento, segundo o qual a dignidade da pessoa humana é, um dos mais expressivos bens, vale dizer, um direito da personalidade, inalienável e indisponível. Com efeito, a dignidade da pessoa humana é o fundamento das democracias modernas, inclusive a brasileira (art. 1º, III, da CF). Se há algo desatualizado, portanto, não é o Direito do Trabalho, nem a Justiça do Trabalho, que sobrevivem às crises, e vivem, por isso que têm o dever de continuar a cumprir os seus importantes papéis na sociedade pós-moderna, combatendo a tentativa de desvirtuar, impedir e fraudar as normas de proteção ao trabalhador, sob pena de nulidade de pleno direito (art. 9º da CLT). Não é porque um contrato particular, avençado entre uma pessoa física e uma empresa, contenha cláusula, segundo a qual a pessoa física se vestiu com a roupagem de pessoa jurídica, que o Direito do Trabalho atribuirá todos os efeitos jurídicos a esse negócio jurídico, cegamente, sem examinar a realidade das prestações obrigacionais cumpridas pelas partes. Tratando-se de um Direito Especial, tangenciado por normas tuitivas e de ordem pública, possível é a transformação substancial da avença celebrada entre as partes. Por conseguinte, com espeque no princípio da primazia da realidade, compete à Justiça do Trabalho analisar se, na executividade dos contratos, estão presentes os elementos fático-jurídicos da relação de emprego, independentemente do conteúdo formal estatuído na relação contratual (art. 444 da CLT). (TRT da 3.ª Região; PJe: 0011043-78.2019.5.03.0059 (RO); Disponibilização: 26/02/2021; Órgão Julgador: Primeira Turma; Redator: Luiz Otavio Linhares Renault)

CONTRATO CELEBRADO MEDIANTE CONSTITUIÇÃO DE PESSOA JURÍDICA - FRAUDE - VÍNCULO DE EMPREGO RECONHECIDO. A pejotização não encontra respaldo no ordenamento jurídico brasileiro, que consagra o princípio constitucional da dignidade da pessoa humana, em torno do qual se erigem todos os demais princípios justrabalhistas. Tendo em conta o comando inserto no art. 9º da CLT e com supedâneo no princípio da primazia da realidade, impõe-se a declaração da nulidade da contratação realizada sob tal viés. Por assim ser, a contratação do trabalhador por meio de sua inserção no quadro societário de pessoa jurídica não afasta a configuração da relação empregatícia, se a realidade fática descortinada nos autos evidencia que os serviços eram prestados nos moldes previstos pelo artigo 3º da CLT. (TRT da 3.ª Região; PJe: 0002221-08.2014.5.03.0114 (RO); Disponibilização: 05/04/2021; Órgão Julgador: Quarta Turma; Relator: Denise Alves Horta)

VÍNCULO DE EMPREGO. "PEJOTIZAÇÃO". ARTIGO 9º DA CLT. FRAUDE À LEGISLAÇÃO TRABALHISTA. No presente caso, a "pejotização" foi utilizada para burlar o cumprimento dos direitos trabalhistas devidos à empregada, que foi compelida a constituir pessoa jurídica para firmar contrato de prestação de serviços com a empregadora/contratante. Trata-se de tentativa de dissimulação da relação de emprego existente entre a autora e a ré, o que não se admite no ordenamento jurídico pátrio, atraindo a aplicação do art. 9º da CLT. (TRT da 3.ª Região; PJe: 0010268-53.2020.5.03.0148 (RO); Disponibilização: 29/04/2021; Órgão Julgador: Decima Primeira Turma; Redator: Convocado Marcio Toledo Goncalves)

CONTRATO CELEBRADO MEDIANTE CONSTITUIÇÃO DE PESSOA JURÍDICA - FRAUDE - VÍNCULO DE EMPREGO RECONHECIDO. A pejotização não encontra respaldo no ordenamento jurídico brasileiro, que consagra o princípio constitucional da dignidade da pessoa humana, em torno do qual se erigem todos os demais princípios justrabalhistas. Tendo em conta o comando inserto no art. 9º da CLT e com supedâneo no princípio da primazia da realidade, impõe-se a declaração da nulidade da contratação realizada sob tal viés. Por assim ser, a contratação do trabalhador por meio de sua inserção no quadro societário de pessoa jurídica não afasta a configuração da relação empregatícia, se a realidade fática descortinada nos autos evidencia que os serviços eram prestados nos moldes previstos pelo artigo 3º da CLT. (TRT da 3.ª Região; PJe: 0010136-63.2019.5.03.0040 (RO); Disponibilização: 29/04/2021; Órgão Julgador: Quarta Turma; Relator: Denise Alves Horta)

CORRETOR DE SEGUROS - "PEJOTIZAÇÃO" - FRAUDE - AUSÊNCIA DE AUTONOMIA - RECONHECIMENTO DA RELAÇÃO DE EMPREGO - Fica afastada a contratação de forma autônoma, nos moldes da Lei nº 4.594/1964, do corretor de seguros, diante da prova dos elementos fático-jurídicos da relação de emprego no vínculo estabelecido. Nesta hipótese, não cabe também cogitar de terceirização de serviços, autorizada pelo ordenamento jurídico, consoante entendimento firmado pelo STF no RE nº 958.252. (TRT da 3.ª Região; PJe: 0012235-50.2017.5.03.0048 (RO); Disponibilização: 23/06/2021, DEJT/TRT3/Cad.Jud, Página 755; Órgão Julgador: Segunda Turma; Redator: Des.Gisele de Cassia VD Macedo)

RELAÇÃO DE EMPREGO. PEJOTIZAÇÃO. Desde 1946, a Declaração da Filadélfia estabelece que o trabalho não é uma mercadoria. E a razão para se dizer isso, é ainda mais antiga. Remonta a Kant que identificou a dignidade como o valor atribuído às pessoas humanas. Dessa forma, há muito a Filosofia e a Ciência Jurídica consolidaram o entendimento, segundo o qual a dignidade da pessoa humana é, um dos mais expressivos bens, vale dizer, um direito da personalidade, inalienável e indisponível. Com efeito, a dignidade da pessoa humana é o fundamento das democracias modernas, inclusive a brasileira (art. 1°, III, da CF). Se há algo desatualizado, portanto, não é o Direito do Trabalho, nem a Justiça do Trabalho, que sobrevivem às crises, e vivem, por isso que têm o dever de continuar a cumprir os seus importantes papéis na sociedade pós-moderna, combatendo a tentativa de desvirtuar, impedir e fraudar as normas de proteção ao trabalhador, sob pena de nulidade de pleno direito (art. 9° da CLT). Não é porque um contrato particular, avençado entre uma pessoa física e uma empresa, contenha cláusula, segundo a qual a pessoa física se vestiu com a roupagem de pessoa jurídica, que o Direito do Trabalho atribuirá todos os efeitos jurídicos a esse negócio jurídico, cegamente, sem examinar a realidade das prestações obrigacionais cumpridas pelas partes. Tratando-se de um Direito Especial, tangenciado por normas tuitivas e de ordem pública, possível é a transformação substancial da avença celebrada entre as partes. Por conseguinte, com espeque no princípio da primazia da realidade, compete à Justiça do Trabalho analisar se, na executividade dos contratos, estão presentes os elementos fático-jurídicos da relação de emprego, independentemente do conteúdo formal estatuído na relação contratual (art. 444 da CLT). (TRT da 3.ª Região; PJe: 0011809-48.2018.5.03.0098 (RO); Disponibilização: 08/07/2021; Órgão Julgador: Primeira Turma; Redator: Luiz Otavio Linhares Renault)

CONTRATO CELEBRADO MEDIANTE CONSTITUIÇÃO DE PESSOA JURÍDICA - FRAUDE - VÍNCULO DE EMPREGO RECONHECIDO. A pejotização não encontra respaldo no ordenamento jurídico brasileiro, que consagra o princípio constitucional da dignidade da pessoa humana, em torno do qual se erigem todos os demais princípios justrabalhistas. Tendo em conta o comando inserto no art. 9° da CLT e com supedâneo no princípio da primazia da realidade, impõe-se a declaração da nulidade da contratação realizada sob tal viés. Por assim ser, a contratação do trabalhador por intermédio de pessoa jurídica não afasta a configuração da relação empregatícia, se a realidade fática descortinada nos autos evidencia que os serviços eram prestados nos moldes previstos pelo artigo 3º, da CLT, mormente quando a pessoa jurídica foi constituída exatamente para tal fim. (TRT da 3.ª Região; PJe: 0010425-83.2019.5.03.0011 (RO); Disponibilização: 12/08/2021; Órgão Julgador: Quarta Turma; Redator: Denise Alves Horta)

PEJOTIZAÇÃO. PRESTAÇÃO DE SERVIÇOS AUTÔNOMOS. FRAUDE. VÍNCULO DE EMPREGO. No caso concreto, restou comprovada a presença dos requisitos dos artigos 2º e 3º da CLT, tendo havido a ocorrência do fenômeno conhecido como "pejotização", que consiste na simulação de um contrato de prestação de serviços, ou seja, os empregados são contratados como pessoa jurídica, como forma de fraudar a legislação trabalhista. (TRT da 3.ª Região; PJe: 0010781-90.2019.5.03.0007 (RO); Disponibilização: 21/09/2021; Órgão Julgador: Decima Primeira Turma; Relator: Juliana Vignoli Cordeiro)

TRIBUNAL REGIONAL DO TRABALHO DA 4ª REGIÃO

VÍNCULO DE EMPREGO. FRAUDE ATRAVÉS DE "PEJOTIZAÇÃO". 1. A "pejotização" é uma fraude mediante a qual o empregador obriga as pessoas a constituir empresas (pessoas jurídicas) em caráter pro forma, para burla do vínculo empregatício, com vistas a uma ilegal redução dos custos da mão de obra, em total desrespeito da legislação trabalhista, especialmente arts. 2º e 3º, 29 e 41 da CLT, atraindo, pois, a aplicação do disposto no art. 9º da CLT: "serão nulos de pleno direito os atos praticados com o objetivo de desvirtuar, impedir ou fraudar a aplicação dos preceitos contidos na presente consolidação." 2. A constituição de pessoa jurídica, nestes casos, funciona como máscara da relação de emprego existente, assim como para frustrar a aplicação dos preceitos consolidados, furtando-se o real empregador a arcar com ônus de seu negócio na medida em que busca, fraudulentamente, fugir à conceituação do art. 2º da CLT, assim como tenta descaracterizar seus empregados do tipo do art. 3º do mesmo diploma. 3. A existência de empresa constituída em seu nome não indica, por si só, que a empregada tenha interesse em prestar serviços na condição de empreendedora, mas sim a modalidade de labor imposta para manter a atividade remunerada pela parte ré, transmudada de vínculo para a "pejotização", que é fórmula de fraude aos direitos sociais 4. Comprovada não só a prestação de serviços permanentes e sem solução de continuidade à ré em caráter habitual, oneroso e subordinado como, também, a prática da demandada de exigir de seus empregados a constituição de empresas (pejotização) para viabilizar o exercício da atividade remunerada e subordinada, impõe-se reconhecer o vínculo de emprego entre as partes. CONDIÇÃO DE FINANCIÁRIO. RECONHECIMENTO. Empregado que desempenhava atividades típicas da categoria dos financiários. Devido o enquadramento postulado e aplicáveis ao autor os instrumentos normativos decorrentes, bem como a jornada de 6 horas diárias e 30 semanais (Súm. 55 do TST), sendo devidas as horas extras decorrentes. (TRT da 4ª Região, 8ª Turma, 0021130-32.2018.5.04.0017 ROT, em 25/03/2021, Marcelo Jose Ferlin D'Ambroso)

UNICIDADE CONTRATUAL. VÍNCULO EMPREGATÍCIO ÚNICO. FRAUDE ATRAVÉS DE "PEJOTIZAÇÃO". 1. A "pejotização" é uma fraude mediante a qual o empregador obriga seus trabalhadores a constituir empresas (pessoas jurídicas) em caráter pro forma, para burla do vínculo empregatício, com vistas a uma ilegal redução dos custos da mão-de-obra, em total desrespeito da legislação trabalhista, especialmente arts. 2º e 3º, 29 e 41 da CLT, atraindo, pois, a aplicação do disposto no art. 9º da CLT: "serão nulos de pleno direito os atos praticados com o objetivo de desvirtuar, impedir ou fraudar a aplicação dos preceitos contidos na presente consolidação." 2. A constituição de pessoa jurídica, nestes casos, funciona como máscara da relação de emprego existente, assim como para frustrar a aplicação dos preceitos consolidados, furtando-se o real empregador a arcar com ônus de seu negócio na medida em que busca, fraudulentamente, fugir à conceituação do art. 2º da CLT, assim como tenta descaracterizar seus empregados do tipo do art. 3º do mesmo diploma. 3. A existência de empresa constituída em seu nome não indica, por si só, que o empregado tenha interesse em prestar serviços na condição de empreendedor, mas sim a modalidade de labor imposta para manter a atividade remunerada pela parte ré, transmudada de vínculo para a "pejotização", que é fórmula de fraude aos direitos sociais. 4. Restando comprovada não só a prestação de serviços permanentes e sem solução de continuidade à ré em caráter habitual, oneroso e subordinado, impõe-se o reconhecimento do vínculo de emprego entre as partes. 5. O Decreto 9571/18 estabelece verdadeiro compromisso coletivo, inclusive às empresas. O trabalho não deve representar mecanismo de retirada de Direitos Humanos e sim de respaldo, observância e reparação no caso de violações, especialmente no que se refere ao próprio reconhecimento do vínculo de emprego. Todos os membros da sociedade têm esse importante dever, inclusive, o Poder Judiciário, que não pode se esquivar de tal leitura essencial na análise de relações de trabalho. CRIMES TRABALHISTAS. FRUSTRAÇÃO DE DIREITO TRABALHISTA MEDIANTE FRAUDE E FALSIFICAÇÃO DE DOCUMENTO PÚBLICO. CONDUTAS DELITUOSAS. TERCEIRIZAÇÃO ILÍCITA. EXPEDIÇÃO DE OFÍCIOS. A prática adotada pela ré está capitulada como crime em tese, conforme previsto no art. 297, §4º, do CP (sonegação dolosa de registro em CTPS), razão pela qual é cabível, em cumprimento ao disposto no art. 40 do CPP, a comunicação ao Ministério Público do Trabalho, para as providências cabíveis, na forma do art. 7º da Lei 7347/85. (TRT da 4ª Região, 8ª Turma, 0021746-41.2017.5.04.0211 ROT, em 19/05/2021, Marcelo Jose Ferlin D'Ambroso).

VÍNCULO DE EMPREGO. REPRESENTANTE COMERCIAL. FRAUDE POR MEIO DE "PEJOTIZAÇÃO". 1. A "pejotização" é uma fraude mediante a qual o empregador obriga seus trabalhadores a constituir empresas (pessoas jurídicas) em caráter pro forma, para burla do vínculo empregatício, com vistas a uma ilegal redução dos custos da mão de obra, em total desrespeito da legislação trabalhista, especialmente arts. 2º e 3º, 29 e 41 da CLT, atraindo, pois, a aplicação do disposto no art. 9º da CLT: "serão nulos de pleno direito os atos praticados com o objetivo de desvirtuar, impedir ou fraudar a aplicação dos preceitos contidos na presente consolidação." 2. A constituição de pessoa jurídica, nestes casos, funciona como máscara da relação de emprego existente, assim como para frustrar a aplicação dos preceitos consolidados, furtando-se o real empregador a arcar com ônus de seu negócio na medida em que busca, fraudulentamente, fugir à conceituação do art. 2º da CLT, assim como tenta descaracterizar seus empregados do tipo do art. 3º do mesmo diploma. 3. A existência de empresa constituída em nome do trabalhador não indica, por si só, que o empregado tenha interesse em prestar serviços na condição de empreendedor, mas sim a modalidade de labor imposta para manter a atividade remunerada pela parte ré, transmudada de vínculo para a "pejotização", que é fórmula de fraude aos direitos sociais, mediante a qual transformam-se os trabalhadores em "sócios" meramente formais de empresas terceirizadas, implicando a sonegação de direitos trabalhistas. 4. O Decreto 9571/18 estabelece verdadeiro compromisso coletivo das empresas com a responsabilidade social. O trabalho não deve representar mecanismo de retirada de Direitos Humanos e sim de respaldo, observância e reparação no caso de violações, especialmente no que se refere ao próprio reconhecimento do vínculo de emprego. Todos os membros da sociedade tem esse importante dever, inclusive, o Poder Judiciário, que não pode se esquivar de tal leitura essencial na análise de relações de trabalho. Recurso provido. (TRT da 4ª Região, 8ª Turma, 0021128-95.2019.5.04.0221 ROT, em 16/07/2021, Marcelo Jose Ferlin D'Ambroso).

VÍNCULO DE EMPREGO. "PEJOTIZAÇÃO". Em que pese a confissão ficta da autora, os próprios termos do contrato de prestação de serviços demonstram que houve a chamada "pejotização" da relação de emprego. Evidenciada a fraude à legislação trabalhista na contratação da reclamante, incide o art. 9º da CLT, que torna nulo o contrato de prestação de serviços firmado, por ter como objetivo mascarar a existência de vínculo de emprego. Recurso ordinário da reclamada desprovido. (TRT da 4ª Região, 4ª Turma, 0020244-74.2020.5.04.0401 ROT, em 22/09/2021, Desembargador Andre Reverbel Fernandes)

TRIBUNAL REGIONAL DO TRABALHO DA 5ª REGIÃO

RELAÇÃO DE EMPREGO. REQUISITOS. DISTRIBUIÇÃO DO ÔNUS DA PROVA. PEJOTIZAÇÃO. FRAUDE INEXISTENTE. Negado o vínculo empregatício, e admitida prestação de serviços, cabe ao reclamado, nos termos do artigo 818, consolidado, a prova da inexistência dos requisitos da relação de emprego a que aludem os arts. 2º e 3º, consolidados, que no caso não resultaram presentes ante à demonstração de que o laborista prestou serviços como autônomo, na locução de promoções de vendas de produtos da reclamada. Ademais, o reconhecimento de fraude na contratação de empregado exige prova robusta e consistente, o que não se verificou no caso concreto, tendo em vista que não há prova de que o reclamante tivesse sido compelido a constituir uma pessoa jurídica para que fosse contratado, pois, como comprovado, tal ocorreu muito tempo antes da sua contratação, em nada caracterizando o expediente de "pejotização".

Processo 0000299-76.2018.5.05.0035, Origem PJE, Relator(a) Desembargador(a) WASHINGTON GUTEMBERG PIRES RIBEIRO, Quinta Turma, DJ 14/07/2021

DA ARGUIÇÃO DE "PEJOTIZAÇÃO". MATÉRIA ESTRANHA À LITISCONTESTAÇÃO. PRESTAÇÃO DE SERVIÇOS POR EMPRESA EM QUE A RECLAMANTE É SÓCIA. Deve ser esclarecido que todos os argumentos lançados em torno da "pejotização" e suposta coação para que a autora passasse a atuar através da empresa PERFIL VIRTUAL TECNOLOGIA E DESIGN LTDA-ME, da qual é sócia minoritária, configura inovação recursal, porquanto não foram objeto da petição inicial. Logo estranha à " litiscontestatio", não devendo ser examinada. HONORÁRIOS DE SUCUMBÊNCIA. ARGUIÇÃO DE INCONSTITUCIONALIDADE NO ÂMBITO DO TRT5. INCONST ART.791,A, 4º. DECISÃO DO E.ÓRGÃO ESPECIAL .O Caso atrai a aplicação da decisão proferida pelo E.Orgão Especial deste Regional, nos autos do processo n.º 0001543-77.2020.5.05.0000 (ArgIncCiv), publicada no DEJT em 12.04.20121, que, por maioria absoluta, acolheu, parcialmente, o incidente para declarar a inconstitucionalidade parcial do § 4º do art. 791-A da CLT, com a redação dada pela Lei n. 13.467/2017, com redução de texto da expressão "desde que não tenha obtido em juízo, ainda que em outro processo, créditos capazes de suportar a despesa" e da expressão "dois anos". Tendo em vista o reconhecimento da inconstitucionalidade parcial do disposto no § 4º do art. 791-A da CLT, foi determinada a aplicação da regra geral estabelecida no § 3º do art. 98 do CPC e conferida força vinculante à decisão.Assim,os honorários de sucumbência devidos pela parte autora ficarão sob condição suspensiva de exigibilidade e somente poderão ser executadas se, nos 5 (cinco) anos subsequentes ao trânsito em julgado da decisão que os certificou, o credor demonstrar que deixou de existir a situação de insuficiência de recursos que justificou a concessão de gratuidade, extinguindo-se, passado esse prazo, tais obrigações do beneficiário em conformidade com o voto proferido na ARGINcCiv 0001543.77.2020.5.05.0000, PUBLICADO NO DEJT DE 12.04.2021. Processo 0000117-70.2019.5.05.0192, Origem PJE, Relator(a) Desembargador(a) VANIA JACIRA TANAJURA CHAVES, Terceira Turma, DJ 27/07/2021

VÍNCULO DE EMPREGO. FENÔMENO DA "PEJOTIZAÇÃO". FRAUDE À LEGISLAÇÃO TRABALHISTA. Verificando-se que a relação de trabalho pactuada entre o reclamante e a reclamada preenche os requisitos insculpidos nos artigos 2º e 3º da Consolidação das Leis de trabalho, impõe-se o reconhecimento do vínculo empregatício. Afasta-se, por consequência, o contrato de prestação de serviços entre pessoas jurídicas, pelo qual se contratou os serviços do reclamante mediante empresa constituída em nome deste, com o escopo de desvirtuar a relação de emprego e se eximir dos encargos trabalhistas. Processo 0000439-78.2020.5.05.0023, Origem PJE, Relator(a) Desembargador(a) ANA LUCIA BEZERRA SILVA, Quarta Turma, DJ 06/09/2021

RELAÇÃO DE EMPREGO CONTROVERTIDA. ALEGAÇÃO DE FRAUDE. CONTRATAÇÃO POR MEIO DE PESSOA JURÍDICA. Havendo prova nos autos de que a parte reclamante, embora tenha sido contratada para prestar serviços ao réu/reclamado por meio de pessoa jurídica (pejotização), o fazia com pessoalidade, onerosidade, não eventualidade e subordinação, tem-se por configurada a fraude alegada na exordial e, como consequência, a existência de vínculo de emprego entre as partes.

Processo 0000864-64.2017.5.05.0006, Origem PJE, Relator(a) Desembargador(a) DEBORA MARIA LIMA MACHADO, Quarta Turma, DJ 24/09/2021

TRIBUNAL REGIONAL DO TRABALHO DA 6ª REGIÃO

EMENTA: DIREITO DO TRABALHO. DIREITO PROCESSUAL DO TRABALHO. RECURSO ORDINÁRIO. TRABALHADOR AUTÔNOMO. PEJOTIZAÇÃO E VÍNCULO DE EMPREGO NÃO CONFIGURADOS. I - Os requisitos caracterizadores da relação de emprego encontram-se previstos nos artigos 2º e 3º da CLT, quais sejam, pessoalidade, onerosidade, não eventualidade, subordinação e assunção dos riscos da atividade pelo empregador. II - O liame empregatício e o trabalho autônomo possuem em comuns muitos dos requisitos legais, sendo traço distintivo fundamental entre essas modalidades de trabalho a subordinação do empregado ao patrão. III - Em regra, é do Autor o ônus de provar a existência de vínculo empregatício, por constituir em fato constitutivo do seu direito, conforme dispõem os artigos 818 da CLT e 373, inciso I, do CPC. IV - Porém, admitida pela Ré a prestação de serviços, contudo em modalidade diversa da relação empregatícia, incumbe a esta o ônus de provar o alegado fato impeditivo ao direito vindicado, nos termos do inciso do II do referido digesto processual civil. V - No caso, dessume-se do acervo probatório que, de fato, o trabalhador trabalhava de modo autônomo, consoante Contrato de Prestação de Serviços e as notas fiscais constantes dos autos. VI - Desse modo, caberia ao Autor produzir prova robusta para demonstrar a alegada pejotização, bem como a existência de subordinação jurídica, encargo do qual não se desvencilhou, razão pela qual fica mantida a sentença que julgou improcedente o pedido de reconhecimento do vínculo de emprego. VII - Recurso Ordinário do Autor improvido. (Processo: RO - 0001002-57.2012.5.06.0142 (01383-2006-003-06-00-3), Redator: Sergio Torres Teixeira, Data de julgamento: 29/05/2017, Primeira Turma, Data de publicação: 01/06/2017)

EMENTA: DIREITO DO TRABALHO. DIREITO PROCESSUAL DO TRABALHO. AÇÃO CIVIL PÚBLICA. FRAUDE À LEGISLAÇÃO TRABALHISTA. CARACTERIZAÇÃO. DANO MORAL COLETIVO. INDENIZAÇÃO. I - O fenômeno da pejotização trata-se de uma tentativa de dissimulação da relação de emprego entre a parte trabalhadora e a empresa, o que não se admite no ordenamento jurídico pátrio, conforme preconiza o art. 9º da CLT. II - Acorde com os elementos de convicção existentes nos autos, inclusive depoimentos das informantes (cuja valoração é diminuída, mas não eliminada), sócios minoritários de "sociedade virtual" - oriundos de cooperativa que já prestou serviços irregularmente à empresa recorrente - continuaram a exercer as mesmas atividades na área-fim da beneficiária, o que tipifica fraude à legislação trabalhista. III - Por outro lado, verificando-se que a constituição da pessoa jurídica em nome objetivou apenas mascarar a verdadeira relação jurídica existente entre as partes, valendo-se do condenável fenômeno da "pejotização" do empregado, o Poder Judiciário possui o dever de reconhecer o vínculo empregatício entre as partes, com base no princípio da primazia da realidade e no art. 9º da CLT que prescreve que serão nulos de pleno direito os atos praticados com o objetivo de desvirtuar, impedir ou fraudar a aplicação dos preceitos contidos na Consolidação. IV - Dessa forma, demonstrados o ato ilícito, a culpabilidade, o nexo de causalidade e o dano moral coletivo, é devida indenização por danos moral requerida, principalmente porque os responsáveis nada aprenderam com o ajuste de conduta anterior. V - Recurso não provido. (Processo: RO - 0138300-33.2006.5.06.0003 (01383-2006-003-06-00-3), Redator: Sergio Torres Teixeira, Data de julgamento: 13/12/2017, Segunda Turma, Data de publicação: 18/12/2017)

TRIBUNAL REGIONAL DO TRABALHO DA 7ª REGIÃO

RECLAMAÇÃO TRABALHISTA AJUIZADA ANTERIORMENTE À REFORMA TRABALHISTA (LEI Nº 13.467/2017). As pretensões veiculadas em ações ajuizadas precedentemente à entrada em vigor da Lei nº 13.467/2017, que impôs relevantes modificações na legislação trabalhista, devem ser analisadas à luz do direito então vigente, considerando-se, para esse fim, as disposições constantes da Instrução Normativa nº 41, de 21.06.2018, do Tribunal Superior do Trabalho, que traça limites à aplicação da lei nova. RECURSO DA RECLAMADA. PRELIMINAR. NEGATIVA DE PRESTAÇÃO JURISDICIONAL. NULIDADE DE SENTENÇA INEXISTENTE. O juiz é o condutor do processo, cabendo-lhe velar pela celeridade das causas, sendo-lhe facultado indeferir diligências inúteis, e produção de provas desnecessárias, a teor dos artigos 765, da CLT e 139, do CPC de 2015. Não se vislumbra nenhum prejuízo à recorrente e, portanto, não há nulidade a declarar. Preliminar rejeitada. BENEFÍCIOS DA JUSTIÇA GRATUITA. Preenchidos os requisitos legais que autorizam a concessão dos benefícios da justiça gratuita, mantenho a decisão. Sentença confirmada, no tópico. MÉRITO. INSTRUMENTO PARTICULAR DE CONTRATO DE PRESTAÇÃO DE SERVIÇOS. MANUTENÇÃO E INSTALAÇÃO DE MÁQUINAS E EQUIPAMENTOS. "PEJOTIZAÇÃO". FRAUDE À LEGISLAÇÃO TRABALHISTA. ART. 9º DA CLT. RECONHECIMENTO DO VÍNCULO DE EMPREGO. A contratação de pessoa física, por intermédio de pessoa jurídica, adredemente constituída ou preexistente, para trabalhar mediante subordinação ao tomador dos serviços, com remuneração fixa preestabelecida, constitui, sem dúvida, verdadeira relação de emprego, nos moldes previstos no art. 3º da CLT, não prosperando a tese de que se trataria de contrato de natureza comercial ou civil. Cuida-se, na verdade, de prática que viola, de modo flagrante, a regra prevista no art. 9º da CLT, que considera fraudulenta toda e qualquer atividade tendente a burlar os dispositivos trabalhistas que definem e regem a relação empregatícia. Sentença mantida no aspecto. VALOR PAGO NA RESCISÃO CONTRATUAL. DEDUÇÃO. Constando dos autos informação no sentido de que o reclamante recebeu determinado valor a título de pagamento rescisório, faz-se imperioso o deferimento do pedido de dedução, eis que se trata de medida justa e necessária para evitar enriquecimento sem causa. Sentença reformada nesse tópico. MODALIDADE DE EXTINÇÃO DO CONTRATO. INICIATIVA DO EMPREGADO. VERBAS RESCISÓRIAS. Tendo o reclamante confessado, em seu depoimento pessoal, que tomou a iniciativa de rescindir o contrato mantido com a recorrente, mister que se exclua da condenação o pagamento de aviso prévio e de multa de 40% do FGTS, verbas estas que somente são devidas em caso de rescisão sem justa causa obreira, por iniciativa do empregador. Sentença reformada, no ponto. ADICIONAL DE PERICULOSIDADE. EXISTÊNCIA DE CONDIÇÕES PERIGOSAS CONSTATADAS POR PERÍCIA TÉCNICA. O julgador não se vincula ao laudo pericial apresentado, todavia, trata-se de prova técnica elaborada por profissional competente para apuração da periculosidade, e que deveria ser combatida com argumentos técnicos devidamente comprovados nos autos, o que não ocorreu, na espécie. Restando demonstrado, no entanto, que o obreiro somente se ativou nas áreas de risco durante uma parte do contrato, forçoso limitar a condenação ao referido período. Sentença reformada, na espécie. HORAS EXTRAS DECORRENTES DA SUPRESSÃO DO INTERVALO INTRAJORNADA. LEI Nº 13.467/17. INAPLICÁVEL. Tendo o reclamante se desincumbido de provar a redução do intervalo intrajornada, mister manter a sentença, na qual se condenou a reclamada a pagar o total do intervalo intrajornada, como hora extra, não se aplicando à hipótese as inovações trazidas pela Lei nº 13.467/17. Sentença mantida. RECLAMAÇÃO TRABALHISTA AJUIZADA ANTERIORMENTE À REFORMA TRABALHISTA (LEI Nº 13.467/2017). HONORÁRIOS ADVOCATÍCIOS. EMPREGADO NÃO ASSISTIDO PELO SINDICATO DE SUA CATEGORIA PROFISSIONAL. As pretensões veiculadas em ações ajuizadas precedentemente à entrada em vigor da Lei nº 13.467/2017, que impôs relevantes modificações na legislação trabalhista, devem ser analisadas à luz do direito então vigente, considerando-se, para esse fim, as disposições constantes da Instrução Normativa nº 41, de 21.06.2018, do Tribunal Superior do Trabalho, que traça limites à aplicação da lei nova. Nessa situação, o deferimento de honorários advocatícios na Justiça do Trabalho somente tem cabimento quando a parte estiver assistida por sindicato de sua categoria profissional e comprovar a percepção de salário inferior ao dobro do salário mínimo ou, ainda, encontrar-se em situação econômica que não lhe permita demandar sem prejuízo do próprio sustento ou da respectiva família, nos termos da Súmula 219 do c. TST. Sentença reformada. CORREÇÃO MONETÁRIA. DECISÃO FINAL DO STF NAS AÇÕES DECLARATÓRIAS DE CONSTITUCIONALIDADE 58 E 59. ÍNDICES APLICÁVEIS À CORREÇÃO MONETÁRIA DOS CRÉDITOS TRABALHISTAS. QUESTÃO DE ORDEM PÚBLICA. ATUAÇÃO DE OFÍCIO. O Supremo Tribunal Federal, em decisão de 18 de dezembro de 2020, ao julgar, em definitivo, o mérito das Ações Declaratórias de Constitucionalidade de nºs 58 e 59, decidiu, que a atualização dos créditos trabalhistas, bem como do valor correspondente aos depósitos recursais, na Justiça do Trabalho, "até que sobrevenha solução legislativa", deve ser apurada mediante a incidência dos "mesmos índices de correção monetária e de juros que vigentes para as condenações cíveis em geral, quais sejam a incidência do IPCA-E na fase pré-judicial e, a partir da citação, a incidência da taxa SELIC (art. 406 do Código Civil)." Assim, determina-se, de ofício, para fins de apuração da correção monetária dos créditos trabalhistas, a adoção da modulação estabelecida pela Corte Suprema, no julgamento definitivo das ações declaratórias de constitucionalidade 58 e 59, conforme decisão de 18 de dezembro de 2020. Sentença reformada, de ofício, no aspecto. Recurso ordinário da reclamada conhecido (exceto no tocante à multa do art. 477 da CLT, por ausência de interesse recursal); preliminar de nulidade da sentença por negativa da prestação jurisdicional rejeitada e, no mérito, apelo parcialmente provido. Determinada, de ofício, para fins de apuração da correção monetária dos créditos trabalhistas, a adoção da modulação estabelecida pela Corte Suprema, no julgamento definitivo das ações declaratórias de constitucionalidade 58 e 59, conforme decisão de 18 de dezembro de 2020. (TRT da 7ª Região; Processo: 0000864-71.2018.5.07.0039; Data: 25-02-2021; Órgão Julgador: Gab. Des. Durval Cesar de Vasconcelos Maia - 1ª Turma; Relator(a): DURVAL CESAR DE VASCONCELOS MAIA).

RELAÇÃO DE EMPREGO. CARACTERIZAÇÃO. ÔNUS DA PROVA. EXISTÊNCIA DE PEJOTIZAÇÃO. A reclamada admitiu a prestação de serviços através de contrato civil com uma empresa. Assim, competia à mesma o encargo de demonstrar que a prestação de serviços não se desenvolveu nos moldes celetistas. No entanto, a própria reclamada demonstrou que o labor do reclamante iniciou bem antes da constituição da empresa (recibos de pagamento), restando comprovado, portanto, que a constituição da PJ visava apenas mascarar a relação de emprego. Recurso conhecido e parcialmente provido. (TRT da 7ª Região; Processo: 0000206-66.2020.5.07.0010; Data: 03-03-2021; Órgão Julgador: Gab. Des. Jefferson Quesado Júnior - 2ª Turma; Relator(a): JEFFERSON QUESADO JUNIOR)

CONTRATO DE PRESTAÇÃO DE SERVIÇOS - RECLAMANTE QUE FORA CONTRATADO PARA PRESTAR SERVIÇOS PESSOALMENTE E MEDIANTE SUBORDINAÇÃO - CRIAÇÃO DE PESSOA JURÍDICA COM O FITO DE MASCARAR A EXISTÊNCIA DA RELAÇÃO DE EMPREGO - "PEJOTIZAÇÃO" - NULIDADE - VÍNCULO EMPREGATÍCIO RECONHECIDO. Uma vez que a própria empresa do autor somente "nasceu" após sua efetiva contratação, deixando patente o intuito de fraudar direitos previstos na legislação trabalhista por meio da constituição de pessoa jurídica, fenômeno conhecido como "pejotização", verdadeira forma de precarização das relações de trabalho, e tendo em vista que, mesmo a Reforma Trabalhista tendo tornado legal a terceirização, inclusive da atividade fim da empresa, tal circunstância não proíbe o reconhecimento do vínculo de emprego quando demonstrados os requisitos caracterizadores da relação de emprego, posto que no Direito do Trabalho é vigente o princípio da primazia da realidade, no qual a forma não prepondera ante a concretude fática realmente havida entre as partes, de se manter a decisão que reconheceu o vínculo empregatício entre as partes. (TRT da 7ª Região; Processo: 0000203-93.2020.5.07.0016; Data: 12-07-2021; Órgão Julgador: Gab. Des. Jefferson Quesado Júnior - 2ª Turma; Relator(a): JEFFERSON QUESADO JUNIOR)

CONTRATO DE PRESTAÇÃO DE SERVIÇOS FIRMADO ENTRE PESSOAS JURÍDICAS. AUSÊNCIA DE PROVA DE FRAUDE À LEGISLAÇÃO TRABALHISTA. Ao alegar que a empresa reclamada lhe impôs a obrigação de constituir uma pessoa jurídica (pejotização) como condição inafastável para permitir sua contratação como empregada, assumiu a reclamante o ônus de provar, cabalmente, esse fato, nada obstando, entretanto, que o Juiz extraia dos autos, a partir de análise do conjunto probatório, a verdade real, decidindo a lide segundo seu livre convencimento. Nessa linha, demonstrado, a partir da prova oral e documental constante dos autos, que a reclamante, no desempenho de suas atividades junto à empresa reclamada, de fato, não se submetia a ordens superiores, mas, ao reverso, atuava segundo seu livre arbítrio e entendimento, até porque o objeto do contrato pactuado entre sua empresa e a demandada, cuja cópia se vê às págs. 320-326, sem dúvida, envolvia a prestação de serviços especializados, inclusive de administração e consultoria, não há que se falar em relação de emprego, cabendo destacar que eventual prestação de contas aos donos da empresa contratante configura obrigação contratual, também, na ordem civil. Não custa lembrar, ainda, que a reclamante, ao assinar o contrato de prestação de serviços há pouco referido, até porque devidamente assessorada por advogados, conhecia ou deveria conhecer a cláusula VI, da qual se colhe que, desse pacto, não se retira a configuração de relação empregatícia, cuidando-se de condição que, neste caso específico, não constitui fraude, tendo em vista o grau de esclarecimento que caracteriza as pessoas envolvidas. Sentença mantida. Recurso ordinário conhecido e improvido. TRT da 7ª Região; Processo: 0000526-32.2020.5.07.0038; Data: 22-07-2021; Órgão Julgador: Gab. Des. Durval Cesar de Vasconcelos Maia - 1ª Turma; Relator(a): DURVAL CESAR DE VASCONCELOS MAIA)

AÇÃO TRABALHISTA. RECURSO ORDINÁRIO. SUCESSIVOS CONTRATOS DE PRESTAÇÃO DE SERVIÇOS FIRMADOS ENTRE PESSOAS JURÍDICAS. COAÇÃO NÃO COMPROVADA. PEJOTIZAÇÃO NÃO CARACTERIZADA. Ao alegar que o Grupo Empresarial reclamado lhe impôs a obrigação de constituir diversas pessoas jurídicas (pejotização) como inarredável condição para permitir sua contratação como profissional de Rádio e Televisão ou para dar sequência à prestação de serviços de radiodifusão que já integravam o objeto de antigo e extinto contrato de trabalho, assumiu o reclamante, enquanto pessoa de inegável formação intelectual e de reconhecida experiência profissional, o ônus de provar, cabalmente, esses fatos, nada obstando, entretanto, que o Juiz extraia dos autos, a partir de análise do conjunto probatório, a verdade real e bem por isso, decida a lide segundo seu livre convencimento. Nessa linha, demonstrado, a partir da prova oral constante dos autos, que o reclamante, no desempenho de suas atividades junto às empresas reclamadas, de fato, não se submetia a ordens superiores, mas, ao reverso, atuava segundo seu livre arbítrio e capacidade de gestão, já que sempre atuou como chefe ou coordenador da equipe esportiva, descabe falar na caracterização de contrato de trabalho ou em fraude à legislação do trabalho, por via de pejotização, tampouco em coação irresistível, senão na existência de pactos ou avenças interempresariais, firmados de modo livre, por pessoas inegavelmente capazes e senhoras de sua vontade. Lado outro, cabe destacar que a natural submissão das partes às diretrizes traçadas nos contratos de prestação de serviços de qualquer natureza, inclusive em avenças comerciais, não configura a subordinação específica prevista no art. 3º, da Consolidação das Leis do Trabalho, tratando-se de condição comum a todo e qualquer contrato, mesmo na ordem civil. Não custa lembrar, ainda, que o reclamante, ao assinar os contratos de prestação de serviços cujas minutas juntou aos autos, em virtude de sua vasta experiência profissional - nada impedia a submissão dos documentos ao crivo de advogados -, conhecia ou deveria conhecer as condições ajustadas, inclusive daquela posta na cláusula terceira, parágrafo quarto (pág. 97), de acordo com a qual "Correrão por conta da CONTRATADA todos os encargos fiscais, parafiscais e trabalhistas incidentes ou que venham a incidir sobre as obrigações assumidas neste contrato" ou daquela outra, encastelada na cláusula primeira, parágrafo único, do contrato de págs. 92/95, de janeiro de 1999, que trata de hipótese em que "Todo pessoal utilizado pela CONTRATADA", no caso, pela Rádio Iracema de Ipu, "[...] para a produção e apresentação dos programas referidos no caput desta cláusula manterá, necessariamente, vínculo empregatício com a mesma (CONTRATADA) ficando a CONTRATANTE isenta de qualquer ônus trabalhista ou previdenciário previsto na legislação vigente", cuidando-se de condições que, neste caso específico, não constituem fraude à CLT, tendo em vista o grau de esclarecimento que caracteriza as pessoas envolvidas nos negócios jurídicos em relevo. Sem prejuízo do exposto, importa considerar, portanto, que os contratos civis de prestação de serviços firmados entre pessoas jurídicas, sem a marca de qualquer coação ou de outros vícios de vontade, assim considerada a situação em que as partes, cientes da natureza do negócio, entendem que se trata de melhor solução para atender seus interesses, descabe falar em "pejotização" como burla da legislação trabalhista, sendo válida a negociação e válidos seus efeitos. Assim, tendo em vista que, no caso sob análise, os negócios jurídicos (contratos de cessão de espaço para produção e/ou apresentação de programas de rádio) foram pactuados entre pessoas jurídicas regularmente constituídas, mediante anuência consciente dos respectivos representantes legais, indenes, ademais, de vícios de vontade, não há jeito de se reconhecer o alegado vínculo empregatício, donde se concluir pela improcedência do recurso ordinário, por via do qual o reclamante pretendeu reverter a decisão de primeiro grau proferida em seu desfavor. Sentença recorrida mantida. Recurso ordinário conhecido e improvido. TRT da 7ª Região; Processo: 0000987-83.2018.5.07.0002; Data: 02-09-2021; Órgão Julgador: Gab. Des. Durval Cesar de Vasconcelos Maia - 1ª Turma; Relator(a): DURVAL CESAR DE VASCONCELOS MAIA)

TRIBUNAL REGIONAL DO TRABALHO DA 8ª REGIÃO

RÁDIO CIDADE MORENA FM LIMITADA Dr. Fernando José Garcia E RÁDIO TV DO AMAZONAS LTDA Dr. Fernando José Garcia Ementa I - CONFISSÃO FICTA. Na pena de confissão ficta, súmula 74 do TST, a presunção de veracidade das alegações do autor contidas na inicial é apenas relativa, ou seja, presunção juris tantum, de modo que pode ser elidida mediante prova em contrário. II - PEJOTIZAÇÃO. REVELIA. DOCUMENTOS DA EXORDIAL. VÍNCULO DE EMPREGO. O conjunto probatório não demonstra a presença de todos os requisitos caracterizadores da relação empregatícia previstos no art. 3º da CLT, motivo pelo qual deve ser mantida a sentença do juízo de 1º grau que negou o reconhecimento do vínculo de emprego no período pleiteado e afastou a unicidade contratual. III - PRESCRIÇÃO BIENAL E QUINQUENAL. Considerando que houve interrupção da prestação de labor em favor das reclamadas, aplica-se a prescrição bienal em relação ao primeiro contrato e quinquenal em relação ao segundo contrato. (TRT da 8ª Região; Processo: 0000637-07.2019.5.08.0011 ROT; Data: 24/11/2020; Órgão Julgador: 4ª Turma; Relator: GEORGENOR DE SOUSA FRANCO FILHO)

VÍNCULO EMPREGATÍCIO. PEJOTIZAÇÃO. ÔNUS DA PROVA. Tendo a reclamada admitido que o de cujus fora prestador de serviços de consultoria operacional e não empregado, atraiu o ônus da prova de tal alegação, a teor do disposto no art. 818 da CLT c/c o art. 373, inc. II do CPC, do qual não se desincumbiu. Recurso provido. (TRT da 8ª Região; Processo: 0000401-67.2020.5.08.0125 ROT; Data: 06/05/2021; Órgão Julgador: 1ª Turma; Relator: SUZY ELIZABETH CAVALCANTE KOURY)

DANO MORAL - "PEJOTIZAÇÃO" - O reclamante foi surpreendido com a abertura de "MEI" em seu nome, sem que jamais sua carteira de trabalho tivesse sido assinada. Trata-se de fraude odiosa, mais grave ainda quando praticada em contrato que envolve a administração pública. Além da persecução criminal e civil dos responsáveis, o que se requer ao parquet, cabe a punição pela indenização por dano moral, com uso ilícito do nome do reclamante para abrir "MEI" e praticar atos escancaradamente ilícitos. (TRT da 8ª Região; Processo: 0001125-53.2019.5.08.0110 ROT; Data: 23/07/2021; Órgão Julgador: 2ª Turma; Relator: GABRIEL NAPOLEAO VELLOSO FILHO)

RECURSO ORDINÁRIO ADESIVO INTERPOSTO PELO RECLAMANTE. I- INDENIZAÇÃO POR DANO MORAL DECORRENTE DA PEJOTIZAÇÃO. FRAUDE AOS DIREITOS TRABALHISTAS. SONEGAÇÃO. OFENSA À DIGNIDADE DO TRABALHADOR. DANO MORAL. CONFIGURAÇÃO. INDENIZAÇÃO DEVIDA. A pejotização configura-se prática vedada no ordenamento jurídico eis que evidencia a tentativa de mascar a verdadeira relação de emprego existente entre as partes, fraudando a legislação trabalhista, enquadrando-se como ato ilícito, nos termos do art. 186 do CCB. Tal situação, por si só, é capaz de gerar o dano moral in re ipsa (presumido), eis que há uma nítida vulneração aos princípios constitucionais do valor social do trabalho, da dignidade da pessoa humana, e, ainda, supressão de direitos trabalhistas como verbas rescisórias, depósitos de FGTS, dentre outros, precarizando a relação trabalhista. Recurso conhecido e provido. II- TRABALHO DEGRADANTE. QUANTUM INDENIZATÓRIO. MAJORAÇÃO. Considerando o arcabouço jurídico e à vista das circunstâncias dos autos, deve ser majorado o quantum indenizatório para o valor pleiteado na inicial, a título de dano moral. Recurso conhecido e provido. III- HONORÁRIOS DE SUCUMBÊNCIA. MAJORAÇÃO. DEFERIMENTO. Ao se observar que o valor fixado a título de honorários sucumbenciais não é adequado aos parâmetros legais do artigo 791-A, § 2º da CLT, deve ser deferido o pedido de majoração. Recurso conhecido e provido. RECURSO ORDINÁRIO INTERPOSTO PELO ENTE PÚBLICO. ADMINISTRAÇÃO PÚBLICA. RESPONSABILIDADE SUBSIDIÁRIA. CONDUTA CULPOSA EVIDENCIADA NOS AUTOS. Havendo comprovação da conduta culposa do ente público, aplicável o instituto da responsabilidade subsidiária, conforme tese de repercussão geral firmada pelo Excelso Supremo Tribunal Federal no RE 760.931/DF e conforme disposto na Súmula 331, V, do C. TST. Recurso ordinário conhecido e desprovido. (TRT da 8ª Região; Processo: 0000631-57.2020.5.08.0110 ROT; Data: 16/08/2021; Órgão Julgador: 2ª Turma; Relator: PAULO ISAN COIMBRA DA SILVA JUNIOR)

TRIBUNAL REGIONAL DO TRABALHO DA 9ª REGIÃO

TRT-PR-06-09-2016 VÍNCULO DE EMPREGO. INEXISTÊNCIA. PARCERIA COMERCIAL PARA IMPORTAÇÃO DE PRODUTOS. PEJOTIZAÇÃO NÃO CARACTERIZADA. O conjunto probatório demonstra que o Reclamante, na qualidade de sócio de duas empresas por ele constituídas, firmou parceria comercial com as Rés para fins de obtenção das autorizações necessárias (perante a Receita Federal) para importação e comercialização de seus produtos, não cabendo, portanto, o reconhecimento do liame laboral pretendido, em razão do fracasso na operação comercial. O Direito do Trabalho se presta a resguardar o trabalhador hipossuficiente e não o empreendedor que busca, por via transversa, reaver os prejuízos financeiros advindos de operações de importação frustradas. Recurso ordinário do Autor a que se nega provimento. TRT-PR-47928-2014-007-09-00-7-ACO-30695-2016 - 2A. TURMA Relator: RICARDO TADEU MARQUES DA FONSECA. Publicado no DEJT em 06-09-2016.

TRIBUNAL REGIONAL DO TRABALHO DA 10ª REGIÃO

RECURSO DA RECLAMADA. RELAÇÃO CONTRATUAL MANTIDA ENTRE AS PARTES. CONTRATO DE PRESTAÇÃO DE SERVIÇOS. PEJOTIZAÇÃO. VÍNCULO EMPREGATÍCIO. CONFIGURAÇÃO. Comprovado in casu que a relação mantida entre as partes preenche os requisitos previstos nos arts. 2º e 3º da CLT, revelando que o contrato de prestação de serviços originalmente pactuado teve por escopo fraudar a legislação trabalhista, a caracterizar a famigerada pejotização, impõe-se o reconhecimento do vínculo empregatício. GRATUIDADE DE JUSTIÇA. DEMANDA AJUIZADA APÓS A ENTRADA EM VIGOR NA LEI Nº 13.467/2017. Ajuizada a demanda após a entrada em vigor da Lei nº 13.467/2017, é devida a concessão dos benefícios da Justiça gratuita à parte que se enquadre no §3º ou no §4º do art. 790 da CLT. No caso dos autos, tendo o Autor apresentado declaração de hipossuficiência não desconstituída por prova em contrário, encontra-se preenchido o requisito exigido nos §4º do art. 790 da CLT, fazendo ele jus à gratuidade da Justiça. RECURSO DO RECLAMANTE. TRABALHO EXTERNO. JORNADA DE TRABALHO. HORAS EXTRAS E INTERVALO INTRAJORNADA. INDEVIDOS. ART. 62, I, DA CLT. Sendo preponderantemente externa a atividade desenvolvida pelo Reclamante, a ele se aplica a exceção do art. 62, I, da CLT. Recursos ordinários conhecidos e não providos. NÚMERO CNJ: 0000364-72.2018.5.10.0022, REDATOR:

JOAO LUIS ROCHA SAMPAIO, DATA DE JULGAMENTO: 27/01/2021, DATA DE PUBLICAÇÃO: 02/02/2021).

VÍNCULO EMPREGATÍCIO. CONTRATO DE PESSOA JURÍDICA. "PEJOTIZAÇÃO". PRINCÍPIO DA PRIMAZIA DA REALIDADE. FRAUDE TRABALHISTA. NULIDADE. Com a edição da Consolidação das Leis do Trabalho, toda prestação de serviço pessoal passou a pressupor a existência de uma relação de emprego típica. Tal relação jurídica integrou o ordenamento jurídico com o objetivo de proteger o contratado hipossuficiente. Assim, a prestação de serviços de natureza diversa (eventual, autônoma, empreitada, etc.) deve ser amplamente comprovada nos autos da ação trabalhista. Esse ônus cabe à empresa reclamada quando ela negar o vínculo empregatício na contestação, consoante artigos 818 da CLT e 373 do CPC. Note-se, ainda, que a Justiça do Trabalho declarou ilegal a contratação de trabalhadores como se fossem pessoas jurídicas. Trata-se de prática chamada de "pejotização", que visa camuflar a existência de relação de emprego e burlar a legislação trabalhista. JUSTIÇA GRATUITA. DECLARAÇÃO DE HIPOSSUFICIÊNCIA. O único requisito legal exigido para a concessão da justiça gratuita é a simples afirmação da parte de que não está em condições de pagar as custas do processo, conforme § 3º do artigo 99 do CPC e item I da Súmula 463 do TST. (NÚMERO CNJ: 0000636-53.2019.5.10.0015, REDATOR: DORIVAL BORGES DE SOUZA NETO, DATA DE JULGAMENTO: 10/03/2021, DATA DE PUBLICAÇÃO: 16/03/2021)

VÍNCULO EMPREGATÍCIO. PEJOTIZAÇÃO. NÃO CONFIGURAÇÃO. Não raras vezes a criação de "empresa de fachada", apenas para que concretização da admissão (fenômeno chamado pejotização), ocorre no âmbito das relações trabalho, devendo esta Especializada estar atenta as manobras de aviltamento a todo o arcabouço de normas tuitivas constituidoras do Direito Trabalhista. Entretanto, se da análise do processo não resta patente a presença dos requisitos configurados da relação empregatícia, constantes nos arts. 2º e 3º da CLT, correta a improcedência do pleito alusivo ao reconhecimento do vínculo laboral entre as partes. Recurso conhecido e não provido. NÚMERO CNJ: 0000939-16.2018.5.10.0011, REDATOR: MARIO MACEDO FERNANDES CARON, DATA DE JULGAMENTO: 22/04/2021, DATA DE PUBLICAÇÃO: 29/04/2021).

1. VÍNCULO DE EMPREGO. PEJOTIZAÇÃO. UNICIDADE CONTRATUAL. VERBAS TRABALHISTAS. MULTAS. Comprovados os requisitos necessários ao reconhecimento do vínculo empregatício no período anterior

ao registrado na CTPS, deve ser mantida a sentença que declarou a existência de unicidade contratual com a condenação às verbas trabalhistas consectárias e multas. 2. MULTA DO ARTIGO 477, §8º, DA CLT. Verificado o tempestivo pagamento das verbas rescisórias, indevida se mostra a multa do artigo 477, § 8º, da CLT. 3. RECOLHIMENTOS DO FGTS. PRESCRIÇÃO. INOCORRÊNCIA. SÚMULA N.º 362, II, DO C. TST. Ajuizada a presente ação em 13/11/2019, percebe-se que o prazo prescricional já estava em curso quando ocorreu o julgamento do ARE 709.212 pela Corte Suprema, aplicando-se a parte final do inciso II, da Súmula nº 362 do colendo TST, uma vez que não transcorreram mais de cinco anos a partir de 13/11/2014. Impõe-se, assim, reformar a sentença para afastar a prescrição declarada. 4. RESPONSABILIDADE SUBSIDIÁRIA. ADMINISTRAÇÃO PÚBLICA. CULPA. O ex. Supremo Tribunal Federal, quando do julgamento da ADC Nº 16, em 24/11/2010, e do RE 760931, em 30/3/2017, preconizou a impossibilidade de condenação automática do ente público pelas obrigações impostas às empresas prestadoras de serviços, contratadas pela administração. Consagrou, todavia, a Corte Suprema a viabilidade da condenação subsidiária, quando evidenciada conduta omissiva ou comissiva da administração na fiscalização dos contratos. Na concreta situação dos autos, à luz das regras que disciplinam a distribuição do ônus da prova, tem-se que a tomadora dos serviços não logrou demonstrar haver adotado plena fiscalização dos contratos de trabalho assumidos pela empresa prestadora dos serviços, o que autoriza a condenação sob a modalidade subsidiária, na esteira das decisões emanadas do e. STF e da Súmula nº 331, V, do TST. 5. JUSTIÇA GRATUITA. DECLARAÇÃO DE HIPOSSUFICIÊNCIA. Basta a simples afirmação do declarante ou de seu advogado para se considerar configurada a situação econômica suficiente ao deferimento da gratuidade da Justiça. 6. CORREÇÃO MONETÁRIA. ÍNDICE APLICÁVEL. IPCA-E E TAXA SELIC. Diante do que restou decidido nas ações diretas de inconstitucionalidade nº 5.867 e 6.021 e nas ações declaratórias de constitucionalidade nº 58 e 59, a atualização dos créditos observará o comando emanado do STF quando dos citados julgamentos. 7. Recursos conhecidos; desprovido o da segunda reclamada e providos o do reclamante e o da primeira reclamada, sendo este último de forma parcial. (NÚMERO CNJ: 0000921-49.2019.5.10.0014, REDATOR: JOSE RIBAMAR OLIVEIRA LIMA JUNIOR, DATA DE JULGAMENTO: 28/04/2021, DATA DE PUBLICAÇÃO: 01/05/2021)

TRIBUNAL REGIONAL DO TRABALHO DA 11ª REGIÃO

VÍNCULO DE EMPREGO. PEJOTIZAÇÃO. A prestação de serviços pelo reclamante supostamente como contratado na condição de pessoa jurídica (pejotização), não deve prevalecer se esta sempre trabalhou sob subordinação e de forma continua ao mesmo empregador. Contrato de trabalho caracterizado, nos moldes do art.3°., da CLT. (Processo: 0001842-34.2017.5.11.0019; Data Disponibilização: 27/11/2020; Órgão Julgador Colegiado: 1ª Turma; Relator(a): DAVID ALVES DE MELLO JUNIOR)

VÍNCULO DE EMPREGO. PEJOTIZAÇÃO. A prestação de serviços pelo reclamante supostamente como contratado na condição de pessoa jurídica (pejotização), não deve prevalecer se este sempre trabalhou sob subordinação e de forma continua ao mesmo empregador. Contrato de trabalho caracterizado, nos moldes do art.3°., da CLT. DANO MORAL PELO INADIMPLEMENTO DE VERBAS TRABALHISTAS. Não demonstrado e provado o alegado dano sofrido pelo empregado em virtude do inadimplemento de obrigações trabalhistas, mostra-se a indevida a indenização por dano moral com tal fundamento requerida. RESPONSABILIDADE SUBSIDIÁRIA DO TOMADOR DOS SERVIÇOS. Comprovada a prestação de serviço pelo reclamante em favor da litisconsorte, esta responde subsidiariamente pelas obrigações trabalhistas inadimplidas pela empregadora. Aplicação da Súmula 331, IV, do TST. (Processo: 0001232-72.2017.5.11.0017; Data Disponibilização: 08/03/2021; Órgão Julgador Colegiado: 1ª Turma; Relator(a): DAVID ALVES DE MELLO JUNIOR)

RECURSO ORDINÁRIO DO MPT. DA PRÁTICA DE CONTRATAÇÃO IRREGULAR - "PEJOTIZAÇÃO" - NÃO COMPROVAÇÃO DOS REQUISITOS DO VÍNCULO DE EMPREGO. DOCUMENTAÇÃO INSUFICIENTE. Para que haja o reconhecimento do vínculo de emprego nos termos da CLT, o vínculo de emprego deve ser reconhecido quando caracterizada a fraude da relação já existente (contratação por MEI) somada ao preenchimento dos requisitos do art. 2° e 3° da CLT. Nesse contexto, a documentação acostada não se mostra apta o suficiente para comprovar a presença da alegada fraude, muito menos tem força para provar os requisitos do vínculo, especialmente a subordinação, pois inexistiu investigação suficiente quanto a forma em que o serviço era prestado. Não se pode olvidar ainda que a ré possuía 155 trabalhadores naquele ano, mas apenas 9 eram contratados na qualidade de MEI, além de que todos os nove contratos se deram para obra certa durante uma média de três meses, o que me leva a crer pela validade na contratação, a qual se destinava a um serviço pré-contratado mediante remuneração fixa. Ou seja, a ré não desenvolvia seu negócio às custas de mão de obra barata e sem assinatura da CTPS de seus empregados, tanto é que, pelo menos, 146 dos 155 tinham CTPS assinada. Assim, não me sinto inclinada a reformar a sentença, o que não impede que cada trabalhador, caso queira, possa pleitear o reconhecimento do vínculo de emprego e angariar provas robustas que comprovem a habitualidade, onerosidade, subordinação e pessoalidade. Improcedência mantida por insuficiência de provas aptas a comprovar o vínculo de emprego entre os empregados contratados como MEI. Recurso não provido. DO DANO MORAL COLETIVO - INEXISTÊNCIA DE OFENSA.A presente ação civil pública foi ajuizada em face da reclamada com intuito de regularizar os ilícitos trabalhistas praticados pela ré (pejotização na contratação de empregados). Entretanto, o ilícito não ficou provado, razão pela qual mantenho a improcedência do pedido. Recurso Ordinário do MPT conhecido e não provido. (Processo: 0000512-47.2017.5.11.0101; Data Disponibilização: 23/07/2021; Órgão Julgador Colegiado: 1ª Turma; Relator(a): VALDENYRA FARIAS THOME)

TRIBUNAL REGIONAL DO TRABALHO DA 12ª REGIÃO

PEJOTIZAÇÃO. FRAUDE À LEGISLAÇÃO TRABALHISTA. RECONHECIMENTO DE VÍNCULO DE EMPREGO. Constitui fraude à aplicação da legislação trabalhista a prática da pejotização nas relações de emprego, que é a exigência pelo tomador dos serviços de constituição de pessoa jurídica pelo trabalhador pessoa física como condição para a prestação do serviço. Configurada a prestação de serviço subordinado, nos termos dos artigos 2º e 3º da CLT, deve ser reconhecido o vínculo de emprego e a responsabilização do empregador pelo pagamento de todos os direitos trabalhistas do empregado celetista. (TRT12 - ROT - 0001216-94.2017.5.12.0016 , HELIO HENRIQUE GARCIA ROMERO , 6ª Câmara , Data de Assinatura: 03/06/2019)

PESSOA JURÍDICA CONSTITUÍDA PARA ACOBERTAR FRAUDE TRABALHISTA. PEJOTIZAÇÃO. VÍNCULO EMPREGATÍCIO RECONHECIDO. Demonstrando o contexto probatório a ocorrência de contratação de serviços de natureza pessoal, exercido por pessoa física, de modo subordinado, não eventual e oneroso, prestado por pessoa jurídica sem qualquer patrimônio, nem mesmo os essenciais para a atividade, sem ingerência sobre o preço dos serviços prestados e com sede na empresa contratante, evidenciada a fraude da contratação. (TRT12 - ROT - 0001724-85.2017.5.12.0001, QUEZIA DE ARAUJO DUARTE NIEVES GONZALEZ, 3ª Câmara , Data de Assinatura: 26/06/2020)

VÍNCULO DE EMPREGO. CONTINUIDADE NÃO CARACTERIZADA. FRAUDE PERPETRADA PELAS PARTES. PEJOTIZAÇÃO NÃO CONFIGURADA. PRESCRIÇÃO TOTAL. Extrai-se do caderno processual que não há provas contundentes de que o autor manteve vínculo de emprego após 2014. Ademais, a relação contratual formalizada na CTPS do autor não condiz com as provas encartadas aos autos, porquanto a percepção vultosa de valores e o ingresso na sociedade empresarial da ré fragilizam suas assertivas proemias, denotando a mútua fraude trabalhista. A situação fático-jurídico retratada nos autos infirma a tese perseguida pelo autor quanto à caracterização da suposta pejotização. A uma, porque a contração formal do obreiro no período de 2009 a 2014 é falaciosa, beirando as sendas da má-fé; a duas, porque o trabalhador, em janeiro de 2011, durante o vínculo empregatício, integrou o quadro societário da segunda demandada, consoante alteração contratual n.03 da FAMA EXPRESS LTDA. ME- (ID. 2070d57), tendo permanecido na sociedade empresarial por dois anos - alteração contratual n. 05 (ID. e26841d - Pág. 1); a três, pela percepção dispare das remunerações. Considerando que não foi reconhecida a suposta continuidade de vínculo de emprego e que demanda foi ajuizada após dois anos da ruptura (término do contrato em 2014 e TR ajuizada em 2017), a prescrição total é medida impositiva. (TRT12 - ROT - 0001697-93.2017.5.12.0004 , QUEZIA DE ARAUJO DUARTE NIEVES GONZALEZ , 3ª Câmara , Data de Assinatura: 30/10/2020)

AÇÃO CIVIL PÚBLICA. LEGITIMIDADE DO MINISTÉRIO PÚBLICO DO TRABALHO. A caracterização da espécie de interesse tutelado - difuso, coletivo, individual homogêneo ou heterogêneo - depende do pedido concretamente formulado, não se ignorando que uma mesma lesão poderá ensejar diferentes formas de tutela. É fácil perceber que, no caso dos autos, o pedido é coletivo, pois não seria possível que um trabalhador propusesse ação individual buscando a abstenção, por parte da empresa, de contratação por intermédio de pessoas jurídicas, com extensão dos efeitos da tutela alcançada a todo o grupo de trabalhadores em igual condição. OBRIGAÇÃO DE ABSTER-SE DE CONTRATAR E MANTER TRABALHADORES PESSOALMENTE SUBORDINADOS POR MEIO DO DENOMINADO PROCESSO DE PEJOTIZAÇÃO. DANO MORAL COLETIVO. CONFIGURADO.

O conceito de subordinação jurídica possui inegável abertura semântica e reduzi-lo à percepção tradicional de que somente se caracteriza pela existência de uma relação na qual o trabalhador submete-se às ordens diretas e ao poder disciplinar do empregador (controle verticalizado), não se coaduna com o próprio ordenamento jurídico brasileiro, que reconhece outras formas de arranjo nas quais não há a presença direta desses elementos. No caso, está claro que as pessoas jurídicas contratadas pela ré foram constituídas originariamente para prestar os serviços nos moldes de contratação pretendidos pela tomadora, como condição para celebração do pacto, que prestam serviços exclusivamente a ela e que observavam diretrizes específicas para execução do serviço, incluindo a exigência de treinamento inicial e periódico, assim como estavam sujeitas a sistemas de avaliação, com possibilidade de revogação das certificações obtidas, controle de resultados e horas laboradas, inclusive para efetivação de programa de milhagens (premiação) e reembolso de despesas. Portanto, ficou demonstrado que os prestadores não atuam, cotidianamente, com autonomia, estando diretamente integrados aos fins e objetivos da atividade empresarial, sendo procedentes os pedidos de obrigação de abster-se de contratar e manter trabalhadores pessoalmente subordinados por intermédio de pessoas jurídicas criadas ou utilizadas para esse fim e, ainda, de pagar indenização por dano moral coletivo, por violação grave e flagrante da legislação trabalhista. (TRT12 - ROT - 0000702-18.2019.5.12.0002 , QUEZIA DE ARAUJO DUARTE NIEVES GONZALEZ , 3ª Câmara , Data de Assinatura: 14/09/2021)

"PEJOTIZAÇÃO". RECONHECIMENTO DO VÍNCULO DE EMPREGO. Comprovado que a empresa contratou o empregado para realizar atividade-fim e com observância dos requisitos previstos no art. 3º da CLT, fazendo com que registrasse uma pessoa jurídica para contratá-lo como prestador de serviços, é hipótese a ensejar o reconhecimento de vínculo de emprego, a teor do art. 9º da CLT, segundo o qual são nulos os atos praticados com o objetivo de desvirtuar, impedir ou fraudar aplicação dos direitos trabalhistas. (TRT12 - ROT - 0000350-26.2020.5.12.0002 , JOSE ERNESTO MANZI , 3ª Câmara , Data de Assinatura: 22/09/2021)

TRIBUNAL REGIONAL DO TRABALHO DA 13ª REGIÃO

RECURSO DA RECLAMANTE. CONTRATO DE TRABALHO POSTERIOR À RELAÇÃO CONTRATUAL DE NATUREZA CIVIL. "PEJOTIZAÇÃO". NÃO OCORRÊNCIA. Pelo que se verifica dos autos, resta inconsistente o argumento de ter sido a demandante compelida a constituir uma pessoa jurídica para receber valores referentes às obrigações do contrato de trabalho, na condição de nutricionista. Por outro lado, também não se sustenta a alegação de coação, até mesmo porque "a reclamante pediu demissão, uma vez que completou o tempo de contribuição para implementação de aposentadoria especial." No caso específico dos autos, vê-se que claramente a reclamante pediu a dispensa do contrato, e não trouxe prova de que foi coagida a assim proceder. Há um outro detalhe: a reclamante, em depoimento prestado no processo nº 0000507-74.2017.5.13.0002, afirmou que "que não houve alteração da parte salarial decorrente da CTPS, passando, assim, a receber a produtividade pela pessoa jurídica", enfocando que, em seguida, "até então, não havia pagamento de produtividade". Pelo teor do depoimento da própria reclamante, no processo citado, fica evidente que ela passou a receber a produtividade, a partir do momento que constituiu a pessoa jurídica, sem contar que pediu o desligamento por conta da aposentadoria. PREQUESTIONAMENTO. DISSENSO JURISPRUDENCIAL. NÃO OCORRÊNCIA. A despeito da existência de acórdão proferido nesta 2ª Turma, processo nº 0000290-97.2018.5.13.0001, admitindo a tese ventilada pela reclamante daquela ação, não ocorre o conflito de decisões no mesmo órgão julgador. É que o presente caso firma-se, precipuamente, na questão da aposentadoria voluntária e no recebimento pela autora, a partir da constituição de sua empresa, da produtividade, como citado na fundamentação. Vê-se, portanto, que o caso em discussão nos presentes autos é distinto do processo nº 0000290-97.2018.5.13.0001, que aponta para a "pejotização" com direcionamento ao fato de que não houve alteração da situação vivenciada pelo empregado, após a constituição da empresa. Recurso não provido. RECURSO ADESIVO DA RECLAMADA. GRATUIDADE JUDICIÁRIA. DEFERIMENTO. Embora a gratuidade judiciária volte-se, precipuamente, às pessoas naturais, admite-se a sua concessão às pessoas jurídicas que demonstrem situação de miserabilidade, mormente em se tratando de entidade sem fins lucrativos. TRT 13ª Região - 2ª Turma - Recurso Ordinário Trabalhista nº 0000559-36.2018.5.13.0002, Redator(a): Desembargador(a) Francisco De Assis Carvalho E Silva, Julgamento: 08/12/2020, Publicação: DJe 14/12/2020.

RECURSO DO RECLAMANTE. MÉDICO. TRABALHO EM HOSPITAL. "PEJOTIZAÇÃO". AUSÊNCIA DE IRREGULARIDADE. O fenômeno da "pejotização" consiste na contratação de mão de obra por meio de contrato firmado com pessoa jurídica constituída pelo empregado, servindo, a priori, para fraudar direitos previstos na legislação trabalhista, a atrair a aplicação do art. 9.º da Consolidação das Leis do Trabalho. No caso dos autos, vige, em concomitância, contrato de trabalho, firmado com o reclamante, e contrato de prestação de serviços assinado com empresa da qual ele faz parte, sendo indene de dúvidas a diversidade das atividades desenvolvidas na execução de cada um dos instrumentos. Além disso, os valores repassados para a empresa não são compatíveis com a fraude trabalhista denominada de "pejotização". Pelo contrário, demonstram congruência com uma prestação empresarial, coordenada, na forma de prestação de serviços que envolve um corpo técnico especializado, administrado pela empresa prestadora, posto contratualmente à disposição da Fundação reclamada. Recurso não provido. RECURSO ADESIVO DA RECLAMADA. PEDIDO DE CONCESSÃO DOS BENEFÍCIOS DA JUSTIÇA GRATUITA. DEFERIMENTO. É notória a condição de entidade filantrópica sem fins lucrativos e a situação de dificuldade econômica enfrentada pela recorrente. Além disso, é indene de dúvidas que a entidade reclamada, de cunho filantrópico, presta relevantes serviços na área de assistência à saúde para a população do Estado da Paraíba, sendo imperioso o reconhecimento da insuficiência financeira capaz de ensejar o deferimento dos benefícios da justiça gratuita postulados. Recurso adesivo provido. TRT 13ª Região - 2ª Turma - Recurso Ordinário Trabalhista nº 0001269-93.2017.5.13.0001, Redator(a): Desembargador(a) Francisco De Assis Carvalho E Silva, Julgamento: 01/02/2021, Publicação: DJe 08/02/2021

PEJOTIZAÇÃO. VÍNCULO EMPREGATÍCIO. SUBORDINAÇÃO NÃO CARACTERIZADA. NÃO OCORRÊNCIA. Os elementos obtidos durante a instrução processual, inclusive aqueles produzidos pelo próprio autor, não comprovam a alegada subordinação à empresa reclamada, razão por que não subsiste a pretensão de reconhecimento do vínculo empregatício. Constata-se, assim, ser descabida a alegada ocorrência de pejotização, especialmente porque o autor já constituíra empresa individual meses antes da celebração do contrato de prestação de serviços autônomos com a ré, sendo plenamente válido tal ajuste de natureza civil. Por conseguinte, revela-se incensurável a sentença que julgou improcedente a demanda. Recurso parcialmente provido apenas para conceder ao autor a assistência judiciária gratuita, em respeito à posição majoritária desta Turma, com ressalva de entendimento pessoal. TRT 13ª Região - 2ª Turma - Recurso Ordinário Trabalhista nº 0000709-11.2019.5.13.0025, Redator(a): Desembargador(a) Francisco De Assis Carvalho E Silva, Julgamento: 15/12/2020, Publicação: DJe 20/01/2021

RECURSO ORDINÁRIO. GRUPO ECONÔMICO POR COORDENAÇÃO. CARACTERIZAÇÃO. RESPONSABILIDADE SOLIDÁRIA. Verificado o interesse comum e a colaboração mútua entre os reclamados, na exploração do serviço de hotelaria e turismo, a identidade de sócios e o aporte financeiro mútuo, resultam caracterizados os elementos previstos no art. 2º, § 2º, da CLT, de modo a evidenciar a formação de grupo econômico por coordenação e consequente responsabilidade solidária. Recurso ordinário a que se dá provimento. CONSULTOR DE VENDAS. VÍNCULO EMPREGATÍCIO. REQUISITOS. PEJOTIZAÇÃO. FRAUDE COMPROVADA. VERBAS DEVIDAS. Presentes os requisitos hábeis a ensejar a formação do vínculo de emprego entre as partes (art. 3º da CLT), porquanto não conseguiu a reclamada, se desincumbir do ônus de demonstrar a inexistência de cada um deles, assim como, comprovada a fraude na contratação do autor mediante a constituição de pessoa jurídica, impõe-se reconhecimento do vínculo e o deferimento das verbas trabalhistas a que faz jus. Recurso a que se dá provimento. DANO MORAL. NÃO CARACTERIZAÇÃO. Não restando comprovado qualquer dano ao patrimônio ideal do empregado, é incabível a indenização por dano moral. Recurso a que se nega provimento. TRT 13ª Região - 1ª Turma - Recurso Ordinário Trabalhista nº 0000117-96.2020.5.13.0003, Redator(a): Desembargador(a) Paulo Maia Filho, Julgamento: 22/02/2021, Publicação: DJe 01/03/2021

RECURSO ORDINÁRIO. GRUPO ECONÔMICO POR COORDENAÇÃO. CARACTERIZAÇÃO. RESPONSABILIDADE SOLIDÁRIA. Verificado o interesse comum e a colaboração mútua entre os reclamados, na exploração do serviço de hotelaria e turismo, a identidade de sócios e o aporte financeiro mútuo, resultam caracterizados os elementos previstos no art. 2º, § 2º, da CLT, de modo a evidenciar a formação de grupo econômico por coordenação e consequente responsabilidade solidária. Recurso ordinário a que se dá provimento. CONSULTOR DE VENDAS. VÍNCULO EMPREGATÍCIO. REQUISITOS. PEJOTIZAÇÃO. FRAUDE COMPROVADA. VERBAS DEVIDAS. Presentes os requisitos hábeis a ensejar a formação do vínculo de emprego entre as partes (art. 3º da CLT), porquanto não conseguiu a reclamada se desincumbir do ônus de demonstrar a inexistência de cada um deles, assim como, comprovada a fraude na contratação do autor mediante a constituição de pessoa jurídica, impõe-se reconhecimento do vínculo e o deferimento das verbas trabalhistas a que faz jus. Recurso a que se dá provimento. DANO MORAL. NÃO CARACTERIZAÇÃO. Não restando comprovado qualquer dano ao patrimônio ideal do empregado, é incabível indenização por dano moral. Recurso a que se nega provimento. TRT 13ª Região - 1ª Turma - Recurso Ordinário Trabalhista nº 0000163-85.2020.5.13.0003, Redator(a): Desembargador(a) Paulo Maia Filho, Julgamento: 22/02/2021, Publicação: DJe 01/03/2021

RECURSO ORDINÁRIO DA RECLAMANTE. PRELIMINAR DE NULIDADE PROCESSUAL POR VIOLAÇÃO AO PRINCÍPIO DO JUIZ NATURAL. NÃO OCORRÊNCIA. As disposições contidas no art. 132 do CPC/1973 foram excluídas com a entrada em vigor do novo código de processo civil, o que implicou na desvinculação do magistrado que encerra a instrução ao julgamento da lide. Partindo dessa premissa, tem-se que, no contexto atual, o princípio do juiz natural refere-se ao direito do jurisdicionado de ter sua demanda submetida a Juízo imparcial, com competência previamente instituída e determinada na forma da lei processual, consoante dispõem os incisos XXXVII e LIII do art. 5º da CRFB. Assim, a prolação de sentença por outro juiz que não aquele que realizou a instrução probatória, dentro dos parâmetros legais de fixação de competência e de proibição de juízos extraordinários constituídos após os fatos e com observância às normas constitucionais, como no caso dos autos, não enseja violação ao princípio do juiz natural. Além disso, nenhum prejuízo restou demonstrado pela recorrente, em razão da atuação dos referidos juízes, sendo assente no processo do trabalho o princípio pas de nullité sans grief, consagrado no art. 794 da CLT, segundo o qual "só haverá nulidade quando resultar dos atos inquinados manifesto prejuízo às partes litigantes". Firme nessas premissas, rejeito a preliminar em epígrafe. CONTRATO DE PRESTAÇÃO DE SERVIÇOS. REALIZAÇÃO DE CURSOS CULINÁRIOS. PRODUTOS DA CONTRATANTE. FRAUDE TRABALHISTA. PEJOTIZAÇÃO. AUSÊNCIA DE IRREGULARIDADE. O fenômeno da "pejotização" consiste na contratação de mão de obra por meio de contrato firmado com pessoa jurídica constituída pelo empregado, servindo, a priori, para fraudar direitos previstos na legislação trabalhista, a atrair a aplicação do art. 9.º da Consolidação das Leis do Trabalho. No caso dos autos, os dados do comprovante de inscrição e situação cadastral na Receita Federal comprovam que a abertura de empresa pela reclamante se deu mais de oito antes do início do alegado vínculo de emprego. Tal circunstância, a toda evidência, afasta a hipótese de fraude trabalhista, supostamente perpetrada pela prática da "pejotização", porquanto, diferentemente do que sugere a autora, não se mostra factível que a reclamada tenha atuado na constituição da empresa da reclamante antes de sua contratação. Além disso, não se evidencia a configuração dos elementos caracterizadores do vínculo de emprego, previstos nos artigos 2° e 3° da Consolidação das Leis do Trabalho, para fins de reconhecimento do vínculo de emprego com a reclamada. Portanto, mantém-se inalterada a decisão recorrida. Recurso ordinário não provido. TRT 13ª Região - 2ª Turma - Recurso Ordinário Trabalhista n° 0000444-08.2020.5.13.0014, Redator(a): Desembargador(a) Francisco De Assis Carvalho E Silva, Julgamento: 23/08/2021, Publicação: DJe 26/08/2021

TRIBUNAL REGIONAL DO TRABALHO DA 14ª REGIÃO

VÍNCULO DE EMPREGO. PEJOTIZAÇÃO. SUBORDINAÇÃO JURÍDICA E PESSOALIDADE. INEXISTÊNCIA. NÃO CONFIGURAÇÃO DO LIAME EMPREGATÍCIO. Constatando-se a partir do exame do conjunto probatório que a relação estabelecida entre as partes se materializou sob o formato jurídico de prestação de serviços de cunho comercial, voltada ao transporte rodoviário de cargas, conforme contrato particular firmado entre pessoas jurídicas, sem que fosse verificada a presença dos requisitos conformadores de uma relação de emprego, sobretudo da subordinação e da pessoalidade, não persistem substratos para considerar que houve "pejotização" como forma de fraudar a legislação trabalhista, razão pela qual há de se acolher o pleito reformista da reclamada, para efeito de reformar-se a sentença e julgar-se improcedente a pretensão obreira veiculada na peça de ingresso. TRT da 14.ª Região; Processo: 0001730-56.2017.5.14.0092; Data da Publicação: 19-08-2020; Órgão Julgador: OJ de Análise de Recurso - SEGUNDA TURMA; Relator(a): ILSON ALVES PEQUENO JUNIOR)

DIREITO PROCESSUAL DO TRABALHO. REVELIA. CARACTERIZAÇÃO. EFEITOS. CONFISSÃO FICTA. A ausência injustificada da parte Reclamada na audiência enseja a aplicação da revelia e implica na confissão ficta em relação aos fatos narrados na inicial. Inteligência do art. 844 da CLT. VÍNCULO EMPREGATÍCIO. PEJOTIZAÇÃO FRAUDULENTA. PREVALÊNCIA DO PRINCÍPIO DA PRIMAZIA DA REALIDADE. Apurado nos autos que a contratação do trabalhador ocorreu por meio de contrato de prestação de serviço firmado com pessoa jurídica constituída para realização de trabalho de modo pessoal, com subordinação, onerosidade e não eventualidade, deve-se reconhecer a nulidade do contrato de prestação de serviços, declarando existente o vínculo empregatício alegado na petição inicial. Recurso desprovido. (TRT da 14.ª Região; Processo: 0000468-79.2019.5.14.0002; Data da Publicação: 13-10-2020; Órgão

Julgador: OJ de Análise de Recurso - PRIMEIRA TURMA; Relator(a): SILMARA NEGRETT)

VÍNCULO EMPREGATÍCIO. PRESENÇA DOS REQUISITOS CONFIGURADORES. RECONHECIMENTO. Constatada a presença dos requisitos configuradores do vínculo empregatício, a exemplo da pessoalidade, não eventualidade e onerosidade, resta excluída a prestação de serviço de forma autônoma, com intuito de fraudar direitos trabalhistas por meio da "pejotização", em afronta ao art. 9º da CLT. (TRT da 14.ª Região; Processo: 0000249-42.2020.5.14.0031; Data da Publicação: 17-05-2021; Órgão Julgador: OJ de Análise de Recurso - SEGUNDA TURMA; Relator(a): CARLOS AUGUSTO GOMES LOBO)

TRIBUNAL REGIONAL DO TRABALHO DA 15ª REGIÃO

CONTRATAÇÃO ILÍCITA. EMPRESA PRESTADORA DE SERVIÇOS. PEJOTIZAÇÃO. DANO MORAL COLETIVO. CABIMENTO. O dano moral coletivo, no âmbito trabalhista, revela-se nos casos em que a lesão injusta atinge não apenas os direitos do trabalhador, individualmente considerados, mas os direitos transindividuais, repercutindo sobre toda a coletividade. AÇÃO CIVIL PÚBLICA. SINDICATO PROFISSIONAL. SUBSTITUTO PROCESSUAL. HONORÁRIOS ADVOCATÍCIOS. Atuando o Sindicato na condição de substituto processual, para defesa de direito alheio em nome próprio, atrai a incidência das disposições da Súmula 219, III, do C. TST. (TRT-15-RO: 00127338201651510096, Relator: LUIZ ANTONIO LAZARIM, 9ª Câmara, Data de Publicação: 17/07/2019).

AUTONOMIA X SUBORDINAÇÃO JURÍDICA. É importante esclarecer que a diferenciação central entre as figuras do trabalhador empregado e do trabalhador autônomo situa-se na subordinação jurídica, traduzida na circunstância de que o trabalhador acolhe a direção empresarial quanto ao modo de concretização de seus serviços. A autonomia, ao contrário, traz a noção de que o próprio prestador é que estabelece e concretiza, cotidianamente, a forma de realização dos serviços que pactuou prestar. E, no caso, como visto, o conjunto probatório evidencia que, na realidade, a relação jurídica havida entre partes foi estabelecida com base nos elementos fundantes da relação de emprego. A contratação do trabalhador por meio do sistema da "pejotização" teve o nítido intuito de fraudar a legislação trabalhista (art. 9º da CLT). (TRT15-ROT: 00117937920205150037, Relator: JOSE CARLOS ABILE, 1ª Câmara, Data de Publicação: 23/07/2021).

TRIBUNAL REGIONAL DO TRABALHO DA 16ª REGIÃO

EMENTA: PEJOTIZAÇÃO. CONSTITUIÇÃO DE FIRMA PARA ACOBERTAR O VÍNCULO TRABALHISTA. NULIDADE. ART. 9º, CLT. I - A PEJOTIZAçãO designa situação na qual uma empresa busca fugir de suas responsabilidades trabalhistas, exigindo que seus empregados constituam pessoa jurídica autônoma como forma de mascarar as relações de emprego existentes; II - Presentes os requisitos configuradores da relação de emprego, previstos nos arts. 2º e 3º, os atos constitutivos devem ser declarados nulos e o vínculo de emprego reconhecido diretamente com a verdadeira tomadora de serviços, consoante preconiza o art. 9º da CLT. HONORÁRIOS ADVOCATÍCIOS. AÇÃO AJUIZADA ANTES DA REFORMA TRABALHISTA. PRESSUPOSTOS. Nas ações ajuizadas antes da vigência da Lei nº 13.467/2017, na Justiça do Trabalho, a condenação ao pagamento de honorários advocatícios não decorre pura e simplesmente da sucumbência, devendo a parte estar assistida por sindicato da categoria profissional e comprovar a percepção de salário inferior ao dobro do salário mínimo ou encontrar-se em situação econômica que não lhe permita demandar sem prejuízo do próprio sustento ou da respectiva família, inteligência da Súmula nº 219, I, do C. TST. Recurso ordinário conhecido e parcialmente provido. (Número CNJ: 0016080-29.2017.5.16.0016, Relator(a): JOSE EVANDRO DE SOUZA, Assinatura: 09/07/2019)

EMENTA: AÇÃO CIVIL PÚBLICA. PEJOTIZAÇÃO. CONTRATAÇÃO REGULAR. A constituição de pessoas jurídicas para prestação de serviços tem se tornado corriqueira em nossa sociedade, de modo que não se pode tomar por princípio que a contratação de uma "PJ" implique em fraude à legislação trabalhista. O autor da ação não aponta a comprovação dos requisitos do vínculo empregatício, apenas insiste na irregularidade das contratações, em virtude da atividade-fim do hospital, nos moldes já superados pelo STF. Recurso ordinário conhecido e provido. (Número CNJ: 0017831-98.2014.5.16.0002, Relator(a): LUIZ COSMO DA SILVA JUNIOR, Assinatura: 28/11/2019)

EMENTA: VÍNCULO DE EMPREGO. TRABALHADOR CONTRATADO MEDIANTE PESSOA JURÍDICA. PESSOALIDADE, ONEROSIDADE E SUBORDINAÇÃO DEMONSTRADAS."PEJOTIZAÇÃO". Demonstrando as provas que o reclamante, ainda que formalmente investido como pessoa jurídica prestadora de serviços à empresa, laborou em favor desta sob as condições previstas no art. 3º da CLT, impõe-se o reconhecimento da relação de emprego. HORAS EXTRAS. ÔNUS DA PROVA. A prova da jornada contratualmente estabelecida incumbe ao empregador, por ser detentor dos meios de prova e por estar adstrito, por norma de ordem pública, a manter os controles de jornada nos moldes do art. 74, § 2º da CLT. Ao passo que a prova do suposto labor extraordinário não anotado no cartão de ponto incumbe à parte que o alegou, ou seja, ao empregado que pretende demonstrar o fato constitutivo de seu direito, a teor do que dispõe o art. 818 da CLT c/c art. 373, I do CPC. No presente caso, não foi comprovado o labor em sobrejornada. CONSÓRCIO DE EMPRESAS. RESPONSABILIDADE SOLIDÁRIA. Ainda que a solidariedade não decorresse do art. 2º, § 2º, da CLT, dimanaria da assunção conjunta de obrigações pelas reclamadas mediante contrato. Recurso Ordinário do Consórcio, da STCP Engenharia de Projetos Ltda e COBRAPE Cia Brasileira de Projetos e Empreendimentos providos em parte. RECURSO DO AUTOR. REAJUSTES SALARIAIS SOBRE O SALÁRIO DE 10/2015. AUSÊNCIA PREVISÃO CONTRATUAL. DIFERENÇAS INDEVIDAS. Inexistelei, norma coletiva ou contrato estatuindo o reajuste salarial para o referido período, o que constitui um óbice para o deferimento de diferenças salariais. ADICIONAL DE TRANSFERÊNCIA. Evidenciado nos autos que o autor foi contratado para trabalhar na Regional de Balsas/MA, não há cogitar do pagamento do adicional de transferência postulado. DANO EXISTENCIAL. NECESSIDADE DE COMPROVAÇÃO DE JORNADA EXCESSIVA E DO COMPROMETIMENTO IRREMEDIÁVEL DAS RELAÇÕES SOCIAIS DO EMPREGADO. JORNADA EXTENUANTE. INOCORRÊNCIA. NÃO PROVIMENTO. Para a caracterização do dano existencial, imprescindível que se demonstre, a partir da prova, o efetivo comprometimento da vida de relações e do projeto de vida do obreiro, isto é, que a carga de trabalho implicava subtrair-lhe a oportunidade para a vida fora da relação de trabalho. Não provada sequer a sobrejornada, não se configura o dano existencial. DEVOLUÇÃO DE TRIBUTOS. INDEVIDA. À ausência de dano comprovadamente causado pelos réus, indefere-se o pedido de devolução de tributos descontados do salário do obreiro. Recurso do autor desprovido. (Número CNJ: 0016025-81.2017.5.16.0015, Relator(a): LUIZ COSMO DA SILVA JUNIOR, Assinatura: 10/07/2020)

EMENTA: VÍNCULO DE EMPREGO. CONFIGURAÇÃO. PRESENÇA DOS REQUISITOS CARACTERIZADORES. CONTRATO DE NATUREZA CIVIL. INEXISTÊNCIA. "PEJOTIZAÇÃO". O liame empregatício consiste no vínculo formado a partir de um ato bilateral, expresso ou tácito, para uma prestação pessoal de serviços de forma não eventual, com dependência jurídica e mediante contraprestação, requisitos esses contidos nos artigos 2º e 3º da CLT. No caso, a tese defensiva não se sustenta, identificando-se, na formalização de um contrato de natureza civil com empresa constituída pelo reclamante, o objetivo de "desvirtuar, impedir ou fraudar" a aplicação dos preceitos contidos na CLT (art. 9º da CLT), caracterizando-se o fenômeno denominado "PEJOTIZAçãO", mascarando a verdadeira relação jurídica estabelecida entre as partes. Portanto, inferindo-se da análise probatória a presença dos requisitos caracterizadores do vínculo de emprego, resta caracterizado o vínculo empregatício. (Número CNJ: 0016690-63.2018.5.16.0015, Relator(a): JAMES MAGNO ARAUJO FARIAS, Assinatura: 08/03/2021)

TRIBUNAL REGIONAL DO TRABALHO DA 17ª REGIÃO

MÉDICO. PEJOTIZAÇÃO. Não cabe ao trabalhador definir qual o regime que se aplicará a sua relação de trabalho, porquanto se trata de matéria de ordem pública, cujos contornos fenomenológicos independem da vontade dos contratantes. Se os elementos fáticos dessa relação não acordarem com a intenção das partes, pior para estas, porquanto há interesses públicos, como os fiscais, securitários, e outros, que dependem da natureza jurídica dessa relação. Os arranjos desses trabalhadores profissionais, ao suposto do discernimento intelectual, não pode constituir exceção ao ordenamento jurídico, porquanto parte de discrimen injustificado e sem respaldo na realidade empírica na qual trabalhadores intelectuais sofrem os efeitos do mercado e da consequente proletarização da mão-de-obra.(TRT da 23.ª Região; Processo: 0000755-11.2017.5.17.0008; Data: 26-03-2020; Órgão Julgador: OJ de Análise de Recurso - 3ª Turma; Relator(a): JAILSON PEREIRA DA SILVA)

VÍNCULO DE EMPREGO. "PEJOTIZAÇÃO". FRAUDE. O emprego de uma pseudo contratação de serviços por parte do empregador, com a utilização de uma pessoa jurídica "pejotização", com o claro objetivo de fraudar aos direitos trabalhistas e precarizar a relação de trabalho existente, gera a nulidade dos atos praticados, e a aplicação dos preceitos contidos na CLT ao contrato havido entre as partes. Não é porque existe um contrato de prestação de serviço ou o pagamento por meio de pessoa jurídica é que a Justiça do Trabalho deixará de analisar a presença dos elementos fático jurídicos da relação de emprego, independentemente do que dispuserem as relações contratuais. TRT da 23.ª Região; Processo: 0000481-03.2017.5.17.0152; Data: 29-10-2020; Órgão Julgador: OJ de Análise de Recurso - 2ª Turma; Relator(a): JOSE LUIZ SERAFINI)

PEJOTIZAÇÃO. PRESENÇA DOS REQUISITOS ENSEJADORES DO VINCULO EMPREGATÍCIO. PRINCÍPIO DA PRIMAZIA DA REALIDADE. Ainda que exista nos autos contrato de prestação de serviços entre pessoas jurídicas, a constatação da presença dos requisitos ensejadores da relação de emprego implica no reconhecimento do vínculo empregatício, uma vez que o Direito do Trabalho é informado pelo princípio da primazia da realidade, segundo o qual os fatos se sobrepõem aos documentos, prevalecendo a verdade fática que emerge dos autos sobre o aspecto formal. (TRT da 23.ª Região; Processo: 0000553-79.2019.5.17.0132; Data: 30-04-2021; Órgão Julgador: GAB. DESA. ALZENIR BOLLESI DE PLÁ LOEFFLER - 3ª Turma; Relator(a): ALZENIR BOLLESI DE PLA LOEFFLER)

TRIBUNAL REGIONAL DO TRABALHO DA 18ª REGIÃO

PEJOTIZAÇÃO. VÍNCULO DE EMPREGO. AUSÊNCIA DOS REQUISITOS LEGAIS. No caso dos autos inexiste prova no sentido de que o autor tenha sido coagido a ingressar em sociedade de pessoa jurídica como requisito para a prestação dos serviços. Por outro lado, restou confessado pelo autor que inexistia pessoalidade na relação havida com a reclamada. Ausente requisito essencial para o reconhecimento do vínculo empregatício, mister a manutenção da sentença que não o reconheceu. Recurso a que se nega provimento. (TRT18, ROT - 0010508-88.2019.5.18.0009, Rel. IARA TEIXEIRA RIOS, 1ª TURMA, 09/03/2020)

AÇÃO CIVIL PÚBLICA. ATUAÇÃO FISCAL DO MINISTÉRIO PÚBLICO DO TRABALHO. ORGANIZAÇÃO SOCIAL. SERVIÇOS PÚBLICOS DE SAÚDE. CUSTEIO COM RECURSOS PÚBLICOS. PRINCÍPIOS CONSTITUCIONAIS DO ARTIGO 37. IRREGULARIDADE CONTRATATAÇÃO DE MÃO-DE-OBRA. FENÔMENO DA "PEJOTIZAÇÃO". O STF assentou no acórdão ADI1923/DF que as organizações sociais "(...) Por receberem recursos públicos, bens públicos e servidores públicos, porém, seu regime jurídico tem de ser minimamente informado pela incidência do núcleo essencial dos princípios da Administração Pública (CF, art. 37, caput), d entre os quais se destaca o princípio da impessoalidade, de modo que suas contratações devem observar o disposto em regulamento próprio (Lei nº 9.637/98, art. 4º, VIII), fixando regras objetivas e impessoais para o dispêndio de recursos públicos". O suporte fático comprovado nesta ACP é violação de preceitos constitucionais, legais e regulamentares, na medida em que a AGIR, na qualidade de Organização Social, não observou as normas que lhe são aplicadas para fins de contratação de pessoal para prestação de serviços médicos, em hospitais públicos do Estado de Goiás. Havia uma cadeia de transferência de responsabilidades na execução dos serviços, os quais foram outorgados, mediante contrato de gestão, pelo Estado de Goiás para AGIR, esta contratou pessoas jurídicas que, por sua vez, contratavam os médicos para a efetiva execução dos serviços. Demonstrada a violação de conduta, impõe-se o dever de adequação, conforme a Constituição Federal e a jurisprudência do STF ADIN 1923. (TRT18, ROT - 0010400-71.2019.5.18.0005, Rel. ROSA NAIR DA SILVA NOGUEIRA REIS, OJC de Análise de Recurso, 29/05/2020)

TRIBUNAL REGIONAL DO TRABALHO DA 19ª REGIÃO

EMENTA RECURSOS ORDINÁRIOS. "pejotização". VÍNCULO DE EMPREGO. RECONHECIMENTO. VÍNCULO DE EMPREGO. O CONTRATO DE TRABALHO DESENVOLVE-SE COMO CONTRATO-REALIDADE, ASSIM, UMA VEZ EVIDENCIADO QUE O MESMO TRABALHE NA CONDIÇÃO DE EMPREGADO, CONFERE-SE ÀQUELE O DIREITO DE RECEBER AS PARCELAS DECORRENTES DESSA ESPÉCIE CONTRATUAL. A SUBORDINAÇÃO NESSES CASOS EXSURGE DE FORMA INDIRETA, ESTRUTURAL, À MEDIDA EM QUE O EMPREGADO SE INSERE NO SISTEMA PRODUTIVO DA EMPRESA QUE SE UTILIZA DA SUA FORÇA DE TRABALHO. POR CONSEGUINTE, UMA VEZ DEMONSTRADO QUE OS ELEMENTOS DOS ARTIGOS 2.º E 3.º DA CLT ESTÃO PRESENTES, DEVE SER RECONHECIDA A EXISTÊNCIA DE UMA VERDADEIRA RELAÇÃO DE EMPREGO, DECLARANDO-SE NULO O CONTRATO DE NATUREZA CIVIL FIRMADO ENTRE AS PARTES, NOS TERMOS DO ART. 9.º CONSOLIDADO. APELOS PARCIALMENTE PROVIDOS. II. (Publicação: 21/10/2019, Processo: 0000214-47.2019.5.19.0009 - RECURSO ORDINÁRIO, Relator(a): Vanda Lustosa)

EMENTA REPRESENTANTE COMERCIAL. CONTRATO ENTRE PESSOAS JURÍDICAS. PRINCÍPIO DA PRIMAZIA DA REALIDADE SOBRE A FORMA. PEJOTIZAÇÃO. ELEMENTOS DA RELAÇÃO DE EMPREGO CONFIGURADOS. EXISTÊNCIA DE VÍNCULO EMPREGATÍCIO. É TÊNUE A DIFERENCIAÇÃO ENTRE O REPRESENTANTE COMERCIAL AUTÔNOMO E O EMPREGADO VENDEDOR EXTERNO, UMA VEZ QUE, NAS RESPECTIVAS RELAÇÕES, VERIFICA-SE A PRESENÇA DA NÃO EVENTUALIDADE, ONEROSIDADE E, POR VEZES, ATÉ MESMO A PESSOALIDADE. A SUBORDINAÇÃO JURÍDICA, PORTANTO, REVELA-SE COMO O PRINCIPAL ELEMENTO DIFERENCIADOR, QUE ESTANDO PRESENTE IMPÕE O RECONHECIMENTO DE VÍNCULO EMPREGATÍCIO, O QUE SE VERIFICA NO CASO CON-

CRETO. SENTENÇA MANTIDA. (Publicação: 01/05/2020, Processo: 0000506-44.2019.5.19.0005 - RECURSO ORDINÁRIO, Relator(a): Alonso Cavalcante De Albuquerque Filho)

TRIBUNAL REGIONAL DO TRABALHO DA 20ª REGIÃO

"TERCEIRIZAÇÃO ILÍCITA - EMPRESAS INTERPOSTAS - ATO FRAUDULENTO - VÍNCULO DIRETO COM O TOMADOR DOS SERVIÇOS - SUM 331, I DO C. TST. Restando evidente a contratação de trabalhador, através de várias empresas interpostas, inclusive com pejotização, para a realização de atividade-fim da empresa tomadora, configura-se a fraude porque consistente em restringir direitos do obreiro, havendo, inclusive, a subordinação pessoal de prepostos do tomador, comprovando a terceirização ilícita, nos termos da Súmula nº 331, I, do C. TST. Assim, impõe-se a manutenção da condenação da reclamada em que reconheceu o vínculo empregatício direto, bem como a condição de devedora dos créditos trabalhistas inadimplidos." (Processo 0001198-67.2015.5.20.0001, Relator(a) JORGE ANTONIO ANDRADE CARDOSO, DEJT 06/09/2018).

"CONSTITUIÇÃO DE EMPRESA PELO RECLAMANTE. PEJOTIZAÇÃO. NÃO CARACTERIZAÇÃO. VÍNCULO DE EMPREGO. NÃO CONFIGURADO. MANUTENÇÃO DA SENTENÇA. O fenômeno da "pejotização" consiste na constituição de pessoa jurídica com o escopo de mascarar uma verdadeira relação de emprego, em nítida fraude à legislação trabalhista, com a supressão de direitos constitucionalmente assegurados. Não restando demonstrado nos autos que o Autor fora obrigado a constituir a pessoa jurídica nem tampouco os requisitos para a caracterização do vínculo empregatício, a saber: trabalho prestado por pessoa física, com pessoalidade, onerosidade, não eventualidade e subordinação jurídica, impõe-se a manutenção da sentença que não reconheceu o vínculo empregatício entre as partes litigantes. Recurso a que se nega provimento. " (Processo 0001921-12.2017.5.20.0003, Relator(a) Thenisson Santana Dória, DEJT 25/11/2019).

TRIBUNAL REGIONAL DO TRABALHO DA 21ª REGIÃO

AÇÃO ANULATÓRIA. AUTO DE INFRAÇÃO. TERCEIRIZAÇÃO EM ATIVIDADE-FIM. VÍNCULO EMPREGATÍCIO COM A TOMADORA. NÃO CARACTERIZAÇÃO. NÃO PROVIDO. O Auditor Fiscal do Trabalho lavrou auto de infração por não ter a autora formalizado a admissão dos médicos que lhe prestam serviços, tendo por fundamento a ilicitude da terceirização de atividade-fim e pejotização >. Não obstante, o Excelso STF, no julgamento da ADPF 324, firmou tese jurídica, de observância obrigatória, segundo a qual "é lícita a terceirização de toda e qualquer atividade, meio ou fim, não se configurando relação de emprego entre a contratante e o empregado da contratada". De outro lado, não há evidências a amparar a ilação de que as empresas foram constituídas especificamente para esse contrato ou de que haveria exclusividade na prestação dos serviços, de forma a permitir inferir que foram criadas para atender a conveniência da recorrida e burlar direitos trabalhistas. Diante disso, insubsistentes os motivos que embasaram o auto de infração, uma vez que os profissionais foram contratados por intermédio de pessoas jurídicas, sem a demonstração de ilicitude a respaldar o vínculo empregatício direto com a tomadora e, por conseguinte, a infração capitulada, tem-se irretocável a sentença que declarou a nulidade do Auto de Infração e da penalidade imposta. Recurso conhecido e não provido. (Processo nº 0000888-74.2019.5.21.0007 (ROT), Recorrente: União Federal, Procurador: Tiago de Melo Pontes e Silva, Recorrida: Unimed Natal Sociedade Cooperativa de Trabalho Médico, Advogados: Mônica Alves Feitosa e outro, Relator: Desembargador Eduardo Serrano da Rocha)

JUSTIÇA GRATUITA. REQUISITOS LEGAIS. DEFERIMENTO. Tendo em vista que a situação de desemprego pressupõe a insuficiência de recursos do autor, impõe-se a reforma da sentença para conceder à parte reclamante os benefícios da justiça gratuita. VÍNCULO DE EMPREGO VERSUS CONTRATAÇÃO DE PESSOA JURÍDICA. ÔNUS PROBATÓRIO DA RECLAMADA. Em sendo admitida pela reclamada a existência de trabalho do autor, ainda que por meio de pessoa jurídica, passa a ser ônus da recorrida demonstrar que a relação havida entre as partes não configura vínculo de emprego, nos termos do artigo 818 da CLT, ou seja, cabe à reclamada a prova da natureza unicamente civil da prestação de serviços, ônus do qual desincumbiu-se a contento, por meio de prova documental e testemunhal. Recurso ordinário do reclamante conhecido e parcialmente provido. (Recurso Ordinário nº 0000100-86.2021.5.21.0008 (ROT), Desembargador Relator: Ronaldo Medeiros de Souza, Recorrente: Josenilsom da Silva, Advogados: Roberto Fernando de Amorim Junior e outro, Recorrido: Aquaria Natal Hotel Ltda., Advogado: Osorio da Costa Barbosa Junior, Origem: 8ª Vara do Trabalho de Natal/RN).

TRIBUNAL REGIONAL DO TRABALHO DA 22ª REGIÃO

EMENTA: ITACOR. FISIOTERAPEUTA. CONTRATO DE PRESTAÇÃO DE SERVIÇOS. PEJOTIZAÇÃO. RELAÇÃO DE EMPREGO CONFIGURADA. Evidenciado que a prestação de serviços técnicos de Fisioterapeuta aos pacientes do Itacor, pelo reclamante, na qualidade de sócio da empresa MADR Serviços e Saúde Ltda, deu-se com o intuito de fraudar a aplicação da lei trabalhista, em clara afronta ao disposto no artigo 9º da CLT (fenômeno denominado PEJOTIZAÇÃO), visto que evidenciados os elementos da relação de emprego (pressupostos específicos previstos nos artigos 2º e 3º da CLT, quais sejam, pessoalidade, continuidade, onerosidade e subordinação), deve prevalecer o reconhecimento do vínculo empregatício entre as partes, em atenção ao princípio da primazia da realidade que tem preponderância sobre a aparência formal dos contratos. Precedente ACP n. 55300-23.2008.5.22.0003. Plenário TRT 22ª Região. (Processo 00002249-88.2017.5.22.0001, Relator Liana Ferraz De Carvalho, Data de julgamento, 1a Turma, 16/03/2020).

RECURSO ORDINÁRIO. AÇÃO ANULATÓRIA. MULTA APLICADA POR AUDITOR FISCAL DO TRABALHO. FATO GERADOR: PEJOTIZAÇÃO X RECONHECIMENTO DE VÍNCULO EMPREGATÍCIO DE MÉDICOS. NULIDADE DOS AUTOS DE INFRAÇÃO. Contrariando a pretensão da recorrente, não há que se falar em dever de registrar profissionais como empregados, quando não há a intenção nem o interesse do médico em estabelecer um vínculo empregatício com o Hospital. Afinal, reconhecendo-se a livre iniciativa do profissional liberal médico, verifica-se que o mesmo poderá prestar serviços de forma autônoma em diversos estabelecimentos, nos horários que lhe forem convenientes, aumentando consideravelmente suas possibilidades de ganhos em relação ao que lhe caberia acaso se sujeitasse à subordinação e à não-eventualidade do vínculo de emprego, uma vez que, nessa hipótese, deveria prestar seus serviços com pessoalidade, conforme as conveniências de jornada estabelecida pelo empregador. Ademais, considerando-se que não se está a tratar de hipossuficiente, facilmente suscetível a coação, bem como se levando em conta "as regras de experiência comum subministradas pela observação do que ordinariamente acontece" (art. 375, primeira parte, CPC/2015), entende-se que o profissional médico tem ampla liberdade para escolher se melhor lhe convém a relação empregatícia ou a prestação de serviços por meio de pessoa jurídica, sendo-lhe assegurado, se assim entender pertinente, o ajuizamento de ação trabalhista individual postulando o reconhecimento de liame de emprego, hipótese em que a Justiça do Trabalho, após ampla instrução do feito, decidirá se a situação fático-jurídica caracteriza ou não relação contratual trabalhista. Assim, no caso em análise, afigura-se correta a decisão de primeiro grau que declarou a nulidade dos autos de infração e indevidas as multas aplicadas ao recorrido. Nega-se provimento ao recurso ordinário. (Processo 00000513-58.2019.5.22.0003, Relator Manoel Edilson Cardoso, Data de julgamento, 2a Turma, 23/06/2020).

TRIBUNAL REGIONAL DO TRABALHO DA 23ª REGIÃO

VÍNCULO DE EMPREGO. REPRESENTAÇÃO COMERCIAL. PEJOTIZAÇÃO. O fenômeno da pejotização trata-se de uma tentativa de dissimulação da relação de emprego entre a parte trabalhadora e a empresa, o que não se admite no ordenamento jurídico pátrio, conforme preconiza o art. 9º da CLT. No caso em análise, não restou demonstrada a sua ocorrência tendo sido celebrado contrato escrito de prestação de serviços e não havendo prova de vício de consentimento ou subordinação jurídica, mantém-se a sentença, que julgou improcedente o pedido de reconhecimento de vínculo empregatício e pagamento de verbas consectárias. Recurso improvido. (TRT da 23.ª Região; Processo: 0000349-95.2018.5.23.0037; Data: 04-09-2019; Órgão Julgador: Gab. Des. João Carlos - 2ª Turma; Relator(a): JOAO CARLOS RIBEIRO DE SOUZA)

VÍNCULO DE EMPREGO. "PEJOTIZAÇÃO". OCORRÊNCIA. A recontratação de trabalhadora anteriormente dispensada com exigência de abertura de CNPJ, em vista do prosseguimento da prestação laboral com subordinação jurídica aos prepostos das reclamadas, evidencia a fraude aos diretos trabalhistas conhecida como "pejotização", a qual é nula nos termos do art. 9º da CLT. (TRT da 23.ª Região; Processo: 0000820-73.2019.5.23.0006; Data: 10-08-2020; Órgão Julgador: Gab. Des. Roberto Benatar - 2ª Turma; Relator(a): ROBERTO BENATAR)

CONTRATO DE PRESTAÇÃO DE SERVIÇOS. PEJOTIZAÇÃO. FRAUDE NÃO CONFIGURADA. ÔNUS DE PROVA DA AUTORA. Por se tratar de fato constitutivo de seu direito (art. 373, I do CPC e art. 818 da CLT), incumbe à parte autora demonstrar que a constituição de pessoa jurídica se deu com o escopo de fraudar as leis trabalhistas e que houve fraude na contratação. E, neste caso, a autora não se desvencilhou a contento, à míngua de prova robusta ou da apresentação de qualquer outro elemento de convencimento capaz de evidenciar a presença dos elementos constantes nos arts. 2º e 3º da CLT da CLT na relação estabelecida entre as partes. Desta feita, impõe-se reformar a decisão singular para afastar o vínculo de emprego reconhecido e, por consequência, julgar improcedentes os pedidos dele decorrentes. Apelo do 1º réu ao qual se dá provimento, ficando prejudicada a análise do recurso ordinário interposto pelo 2º réu. (TRT da 23.ª Região; Processo: 0000524-55.2019.5.23.0037; Data: 22-09-2020; Órgão Julgador: Gab. Des. Maria Beatriz Theodoro - 2ª Turma; Relator(a): MARIA BEATRIZ THEODORO GOMES)

CONTRATO DE FRANQUIA. PEJOTIZAÇÃO. RECONHECIMENTO DE VÍNCULO EMPREGATÍCIO. FRAUDE NÃO CONFIGURADA. ÔNUS DE PROVA DO AUTOR. Por se tratar de fato constitutivo de seu direito (art. 373, I do CPC e art. 818 da CLT), incumbe à parte autora demonstrar que a constituição de pessoa jurídica se deu com o escopo de fraudar as leis trabalhistas e que houve fraude na contratação. E, neste caso, o autor não se desvencilhou a contento, à míngua de prova robusta ou da apresentação de qualquer outro elemento de convencimento capaz de evidenciar a presença dos elementos constantes nos arts. 2º e 3º da CLT na relação estabelecida entre as partes. Desta feita, impõe-se manter a decisão singular que afastou o reconhecimento de vínculo empregatício entre as partes. Apelo do obreiro ao qual se nega provimento. (TRT da 23.ª Região; Processo: 0000045-70.2019.5.23.0002; Data: 03-12-2020; Órgão Julgador: Gab. Des. Maria Beatriz Theodoro - 2ª Turma; Relator(a): MARIA BEATRIZ THEODORO GOMES)

TRABALHADOR AUTÔNOMO. PEJOTIZAÇÃO E VÍNCULO DE EMPREGO NÃO CONFIGURADOS. Os requisitos caracterizadores da relação de emprego encontram-se previstos nos artigos 2º e 3º da Consolidação das Leis Trabalhistas, quais sejam, pessoalidade, onerosidade, não eventualidade, subordinação e assunção dos riscos da atividade pelo empregador. O liame empregatício e o trabalho autônomo possuem em comuns muitos dos requisitos legais, sendo traço distintivo fundamental entre essas modalidades de trabalho a subordinação do empregado ao patrão. Em regra, é do Autor o ônus de provar a existência de vínculo empregatício, por constituir em fato constitutivo do seu direito, conforme dispõem os artigos 818 da CLT e 373, I, do CPC/2015. Por outro lado, admitida pela Ré a prestação de serviços, contudo em modalidade diversa da relação empregatícia, incumbe a esta o ônus de provar o alegado fato impeditivo ao direito do Autor, nos termos do inciso do II do referido digesto processual civil. No caso, o conjunto probatório corroborou a tese da defesa de que existia uma relação de natureza autônoma entre o "de cujus" e a Ré, não restando demonstrado os requisitos caracterizadores da relação de emprego de forma cumulativa, razão pela qual se impõe manter a sentença que indeferiu o pedido de reconhecimento do vínculo de emprego e de pagamento dos consectários legais. (TRT da 23.ª Região; Processo: 0000526-09.2018.5.23.0086; Data: 31-05-2021; Órgão Julgador: Gab. Des. Bruno Weiler - 1ª Turma; Relator(a): WANDERLEY PIANO DA SILVA)

EXECUTIVO DE VENDAS. PEJOTIZAÇÃO. RELAÇÃO FRAUDULENTA. RECONHECIMENTO DO VÍNCULO EMPREGATÍCIO. Havendo prova cabal nos autos quanto à obrigatoriedade de constituição de pessoa jurídica para possibilitar a prestação de serviço às empresas, bem como a estipulação de metas de vendas para os executivos de vendas, entrega de relatório de visitas, agendamento de reunião com presença obrigatória e disponibilização de treinamento e cursos de capacitação, entende-se que o cenário descrito em audiência, unido à prova documental, é de porte a configurar a subordinação jurídica própria a relações de emprego, evidenciando que a contratação da trabalhadora sob vestes de pessoa jurídica materializou fraude aos diretos trabalhistas da obreira ("pejotização"), a qual é nula nos termos do art. 9º da CLT. Logo, caracterizado o vínculo empregatício, não se há falar em reforma da sentença que assim decidiu. Recurso ordinário a que se nega provimento. TRT da 23.ª Região; Processo: 0000809-44.2019.5.23.0006; Data: 10-06-2021; Órgão Julgador: Gab. Des. Paulo Barrionuevo - 1ª Turma; Relator(a): PAULO ROBERTO RAMOS BARRIONUEVO)

VÍNCULO DE EMPREGO. "PEJOTIZAÇÃO". OCORRÊNCIA. A recontratação de trabalhador anteriormente dispensado com exigência de abertura de CNPJ, em vista do prosseguimento da prestação laboral com subordinação jurídica aos prepostos das reclamadas, evidencia a fraude aos diretos trabalhistas conhecida como "pejotização", a qual é nula nos termos do art. 9º da CLT. TRT da 23.ª Região; Processo: 0000340-70.2020.5.23.0003; Data: 28-06-2021; Órgão Julgador: Gab. Des. Roberto Benatar - 2ª Turma; Relator(a): AGUIMAR PEIXOTO)

TRIBUNAL REGIONAL DO TRABALHO DA 24ª REGIÃO

VÍNCULO. PEJOTIZAÇÃO. O reclamante, embora contratado por meio de pessoa jurídica, prestava serviços pessoalmente, auferia valores mensais fixos, possuía acesso ao local de trabalho por meio de crachá fornecido aos demais empregados, era transportado de ônibus da reclamada juntamente com os demais empregados e realizou exame demissional para deixar o trabalho. Além disso, a simulação do contrato de prestação de serviço é evidenciada pelos fatos de que não havia especificação dos serviços, nem cláusula penal, os pagamentos eram realizados sem prova de efetivos cronograma e relatório de execução dos serviços supostamente contratados e houve prorrogação do contrato sem indicação de motivos e pelos mesmos valores. Tudo a indicar o vínculo de emprego. Nega-se provimento. HORAS EXTRAS. AUSÊNCIA DE CARTÕES. JORNADA DA INICIAL. Cabia à reclamada juntar aos autos os cartões de ponto de todo o contrato de trabalho, o que não realizou, incidindo no caso, a aplicação da Súmula 338/TST, que gera presunção relativa de veracidade das alegações iniciais. Assim, de ser mantida a jornada reconhecida na sentença, em sintonia com o entendimento sumulado do TST. Por outro lado, em atenção ao princípio da adstringência, o recurso é parcialmente provido apenas para excluir da condenação o período da admissão a 03.03.2014. (TRT da 24ª Região; Processo: 0024880-21.2015.5.24.0072; Data: 21-09-2017; Órgão Julgador: Gabinete da Presidência - 2ª Turma; Relator(a): RICARDO GERALDO MONTEIRO ZANDONA)

ENGENHEIRO DE INSTRUMENTAÇÃO. VÍNCULO DE EMPREGO MASCARADO COM ABERTURA DE PESSOA JURÍDICA. "PEJOTIZAÇÃO" - O fato de o trabalhador ter sido contratado sob falsas vestes de autonomia, disfarçadas com constituição de "pessoa jurídica" (pejotização), por si só não é suficiente para afastar o vínculo de emprego, devendo ser analisada a realidade vivenciada, mormente quando a acionada é confessa quanto à matéria de fato e a prova evidencia um autêntico contrato de trabalho. Recurso desprovido. (TRT da 24ª Região; Processo: 0024895-87.2015.5.24.0072; Data: 22-11-2017; Órgão Julgador: Gabinete da Presidência - 2ª Turma; Relator(a): FRANCISCO DAS CHAGAS LIMA FILHO)

LEGITIMIDADE PASSIVA. TEORIA DA ASSERÇÃO. O reclamante indicou os recorrentes como responsáveis pelos créditos eventualmente deferidos. A legitimidade deve ser aferida com base na pertinência subjetiva do direito de ação, ou seja, é realizada em abstrato diante da alegação dos fatos narrados na peça inicial (teoria da asserção). Recurso não provido. RELAÇÃO DE EMPREGO. CONTRATO DE PRESTAÇÃO DE SERVIÇOS. PEJOTIZAÇÃO. Foi demonstrado que o contrato de prestação de serviços teve o intuito de ocultar a relação de emprego, de modo a fraudar eventuais direitos trabalhistas devidos ao reclamante. Nos termos do art. 9º da CLT e do princípio da primazia da realidade, a relação de emprego é reconhecida, porquanto presentes todos os elementos fático-jurídicos que a configuram. Recurso não provido. HORAS EXTRAS. AUSÊNCIA DOS CARTÕES DE PONTO. Cabia à reclamada juntar aos autos os cartões de ponto de todo o contrato de trabalho, o que não realizou, incidindo no caso, a aplicação da Súmula 338/TST, que gera presunção relativa de veracidade das alegações iniciais. Assim, de ser mantida a jornada reconhecida na sentença, em sintonia com o entendimento sumulado do TST. Recurso não provido. LEVANTAMENTO DE VALORES. EXPEDIÇÃO DE OFÍCIO. O órgão jurisdicional tem o dever de noticiar qualquer indício de violação do ordenamento jurídico. Não há determinação, nem iminência de liberação de quaisquer valores, mostrando-se precipitado o requerimento dos recorrentes. Além disso, esta Especializada não detém competência para executar ou apurar diferenças tributárias oriundas dos salários pagos durante o período do vínculo. O fato de a pessoa jurídica constituída pelo reclamante ter sido utilizada para ocultar uma relação de emprego não significa, per si, que o trabalhador tenha praticado algum crime. Recurso parcialmente provido tão somente para determinar expedição de ofício à Receita Federal do Brasil e à Junta Comercial de São Paulo/SP. (TRT da 24ª Região; Processo: 0024543-32.2015.5.24.0072; Data: 05-12-2017; Órgão Julgador: Gab. Des. João Marcelo Balsanelli - 2ª Turma; Relator(a): RICARDO GERALDO MONTEIRO ZANDONA)

NOTÍCIAS DOS TRIBUNAIS REGIONAIS DO TRABALHO

JUSTIÇA DO TRABALHO CONSTATA PEJOTIZAÇÃO E RECONHECE A RELAÇÃO DE EMPREGO EM CASO DE PROFESSOR QUE ATUAVA EM CURSOS JURÍDICOS

Publicado 02/07/2021

A juíza Lucilea Lage Dias Rodrigues, em sua atuação da 17ª Vara do Trabalho de Belo Horizonte, reconheceu a relação de emprego pretendida por um professor com a instituição de ensino para a qual ele prestou serviços como pessoa jurídica.

No caso, o professor dava aulas em cursos jurídicos e manteve relação de emprego com a rede de ensino por cerca de três anos, no período de outubro de 2006 a junho de 2009, quando teve rescindido o contrato. Em julho de 2009, apenas cinco dias após a extinção do vínculo de emprego, ele foi recontratado para prestar serviços como pessoa jurídica, assim permanecendo até outubro de 2016. Mas, pelo exame das provas, principalmente testemunhal, a julgadora concluiu que ficou evidente a subordinação na prestação de serviços do professor, condição que permaneceu mesmo depois da alteração contratual. Dessa forma, de acordo com a juíza, o contrato formal de prestação de serviços pactuado entre as partes não tem o efeito de encobrir o contrato realidade de emprego, que deve prevalecer. Na sentença, foi reconhecido o vínculo de emprego entre o professor e a instituição de ensino, pelo período trabalhado como pessoa jurídica, com a condenação da ex-empregadora a pagar ao autor os direitos trabalhistas decorrentes.

Na conclusão da magistrada, tratava-se de caso típico de "pejotização", que acontece quando os empregados são contratados como pessoa jurídica em razão da imposição direta ou indireta da empregadora. "Nesse contexto, o trabalhador é um prestador de serviços aparente, mas, na prática, atua como verdadeiro empregado, desempenhando suas atividades com pessoalidade e subordinação. Em síntese, a "pejotização" é utilizada para fraudar a aplicação da legislação trabalhista", explicou na sentença. Registrou que a contratação para prestação de serviços sem habitualidade e subordinação é lícita, mas que isso não pode ser usado para mascarar a relação de emprego, como ocorrido no caso.

Na decisão, foi pontuado que, no âmbito da legislação trabalhista, a questão deve ser analisada sob a ótica do princípio da "primazia da realidade", ou seja, quando a realidade dos fatos prevalece sobre o contrato formal de prestação de serviços. E, no entendimento da juíza, as circunstâncias verificadas no caso não deixaram dúvidas de que o professor continuou prestando serviços com a presença dos pressupostos caracterizadores da relação de emprego, principalmente a pessoalidade e a subordinação.

Em depoimento, o representante da instituição reconheceu que o autor atuava como professor e ministrava palestras em cursos regulares, semestrais ou anuais, além de ter sido coordenador do curso de pós-graduação, de 2014 a 2016. Afirmou que o professor comparecia na empresa uma vez por semana para gravar aulas por três horas para cursos livres e, uma vez por mês, também por três horas, para os cursos de pós-graduação. Caso não pudesse comparecer, disse o preposto, a instituição providenciava o remanejamento ou inversão de aulas com outros professores e não uma substituição. O preposto reconheceu que passagens, hospedagem e alimentação eram custeadas pelas instituições, as quais integravam a rede de ensino.

Para a juíza, as declarações do preposto revelaram que o autor sempre desempenhou as mesmas atividades, que não foram alteradas depois da mudança da sua contratação como pessoa jurídica. Demonstraram, ainda, que era a instituição de ensino quem assumia os riscos da atividade, custeando todas as despesas do autor para ministrar as aulas, o que contribuiu para o reconhecimento da condição de empregadora da ré, nos termos do artigo 2º da CLT.

Além disso, os relatos das testemunhas confirmaram que as condições de trabalho não foram alteradas após a rescisão do contrato de emprego e sua contração como pessoa jurídica. Ficou demonstrado que, mesmo depois da baixa na CTPS, ele tinha os horários de trabalho definidos pela empregadora e não podia se fazer substituir por outro profissional. Além disso, o professor tinha o trabalho fiscalizado e avaliado pelas rés, seja por meio da coordenação pedagógica, ou por avaliações trimestrais disponíveis na plataforma dos alunos. Diante desses fatos, a juíza considerou evidenciado que o professor continuou prestando serviços com a presença dos pressupostos legais da relação de emprego, principalmente a pessoalidade e a subordinação, após ser contrato como pessoa jurídica.

Chamou a atenção da julgadora o fato de o prazo entre o suposto término do contrato de trabalho, relativo ao período 2006 a 2009, e a assinatura do contrato de prestação de serviços ter sido de apenas cinco dias, o que, no entendimento da magistrada, reforça a tese da existência de fraude trabalhista.

Asseverou a juíza que, nos termos do artigo 818, II, da CLT, que dispõe sobre o ônus de prova, cabia à instituição de ensino demonstrar que o professor não atuou na condição de empregado e que houve modificação nas tarefas cotidianas e na forma de trabalhar, após o término formal do vínculo de emprego. Entretanto, isso não ocorreu.

"Nessa linha, entendo que o reclamante apenas continuou a exercer suas atividades laborais como professor após a ruptura do vínculo de emprego, com a subordinação inerente, ainda que se verifiquem algumas pactuações no que se refere a agendamento e remanejamento de aulas. Dessa forma, tenho que não há elementos nos autos aptos a demonstrar a mudança no cotidiano laboral do demandante tampouco que houve organização autônoma do modo de prestar serviços", destacou a magistrada. Para a juíza, ficou nítida a ingerência da reclamada na organização do trabalho do autor, inclusive em razão da exigência de pessoalidade.

A sentença foi confirmada nesse aspecto, em acórdão proferido pelos julgadores da Quinta Turma do TRT mineiro. Há recurso aguardando julgamento no TST.

Processo - PJe: 0010505-97.2017.5.03.0017 (RO)

ESCOLA DE IDIOMAS É CONDENADA APÓS RECONHECIMENTO DA RELAÇÃO DE EMPREGO COM TRABALHADOR CONTRATADO COMO PESSOA JURÍDICA

Publicado 27/05/2021

Por unanimidade, os julgadores da Sétima Turma do TRT de Minas, acompanhando o voto do juiz convocado Marco Túlio Machado Santos, mantiveram a sentença proferida pelo juízo da 2ª Vara do Trabalho de Pouso Alegre, que reconheceu o vínculo de emprego entre uma escola de idiomas e um trabalhador contratado como pessoa jurídica para atuar no período de 31 de julho de 2017 a 13 de novembro de 2019 como instrutor e, posteriormente, como coordenador.

Ao examinar o caso, o relator se deparou com a fraude conhecida por "pejotização", situação em que o trabalhador presta serviços por meio de pessoa jurídica para mascarar a relação de emprego. Ele rejeitou os argumentos da escola de que a contratação teria ocorrido de forma válida e sem os pressupostos da relação de emprego. A escola de idiomas afirmava não haver subordinação jurídica e exclusividade, tendo o autor, inclusive, trabalhado em outras instituições. Também defendia a ausência de pagamento de salário, mas sim de "honorários em contraprestação aos serviços prestados", conforme notas fiscais, além de alegar que não era exigida pessoalidade na prestação de serviço.

Para o relator, todavia, os pressupostos previstos nos artigos 2º e 3º da CLT para a caracterização da relação de emprego foram provados, ficando evidente a fraude praticada pela escola. Nesse sentido, o próprio sócio da reclamada reconheceu que, para ser instrutor, era necessário ter CNPJ e afirmou ter instruído o autor a abrir uma firma para que pudesse ser contratado. De acordo com o depoimento do dono da escola, o trabalhador poderia contar com o auxílio de outro prestador de serviços, inclusive se tivesse impedimento para trabalhar, mas desde que não fosse alguém de fora da escola. Ele apontou, ainda, que as orientações sobre o trabalho eram passadas ao autor por WhatsApp.

Testemunhas relataram que o autor respondia aos sócios e era responsável por coordenar professores e pelas relações interpessoais entre os alunos. Segundo elas, todos os professores da escola prestam serviços através de "MEI" própria, não havendo nenhum registrado.

"A prova oral evidencia a total inserção do reclamante na dinâmica empresarial da reclamada, prestando serviços de forma onerosa, subordinada e não eventual, desenvolvendo atividades típicas de empregado da ré, e não de mero prestador de serviços", concluiu o juiz, chamando a atenção para o fato de que o reclamante não tinha autonomia na prestação de serviços e nem podia se fazer substituir por pessoa de fora da empresa.

Com relação ao argumento de que o autor poderia dar aulas particulares, o juiz convocado registrou que a situação não impede o reconhecimento do vínculo de emprego, considerando que, na relação de emprego, não há exclusividade, não havendo proibição do exercício de outra atividade fora do expediente. Na avaliação do relator, a "pejotização" ficou evidenciada no caso, o que destacou não se confundir com a terceirização de serviços.

Diante da realidade apurada nos autos, os julgadores negaram provimento ao recurso da escola e confirmaram o reconhecimento do vínculo de emprego. A empresa foi condenada a pagar ao trabalhador os direitos decorrentes do contrato de trabalho, inclusive relativos à dispensa sem justa causa.

Processo - PJe: 0010045-60.2020.5.03.0129 (AIRO)

NJ - ACORDO EM DIVINÓPOLIS REGULARIZA VÍNCULO DE MAIS DE 300 PROFISSIONAIS DE SAÚDE COM O HOSPITAL SÃO JOÃO DE DEUS

Publicado 13/02/2020

Nessa quarta-feira (12), o juiz Bruno Alves Rodrigues homologou um acordo que regularizou o vínculo empregatício de mais de 300 profissionais de saúde com o Hospital São João de Deus. O acordo foi celebrado perante a 2ª Vara do Trabalho de Divinópolis.

Trata-se de ação civil pública movida pelo Ministério Público do Trabalho contra a Fundação Geraldo Correa. A reclamada constitui o Complexo de Saúde São João de Deus, único hospital polivalente da Região Assistencial Oeste de Minas Gerais, referência em Alta Complexidade e Serviços de Urgência e Emergência para mais de 1,2 milhões de pessoas em 54 municípios da região.

O corpo clínico do hospital é composto de 262 médicos, aos quais se somam dezenas de outros profissionais da saúde, como fisioterapeutas, psicólogos, etc. A ação civil pública visava à regularização dos vínculos de emprego desses profissionais, de forma a coibir o fenômeno da pejotização generalizada, prática que ocorre quando uma empresa exige que o empregado constitua pessoa jurídica para lhe prestar serviços. Conforme pontuou o juiz Bruno Rodrigues, a pejotização "a um só tempo implica elisão fiscal e instabilidade no controle do corpo clínico da entidade hospitalar".

Diante da grande repercussão do processo e de seu impacto nas mais diversas searas, para além da trabalhista, houve intensa atuação e debate por parte dos mais diversos atores sociais no curso dos quase quatro anos de tramitação do processo, com espaço para fala por parte de sindicatos, associações, Ministério Público Estadual, além de outras entidades. Após esse tempo de maturação e de fomento ao diálogo, e com grande esforço empreendido pelo juízo, pelo Ministério Público do Trabalho e pelo hospital, a solução final foi construída em uma audiência com participação concorrida, que durou mais de três horas.

Nessa audiência, o hospital assumiu obrigação de fazer que poderá servir de parâmetro para ser replicada no setor de saúde, até mesmo para preservação do equilíbrio setorial, em termos concorrenciais. A reclamada se comprometeu a fazer adequação na forma de contratação dos profissionais de saúde, conforme os termos do acordo, registrados na ata da audiência.

Ao finalizar, o magistrado manifestou a sua preocupação em relação à preservação do equilíbrio setorial, quanto à necessária extensão da cobrança do cumprimento das normas de ordem pública a todo o segmento explorado pela ré (setor de saúde). "Concita-se, registrando nosso elevado respeito, tanto o Ministério Público do Trabalho, quanto a SRTE (a ser oficiada com cópia da presente ata) a observar o princípio da impessoalidade, com atuação homogênea em relação a todos empreendedores do setor, eis que a atuação tópica por denúncia (como informado na inicial do presente feito) redunda em inevitáveis ponderações quanto à geração de desequilíbrio concorrencial, como várias vezes pontuado pelos interessados em mesa de conciliação", ponderou.

Processo - PJe: 0012487-34.2016.5.03.0098 — Data: 12/02/2020

NJ - JUÍZA RECONHECE VÍNCULO DE EMPREGO AO CONSTATAR PEJOTIZAÇÃO ANTERIOR À REFORMA TRABALHISTA

Publicado 19/07/2019

Você já ouviu falar em pejotização? Isso é o que ocorre quando uma empresa exige que o empregado constitua pessoa jurídica para lhe prestar serviços. Assim, ao invés de contratar a pessoa física, é a empresa aberta em nome do empregado que é contratada. Tudo para mascarar a relação de emprego e fraudar direitos trabalhistas. Foi exatamente essa a situação com que se deparou a juíza Verena Sapucaia Silveira Gonzalez, em sua atuação na 2ª Vara do Trabalho de Sete Lagoas, ao analisar ação ajuizada por um trabalhador que exercia o cargo de gerente de operações de um grupo empresarial.

Inicialmente, a juíza ressaltou que o contrato de trabalho se deu antes da vigência da Lei n. 13.467/17, razão pela qual a sentença aplicou as normas vigentes antes da denominada "Reforma Trabalhista", que modificou a regulação dessa matéria.

Pelas provas produzidas, a magistrada verificou que a empresa contratante tinha total ingerência nas atividades profissionais do trabalhador, dirigindo a forma de execução dos serviços, além de arcar com as despesas e custos das atividades, assumindo os riscos do negócio, ou seja, atuando como verdadeira empregadora. E-mails trocados entre o autor e empregados da ré, revelaram que ele não tinha liberdade para contratar ou dispensar empregados ligados à empresa que, em tese, comandava, ou mesmo para autorizar prestação de horas extras, despesas de hospedagem ou aumentos salariais. Tudo tinha que ser reportado, explicado e aprovado pela ré. Para a juíza, isso demonstra que ele era verdadeiro gerente da ré, atuando apenas formalmente na empresa que constituiu em seu nome.

Assim, na avaliação da julgadora, ao fazer a contratação via pessoa jurídica, as rés tentaram se furtar da obrigação de exercer sua atividade fim por meio de seus próprios empregados, mascarando o contrato de trabalho do gerente, cujos serviços eram essenciais à atividade econômica, prestados por ele de forma continuada, com dependência e subordinação.

Por aplicação do artigo 9º da CLT, segundo o qual são nulos de pleno direito os atos com o objetivo de fraudar a aplicação dos dispositivos legais, a sentença reconheceu o vínculo de emprego entre o trabalhador e a empresa que o contratou, condenando as rés, de forma solidária (por formarem grupo econômico), ao pagamento dos direitos trabalhistas devidos. A empresa responsável pela contratação do gerente foi declarada empregadora e condenada a anotar a CTPS.

Na decisão, a magistrada pontuou que a lei trabalhista protege a pessoa física do empregado, assegurando que a relação de emprego seja revestida de garantias: "Tentar travestir a relação de emprego de relação regulada pelo Direito Civil, como se faz no fenômeno da pejotização, ainda que em primeiro momento possa se afigurar aparentemente mais lucrativo para o empregado contratado, em verdade representa precarização ao trabalhador e a todo o ordenamento jurídico, já que enfraquece a rede tutelar legalmente estabelecida, negando aos trabalhadores as garantias asseguradas a todos os empregados, tais como limitação de jornada de trabalho, descanso semanal remunerado, férias, 13° salário, seguro-desemprego, FGTS e proteção previdenciária", destacou. Alertou a julgadora que não se pode esquecer os impactos da pejotização na livre concorrência de mercado, com prejuízo às demais empresas que, de forma correta, arcam com os custos ao contratar empregados para a realização das mesmas atividades, enquanto outras, para fraudar direitos trabalhistas, recorrem à pejotização.

Há recurso em tramitação no TRT-MG.

6ª TURMA DO TRT-RS CONFIRMA VÍNCULO DE EMPREGO DE ANALISTA DE SUPORTE QUE FOI OBRIGADA A CONSTITUIR PESSOA JURÍDICA

A 6ª Turma do Tribunal Regional do Trabalho da 4ª Região (TRT-RS) reconheceu o vínculo de emprego entre uma analista de suporte e uma empresa da área de tecnologia que a obrigou a constituir pessoa jurídica para a prestação de serviços. Além das verbas salariais e rescisórias, a trabalhadora ainda deverá ser ressarcida nos valores correspondentes a impostos e taxas recolhidos durante o período da "pejotização". A decisão confirmou a sentença da juíza Carla Sanvicente Vieira, da 1ª Vara do Trabalho de Porto Alegre. Em segundo grau, foi acrescida à condenação uma indenização por danos morais de R$ 3 mil em razão da ausência do registro na CTPS.

Segundo o depoimento da analista, em janeiro de 2013 ela foi coagida a constituir a empresa, embora seguisse cumprindo horário e realizando as mesmas tarefas dos meses em que tinha contrato celetista.

Testemunhas ouvidas afirmaram que trabalhavam para a primeira empresa da mesma forma, mediante a criação de pessoas jurídicas. "Note-se que os depoimentos convergem no sentido de que a chamada 'pejotização' era uma prática da reclamada a partir de certo momento dos contratos de emprego, muito embora as atividades permanecessem as mesmas, sem solução de continuidade. Pitoresco, também, o fato de que o contador da empresa da reclamante ser o mesmo da reclamada e, pelo menos, da pessoa jurídica constituída por uma das testemunhas", ressaltou a juíza Carla.

A autora obteve o reconhecimento do vínculo de emprego com a primeira reclamada entre janeiro de 2011 e fevereiro de 2015. Também foi reconhecida a unicidade dos contratos como empregada e prestadora de serviços.

A condenação prevê a responsabilidade solidária da segunda empresa reclamada, pois o entendimento da magistrada foi de que constituem grupo econômico, com os mesmos sócios, idêntica sede e atividade-fim. Considerado o dever de fiscalização das empresas contratadas, a terceira e quarta reclamadas, que tomavam os serviços de desenvolvimento, instalação e manutenções em sistemas informatizados, deverão responder de forma subsidiária.

As empresas recorreram ao Tribunal para anular as condenações. Alegaram que a autora não comprovou a existência dos requisitos necessários à configuração da relação de emprego (pessoalidade, habitualidade, subordinação e onerosidade), tratando-se de mera relação comercial.

O Tribunal, contudo, manteve a decisão de primeiro grau. Para as magistradas integrantes da 6ª Turma, ficou comprovado que a parte reclamada buscava uma redução ilegal dos custos da mão de obra, "em total desrespeito à legislação trabalhista".

"Constata-se, assim, que restou amplamente comprovada não só a prestação de serviços permanentes e sem solução de continuidade da autora à parte demandada em caráter habitual, oneroso e subordinado como, também, a prática da parte requerida de exigir de seus empregados a constituição de empresas (pejotização) para viabilizar o exercício da atividade remunerada e subordinada", concluiu a relatora do acórdão, desembargadora Simone Maria Nunes.

A Turma atendeu ao recurso da autora quanto ao pedido de indenização por danos morais. Segundo o entendimento da relatora, "a fraude gera apreensão e incerteza, pois faz com que o trabalhador labore sem ter a esperança de comprovar a experiência adquirida, que se mostra útil em nova recolocação no mercado de trabalho".

Também participaram do julgamento as desembargadoras Beatriz Renck e Maria Cristina Schaan Ferreira. Uma das empresas reclamadas apresentou recurso ao Tribunal Superior do Trabalho (TST).

Fonte: Sâmia de Christo Garcia (Secom/TRT4). Foto: gzorgz/DepositPhotos

VENDEDORA DE PUBLICIDADE DE MT TEM VÍNCULO DE 28 ANOS DE TRABALHO RECONHECIDO COM GRUPO DE COMUNICAÇÃO

Para desembargadores, empresa praticou fraude conhecida como "pejotização" para não pagar direitos trabalhistas

Uma trabalhadora que atuou por quase três décadas com a venda de anúncios publicitários para um grupo de comunicação, em Cuiabá, teve reconhecido o vínculo de emprego de todo o período e, com isso, o direito de receber verbas como férias, 13º salário e FGTS.

O reconhecimento da relação de emprego ocorreu após a Justiça do Trabalho concluir que o caso foi uma típica prática denominada de "pejotização", quando o empregador exige que o trabalhador (pessoa física) abra uma firma (pessoa jurídica) para prestar serviços e assim camuflar o vínculo de emprego e se esquivar de pagar os direitos trabalhistas.

Ela relatou à Justiça que começou a trabalhar para o grupo em maio de 1990 na função de contato publicitário, seguindo-se sucessivas contratações e dispensas até que, em 1998, foi-lhe imposta a necessidade de constituir uma pessoa jurídica, por meio da qual permaneceu prestando os mesmos serviços até abril de 2019.

Proferida na 6ª Vara do Trabalho de Cuiabá (MT), a sentença concluiu – com base em documentos, relatos de testemunhas e até o depoimento do representante da empresa – que a relação possuía todos os requisitos característicos de uma relação de emprego, incluindo onerosidade, pessoalidade e subordinação.

PROVAS

Isso porque ficou comprovado o pagamento de comissões, a existência de metas e premiações aos vendedores que prestavam contas a um superior, inclusive em caso de afastamento para tratamento médico. Os contatos publicitários também utilizavam e-mail e crachá corporativo, além de que participavam de reuniões e cursos por determinação da empresa. Eles podiam, ainda, aderir ao mesmo plano de saúde dos empregados (contrato que era pago pela empresa) e utilizar outros convênios, como postos de gasolina e supermercados. Além disso, o próprio representante da empresa disse, em audiência, que os vendedores tinham de ter CNPJ para iniciar os trabalhos.

Diante das provas, a juíza reconheceu a fraude na contratação da trabalhadora como pessoa jurídica, "sendo evidente que a conduta das reclamadas visava impedir a incidência de obrigações e direitos trabalhistas", finalizou. A magistrada também concluiu pela unicidade dos contratos, de 1990 a 2019.

O grupo de comunicação recorreu ao Tribunal Regional do Trabalho da 23ª Região (MT) reiterando o argumento de que há muitos anos a trabalhadora prestava serviços de forma autônoma. Antes disso, afirmou ter ocorrido dois contratos de trabalho, mas que o último foi extinto em 1998. Desse modo, qualquer eventual direito trabalhista já estaria prescrito.

SUBORDINAÇÃO JURÍDICA

Os argumentos, entretanto, não convenceram os julgadores da Segunda Turma do Tribunal que, por unanimidade, mantiveram a sentença. Seguindo o voto do relator, desembargador Roberto Benatar, a Turma avaliou que ficou provada a prestação dos serviços com os requisitos do vínculo de emprego, incluindo a subordinação jurídica, bem como a ocorrência da "pejotização" como subterfúgio à descaracterização da relação de emprego.

O relator enfatizou o conteúdo dos e-mails, com termos como "convocação" para reunião, "presença indispensável", bem como determinação para que seja "colocado na agenda" treinamento a ser realizado, expressões que denotam obrigatoriedade de comparecimento.

Essas e outras condutas reveladas pelos e-mails enviados pela empresa não deixam dúvidas, conforme o relator, do exercício do poder diretivo do empregador de orientar, coordenar e estabelecer a forma da prestação dos serviços. Por tudo isso, o julgador concluiu estar configurada a subordinação própria das relações de emprego, "evidenciando que a recontratação de trabalhadora anteriormente dispensada, ainda que sob vestes de pessoa jurídica, materializou fraude aos diretos trabalhistas da obreira ("pejotização")".

FGTS E OUTROS DIREITOS

Com a decisão, o grupo de comunicação terá de pagar as parcelas inerentes ao vínculo de emprego, como férias e 13º salário, desde outubro de 2014 até a rescisão do contrato, em abril de 2019. As parcelas anteriores estão prescritas e não podem mais ser exigidas.

A trabalhadora terá direito ainda ao pagamento de 90 dias de aviso prévio, considerando que o contrato de trabalho durou mais de 28 anos, e ao seguro-desemprego, já que ficou reconhecido que o fim do contrato se deu sem justa causa e por iniciativa do empregador.

A empresa também terá de arcar com os valores correspondentes ao FGTS de todo o contrato (1990 a 2019), inclusive com acréscimo de 40% em razão da dispensa sem justa causa.

Por fim, como consequência da procedência total dos pedidos da ação, a empresa terá de pagar os honorários ao advogado da trabalhadora, fixados em 10% sobre o valor da condenação.

Após a decisão, o grupo de comunicação chegou a apresentar recurso de revista, pleiteando que o caso fosse julgado pelo Tribunal Superior do Trabalho (TST), em Brasília. Entretanto, o recurso não foi admitido, por não cumprir os requisitos para a reanálise do caso.

Fonte: TRT da 23ª Região (MT)

LABORATÓRIO TERÁ DE PAGAR R$3 MILHÕES POR PRÁTICA DE PEJOTIZAÇÃO — (20/06/2017)

A 1ª Turma do Tribunal Regional do Trabalho da 1ª Região (TRT/RJ) condenou o Laboratório Fleury S.A., que atua no ramo de serviços de realização de exames complementares em medicina e de diagnóstico, bem como exames laboratoriais, de patologia e de análises clínicas, e internações, a pagar indenização por danos morais no valor de R$ 3 milhões pela prática de "pejotização" na contratação de médicos, bem como condenou o réu ao cumprimento de obrigação de fazer, consistente na promoção do registro em CTPS dos trabalhadores/médicos que lhe prestem serviço, subordinado, nas atividades indispensáveis ao cumprimento de seu objeto social e, nos termos do art. 41 da CLT. A empresa também terá de se abster a utilizar essa prática ("pejotização") em todo território nacional, sob pena de ter de pagar multa. A decisão foi tomada no julgamento de um recurso do Ministério Público do Trabalho da 1ª Região (MPT-RJ) em Ação Civil Pública proposta contra o laboratório. A reparação será revertida pelo MPT a instituições públicas de saúde para apoio e tratamento de trabalhadores vítimas de acidente de trabalho e/ou doenças profissionais.

O colegiado acompanhou, por unanimidade, o voto do relator, desembargador Mario Sérgio M. Pinheiro, que reconheceu a prática da "pejotização" na contratação de médicos, reformando a sentença. A contratação se dava por intermédio de "pessoas jurídicas", mas os médicos atuavam na atividade-fim do laboratório de serviços de medicina diagnóstica, ficando caracterizados os requisitos do vínculo de emprego (pessoalidade, subordinação e não eventualidade).

Um dos argumentos usados em defesa do laboratório foi que a contratação dos profissionais médicos, por intermédio de pessoa jurídica, atendia ao interesse dos próprios prestadores de serviços por causa de sua alta especialização e pela possibilidade de ter uma agenda mais flexível.

Com uma análise minuciosa, o voto do relator, de 47 páginas, destacou, dentre outros pontos, que as contratações efetuadas pela empresa não se amoldam ao conceito de terceirização, uma vez que os prestadores de serviço eram os próprios sócios da pessoa jurídica contratados pela Ré e não seus empregados. Para o magistrado, a hipótese dos autos tampouco autoriza a concluir que seriam autônomos, pois nesse caso não haveria intermediação de pessoa jurídica.

O desembargador Mario Sérgio Pinheiro atentou para a prática da chamada "pejotização" - quando empregados tornam-se PJs por força da imposição das empresas contratantes. O magistrado observou que o laboratório, em seu site, requisita para atuar em regime PJ, impossibilitando a escolha da relação de emprego. "A nossa Constituição veda, expressamente, a "distinção entre trabalho manual, técnico e intelectual ou entre os profissionais respectivos" (art. 7°, inciso XXXII). Logo, por maior que seja o grau de especialização de determinado trabalhador, laborando ele em condições de uma típica relação de emprego, não pode, optar pelo "não-emprego"', afirmou o relator em seu voto.

Além da indenização de R$3 milhões, a título de reparação pelos danos morais causados aos direitos difusos e coletivos dos trabalhadores coletivamente considerados, a condenação incluiu a abstenção da empresa em realizar novas contratações de médicos por meio de pessoa jurídica, sob pena de ter de pagar multa diária de R$ 5 mil por trabalhador admitido desta forma. Com relação aos já contratados, o laboratório terá que assinar a carteira de trabalho dos profissionais que prestem serviços de forma subordinada.

Nas decisões proferidas pela Justiça do Trabalho, são admissíveis os recursos enumerados no art. 893 da CLT.

Fonte: TRT1

TRT DA 21ª REGIÃO (RN) REVERTE CONDENAÇÃO POR "PEJOTIZAÇÃO" IMPOSTA À OPERADORA DE PLANOS DE SAÚDE

Desembargadores julgaram como válido contrato de prestação de serviços e consultoria em marketing celebrado entre a pessoa jurídica do autor e a empresa

A Primeira Turma do Tribunal Regional do Trabalho da 21ª Região (RN) afastou o reconhecimento de vínculo empregatício de prestador de serviços da Unimed Natal, revertendo condenação por "pejotização" imposta à empresa.

O profissional ajuizou reclamação trabalhista, objetivando comprovar vínculo empregatício e receber as verbas decorrentes, além de indenização por danos morais por suposto assédio moral. Ele requereu ainda que a rescisão de seu contrato de trabalho fosse considerada como indireta, modalidade em que quem dá causa à extinção contratual é o empregador.

Em primeira instância, foi considerada a existência de "pejotização" no caso, hipótese em que há utilização de pessoa jurídica constituída pelo trabalhador no intuito de fraudar a legislação trabalhista, mascarando um vínculo que é de emprego como se fosse comercial.

Apesar de reconhecer o vínculo empregatício, já haviam sido julgados improcedentes os pedidos de danos morais e de rescisão indireta.

Ambas as partes interpuseram recurso ordinário junto ao TRT 21, que ao apreciar a demanda, julgou improcedente o processo, afastando, assim, a existência de vínculo empregatício.

Segundo o entendimento da Primeira Turma, o contrato de prestação de serviços e consultoria em marketing celebrado entre a pessoa jurídica do autor e a empresa era válido, inexistindo os requisitos ensejadores do vínculo de emprego, "não havendo indício de subordinação clássica, objetiva e estrutural".

Fonte: TRT da 21ª Região (RN)

RECONHECIDO VÍNCULO DE EMPREGO ENTRE DIAGRAMADOR CONTRATADO COMO PESSOA JURÍDICA E EDITORA NO AM

A sentença proferida pelo magistrado da 5ª Vara do Trabalho de Manaus (MA) foi confirmada pela 2ª Turma do TRT.

O juiz do Trabalho substituto André Luiz Marques Cunha Junior, da 5ª Vara do Trabalho de Manaus (MA), reconheceu o vínculo empregatício entre um diagramador contratado como MIcroempreendedor Individual (MEI) e uma editora em Manaus (AM). Antes de assinar o contrato como pessoa jurídica, o reclamante já havia sido empregado celetista da empresa durante quatro anos na mesma função.

Ao analisar as provas dos autos, o magistrado destacou que as testemunhas, bem como a preposta confirmaram que a atividade exercida pelo reclamante, mesmo após o fim do registro do contrato de trabalho, continuou a mesma, inclusive, nas mesmas condições.

Apesar de registrado como MEI, o julgador entendeu que o reclamante permaneceu inserido na mesma dinâmica de trabalho, inclusive, com jornada não eventual (especialmente, com relação ao número de folgas na semana, horário de entrega do trabalho final, escala de trabalho entre diagramadores e tempo à disposição) e não tinha autonomia, dentre outros pontos destacados na sentença proferida em outubro de 2019. "Assim, firmo convencimento de que havia entre as partes típica relação de emprego, considerando ainda que a reclamada não se desincumbiu de forma satisfatória de seu encargo probatório, nos termos do art. 818, I da CLT", pontuou, ao fundamentar as razões de convencimento sobre o vínculo empregatício.

RECURSO REJEITADO

Em sessão virtual realizada em 1º de junho deste ano, a 2ª Turma do Tribunal Regional do Trabalho da 11ª Região (AM/RR) rejeitou o recurso da reclamada e confirmou, por unanimidade, a decisão de 1º grau. Devido ao trânsito em julgado ocorrido no último dia 26 de junho, conforme certidão expiração de prazo juntada aos autos, a sentença não pode mais ser modificada.

Em decorrência, a reclamada deverá pagar férias, 13º salário, horas extras, multa do art. 477 da CLT e aviso prévio, dentre outras verbas deferidas ao reclamante. Deverá, ainda, providenciar o recolhimento do FGTS e a entrega da documentação necessária para habilitação ao seguro-desemprego, além de efetuar o registro na carteira de trabalho relativo ao período reconhecido em juízo (2 de julho de 2017 a 15 de abril de 2019) na função de diagramador e salário de R$ 3 mil.

PEJOTIZAÇÃO

Na ação trabalhista ajuizada em 30 de julho de 2019, o profissional narrou que já havia sido empregado da editora durante quatro anos, mas que sua permanência foi condicionada à abertura de uma firma individual (MEI) para recebimento do salário através da emissão de notas fiscais, caso desejasse continuar trabalhando na empresa. Assim, foi dispensado em 1º de julho de 2017 e readmitido no dia seguinte, por meio da "pejotização", executando a mesma função e nas mesmas condições de trabalho.

Ele requereu o reconhecimento de vínculo empregatício, o pagamento das verbas trabalhistas decorrentes, horas extras, os benefícios da justiça gratuita e honorários advocatícios, além de outros pedidos.

Em sua defesa, a empresa alegou que se reestruturou para permanecer no mercado em meio à crise e que, para tanto, terceirizou alguns serviços. Nesse contexto, sustentou que o reclamante era apenas um prestador autônomo de serviço e que não preenchia os requisitos para reconhecimento de vínculo empregatício.

Fonte: TRT da 11ª Região (AM/RR)

TRABALHADOR QUE VENDIA PASSAGENS NÃO CONSEGUE RECONHECIMENTO DE VÍNCULO COM EMPRESA DE ÔNIBUS — (21/06/2017)

Por unanimidade, a Primeira Turma do Tribunal Regional do Trabalho da 24ª Região manteve a decisão da 1ª Vara do Trabalho de Dourados que negou o vínculo de emprego entre um vendedor de passagens e a Viação Umuarama. O reclamante alegou que foi obrigado a abrir uma firma para prestar serviços à empresa e que trabalhou dessa forma de 1999 a 2013, emitindo bilhetes em um guichê da rodoviária do município.

Já a Viação Umuarama argumentou que o reclamante trabalhava de forma autônoma e sem qualquer subordinação e que abriu a empresa por iniciativa própria para comercializar bilhetes de ônibus mediante o recebimento de 9% sobre a venda de passagens.

Segundo o relator, Desembargador Nery Sá e Silva de Azambuja, o vínculo de emprego entre as partes não foi comprovado. "A prova carreada aos autos demonstrou que, de fato, o autor prestou serviços à reclamada, contudo, não na modalidade empregatícia, mas decorrente de contrato de natureza civil mantida entre as partes, inexistindo subordinação".

Ainda de acordo com o magistrado, o reclamante afirmou no depoimento que empregava parentes para ajudar na venda de passagens e que a Viação Umuarama admitiu que ele vendesse bilhetes de outras empresas para aumentar sua renda.

"O reclamante, expressamente, reconheceu que tinha empregados próprios, ficando suficientemente demonstrada a inexistência de vínculo empregatício, revelando seu depoimento a ausência de pessoalidade e subordinação na prestação de serviços. Portanto, não há falar em 'pejotização', visto que o contrato firmado entre as partes, de natureza civil, não constitui fraude trabalhista que, repita-se, ocorreu de forma autônoma, na medida em que o Decreto n. 2.521/1998, em seu artigo 67, autoriza a venda de passagens diretamente pela transportadora, ou por intermédio de agente por ela credenciado", concluiu o des. Nery Azambuja.

Fonte: TRT24

USINA CONDENADA A PAGAR ADICIONAL DE PERICULOSIDADE A MOTORISTA QUE ATUAVA COMO AUTÔNOMO

A 4ª Câmara do TRT-15 condenou uma usina sucroalcooleira a pagar adicional de periculosidade, na base de 30%, a ser apurado sobre o salário contratual do reclamante, com reflexos em horas extras, aviso-prévio, saldo de salário, décimos terceiros salários, férias acrescidas de 1/3, depósitos ao FGTS e multa. A condenação se deveu ao reconhecimento do vínculo de emprego entre o trabalhador, que atuava como motorista "autônomo" e a empresa.

O relator do acórdão, juiz convocado Carlos Eduardo Oliveira Dias, afirmou que se configura ilícita a contratação de ex-empregado da empresa que, por imposição dela tornou-se prestador de serviço de transporte, mediante constituição de pessoa jurídica, por meio da chamada "pejotização". A própria natureza dos serviços prestados pelo reclamante, "como motorista de caminhão transportando cana-de-açúcar, já evidencia a fraude perpetrada", afirmou o relator, acrescentando ainda que "se as atividades do empregado se inserem na atividade natural do empregador, sinal evidente de que não poderia laborar de outra forma jurídica senão como empregado".

O acórdão ressaltou ainda que a imperatividade das normas de Direito do Trabalho, que tem matriz principiológica, "permite afastar qualquer contratação que tente se esvair do modelo contratual consagrado desde a regulação do trabalho no Brasil", e concluiu que "ainda que se promova a criação legislativa de figuras dissimuladoras da relação de emprego, deve ser reconhecido o vínculo empregatício diretamente com aquele que se beneficiou da prestação de serviços, pela aplicação do princípio da primazia da realidade".

O colegiado manteve, assim, a decisão do Juízo da Vara do Trabalho que declarou a nulidade do contrato civil de prestação de serviços celebrado entre a usina e o trabalhador, que atuou por sete anos como motorista "terceirizado", o que teria acarretado, segundo ele, "lesões psicológicas e frustração da realização de projetos de vida". O acórdão também reconheceu o vínculo de emprego entre as partes, de primeiro de julho de 2005 a 20 de dezembro de 2012, na função de motorista, fixando o salário mensal no importe de R$ 2.500.

O colegiado negou, porém, o pedido do reclamante de indenização por danos morais que, no caso, não teriam existido, segundo o entendimento do colegiado. O acórdão ressaltou que "ainda que a conduta da reclamada não seja a mais recomendável, não é suficiente para configurar dano moral", uma vez que não houve "desrespeito aos direitos fundamentais da boa fama ou da personalidade".

Fonte: TRT 15

EMPRESA QUE FRAUDAVA TERCEIRIZAÇÕES É CONDENADA A RESCINDIR CONTRATOS E A PAGAR DANO MORAL

A Primeira Turma de Julgamentos do Tribunal Regional do Trabalho da 21ª Região (TRT-RN) manteve a decisão da Vara do Trabalho de Currais Novos e condenou a Camaleon Indústria e Comércio a rescindir os contratos com as falsas facções de corte, costura e acabamento de roupas. A empresa havia terceirizado toda a sua atividade utilizando pessoas jurídicas por ela criadas e tendo como sócios os seus ex-empregados.

Após denúncias, constatou-se que a Camaleon tinha apenas um empregado registrado, mas produzia 15 mil peças por mês com a contratação fraudulenta de pseudofacções.

A Delegacia da Receita Federal no Rio Grande do Norte e da Superintendência Regional do Trabalho e Emprego no Rio Grande do Norte comprovou, durante fiscalização, a formação de grupo econômico envolvendo a Camaleon e outras três empresas de mesmo objeto social.

Todas estavam situadas no mesmo galpão e cada uma delas cuidava de uma parte do processo produtivo. Havia ainda uma outra empresa, que atuava na divisão de tarefas fabris do grupo.

Embora a atividade econômica da empresa seja a confecção de artigos de vestuário, havia a transferência integral de sua atividade finalística para outras empresas, cujas atividades econômicas são confecções de roupas e serviços acessórios do vestuário, abrangendo corte, costura e lavagem de peças e artigos de vestuário.

Para o Ministério Público do Trabalho no Rio Grande do Norte (MPT-RN), que é autor da ação civil pública que resultou na condenação, a conduta da empresa caracterizava a chamada pejotização ilícita, servindo-se de pessoas jurídicas para executar atividades com subordinação direta à empresa contratante e burlando as legislações trabalhista e fiscal.

Em consulta ao Cadastro Geral de Empregados e Desempregados (CAGED), foi detectado que os empregados eram despedidos em um dia, e logo depois tornavam-se sócios das pessoas jurídicas contratadas.

O desembargador e vice-presidente do TRT-RN, Bento Herculano Duarte Neto, relator do processo, manteve a obrigação de a Camaleon não efetuar a contratação da atividade de produção descrita em seu contrato social, com facções, cooperativas de trabalho ou empresas de qualquer gênero ou espécie fabril, sob pena de multa.

Além disso, a empresa deverá corrigir os contratos de trabalho nos documentos profissionais dos trabalhadores em atividade desde o ajuizamento da ação, fazendo constar sua condição como real empregadora, ao longo de todos os períodos respectivos.

Na decisão, o relator entendeu que houve uma autêntica fraude praticada pela empresa com o mero intuito de blindagem patrimonial e precarização das condições de trabalho. A ilicitude torna premente a necessidade de reconhecimento dos liames empregatícios de forma direta, uma vez que as pessoas descentralizadas detinham aspecto meramente formal. Havia uma única empresa a atuar, funcionamento em um mesmo local, com uma mesma direção, com o mesmo maquinário e cujos sócios das empresas descentralizadas eram, em realidade, empregados da Camaleon travestidos de sócios formais.

O cumprimento da decisão deve ser imediato, pois foi concedida a antecipação da tutela.

A empresa foi condenada também a pagar R$ 200.000,00 a título de dano moral coletivo, com reversão do valor para programas sociais de saúde, educação e trabalho/profissionalização no Município de Tangará/RN.

Fonte: TRT 21

VENDEDOR QUE CONSTITUIU PESSOA JURÍDICA PARA CONTINUAR NO TRABALHO TEM VÍNCULO DE EMPREGO NEGADO

"Nem toda contratação através de pessoas jurídicas é fraudulenta!". Esse foi o alerta dado pelos magistrados da 10ª Turma do TRT mineiro ao julgarem desfavoravelmente o recurso de um vendedor, mantendo a sentença que não reconheceu o vínculo de emprego entre ele e uma empresa de comércio de produtos alimentícios. Diante das provas produzidas, foi descartada a existência de fraude à legislação trabalhista. A conclusão foi de que o vendedor desenvolvia suas atividades como representante comercial autônomo, sem subordinação jurídica, requisito essencial para a configuração do vínculo de emprego.

O vendedor insistia no reconhecimento do vínculo de emprego com a ré por dois períodos em que prestou serviços como pessoa jurídica, além do reconhecimento da unicidade contratual, já que em dois outros períodos teve sua CTPS anotada pela empresa. Argumentou que o próprio preposto da ré reconheceu que ele sempre desempenhou as mesmas funções de "Gerente Regional de Vendas", seja na condição de celetista, seja como representante autônomo, o que demonstra que a rescisão contratual e sua posterior contratação como pessoa jurídica ocorreram com o único intuito de fraudar seus direitos trabalhistas. Já a empresa afirmou que, depois da primeira rescisão do contrato de emprego, o próprio reclamante foi quem propôs sua contratação como representante comercial autônomo, através de sua própria empresa.

Atuando como relator, o juiz convocado Alexandre Wagner de Morais Albuquerque ressaltou que a situação retratada diz respeito ao fenômeno denominado "pejotização", uma realidade cada vez mais presente no mercado de trabalho atual, na qual a empresa demite seu empregado e exige que ele constitua uma empresa para que continue a lhe prestar serviços. "Por meio dessa 'manobra', as empresas tem a intenção de reduzir seus custos, deixando de pagar os encargos trabalhistas, o que permite um certo implemento na remuneração do prestador de serviços, com aparente vantagem para os dois lados", destacou.

Entretanto, conforme ressaltou o julgador, nem toda contratação através de pessoas jurídicas é fraudulenta, como no caso, em que não se constatou fraude à legislação trabalhista.

A prova testemunhal revelou que o vendedor, de fato, ingressou na empresa como supervisor de vendas, com o contrato registrado na CTPS, atuando no controle de todos os representantes comerciais da ré no Estado de Minas Gerais. Após dois anos, em razão de modificação do formato da gerência de vendas, foi proposto a ele que continuasse o mesmo trabalho, mas, desta vez, por meio de pessoa jurídica por ele constituída. Enquanto empregado, o reclamante recebia salário fixo e a empresa cobria as despesas, inclusive cedendo carro para o trabalho. Já como pessoa jurídica, ele passou a auferir comissões, com certa evolução do trabalho, acompanhada de um aumento remuneratório, embora sem muitas mudanças nas tarefas realizadas. As testemunhas também revelaram que ele tinha total autonomia para decidir os seus horários, sendo ele próprio responsável por sua agenda. Também ficou demonstrado que, enquanto pessoa jurídica, o reclamante poderia prestar serviços a outras empresas (embora nunca o tenha feito), não tendo obrigação de comparecer às reuniões promovidas pela ré, além de ter liberdade para negociar os preços.

Como notou o julgador, as condições de trabalho do vendedor/representante, nos períodos com e sem registro na CTPS, eram semelhantes. Contudo, o que mais chamou a atenção do relator foi a grande diferença entre a remuneração recebida por ele como empregado e como pessoa jurídica. Documentos demonstram que, quando prestou serviços através de sua própria empresa, o representante recebia cerca de R$ 20.000,00 por mês. Já como empregado celetista, ele recebia de R$ 3.500,00 a R$ 8.500,00 mensais. Nas palavras do relator, "a remuneração da pessoa jurídica foi superior em mais de 200% àquela recebida pelo autor quando do vínculo jurídico, o que vai muito além da redução de custos obtida pela empresa por não arcar com os encargos trabalhistas do empregado". Nesse contexto, o juiz convocado ponderou que não é verossímil considerar que a empresa tenha alterado a forma de contratação do trabalhador com o intuito de fraudar os seus direitos trabalhistas, sem obtenção de vantagem econômica.

"Por tudo isso, entendo que não há como reconhecer a alegada fraude à legislação trabalhista, pois não restou demonstrado o preenchimento de todos os requisitos para a caracterização do vínculo empregatício. Assim como o juízo de origem, estou convencido de que, com relação aos períodos não registrados na CTPS, o reclamante exerceu a profissão de representante comercial autônomo, sem subordinação jurídica" concluiu o relator, no que foi acompanhado pela Turma revisora.

Fonte: TRT 3

LABORATÓRIO TERÁ DE PAGAR R$3 MILHÕES POR "PEJOTIZAÇÃO"

A 1ª Turma do Tribunal Regional do Trabalho da 1ª Região (TRT/RJ) condenou o Laboratório Fleury S.A., que atua no ramo de serviços de realização de exames complementares em medicina e de diagnóstico, bem como exames laboratoriais, de patologia e de análises clínicas, e internações, a pagar indenização por danos morais no valor de R$ 3 milhões pela prática de "pejotização" na contratação de médicos, bem como condenou o réu ao cumprimento de obrigação de fazer, consistente na promoção do registro em CTPS dos trabalhadores/médicos que lhe prestem serviço, subordinado, nas atividades indispensáveis ao cumprimento de seu objeto social e, nos termos do art. 41 da CLT. A empresa também terá de se abster a utilizar essa prática ("pejotização") em todo território nacional, sob pena de ter de pagar multa. A decisão foi tomada no julgamento de um recurso do Ministério Público do Trabalho da 1ª Região (MPT-RJ) em Ação Civil Pública proposta contra o laboratório. A reparação será revertida pelo MPT a instituições públicas de saúde para apoio e tratamento de trabalhadores vítimas de acidente de trabalho e/ou doenças profissionais.

O colegiado acompanhou, por unanimidade, o voto do relator, desembargador Mario Sérgio M. Pinheiro, que reconheceu a prática da "pejotização" na contratação de médicos, reformando a sentença. A contratação se dava por intermédio de "pessoas jurídicas", mas os médicos atuavam na atividade-fim do laboratório de serviços de medicina diagnóstica, ficando caracterizados os requisitos do vínculo de emprego (pessoalidade, subordinação e não eventualidade).

Um dos argumentos usados em defesa do laboratório foi que a contratação dos profissionais médicos, por intermédio de pessoa jurídica, atendia ao interesse dos próprios prestadores de serviços por causa de sua alta especialização e pela possibilidade de ter uma agenda mais flexível.

Com uma análise minuciosa, o voto do relator, de 47 páginas, destacou, dentre outros pontos, que as contratações efetuadas pela empresa não se amoldam ao conceito de terceirização, uma vez que os prestadores de serviço eram os próprios sócios da pessoa jurídica contratados pela Ré e não seus empregados. Para o magistrado, a hipótese dos autos tampouco autoriza a concluir que seriam autônomos, pois nesse caso não haveria intermediação de pessoa jurídica.

O desembargador Mario Sérgio Pinheiro atentou para a prática da chamada "pejotização" - quando empregados tornam-se PJs por força da imposição das empresas contratantes. O magistrado observou que o laboratório, em seu site, requisita para atuar em regime PJ, impossibilitando a escolha da relação de emprego. "A nossa Constituição veda, expressamente, a ¿distinção entre trabalho manual, técnico e intelectual ou entre os profissionais respectivos' (art. 7º, inciso XXXII). Logo, por maior que seja o grau de especialização de determinado trabalhador, laborando ele em condições de uma típica relação de emprego, não pode, optar pelo ¿não-emprego'", afirmou o relator em seu voto.

Além da indenização de R$3 milhões, a título de reparação pelos danos morais causados aos direitos difusos e coletivos dos trabalhadores coletivamente considerados, a condenação incluiu a abstenção da empresa em realizar novas contratações de médicos por meio de pessoa jurídica, sob pena de ter de pagar multa diária de R$ 5 mil por trabalhador admitido desta forma. Com relação aos já contratados, o laboratório terá que assinar a carteira de trabalho dos profissionais que prestem serviços de forma subordinada.

Nas decisões proferidas pela Justiça do Trabalho, são admissíveis os recursos enumerados no art. 893 da CLT.

Fonte: TRT1

EMISSORA DE TV É ABSOLVIDA POR CONTRATAR JORNALISTA POR MEIO DE PJ

A TV SBT Canal 11 do Rio de Janeiro foi absolvida da acusação de fraude à lei trabalhista ao contratar jornalistas por meio de pessoa jurídica. O objetivo da ação civil pública ajuizada pelo Ministério Público do Trabalho (MPT) era que a emissora fosse condenada a pagar dano moral coletivo de R$ 800 mil e proibida de contratar trabalhadores constituídos em pessoa jurídica para realização de atividade-fim ("pejotização"). A Justiça do Trabalho, porém, não constatou a fraude alegada pelo MPT. O processo foi julgado pela Quarta Turma do Tribunal Superior do Trabalho que negou provimento a agravo de instrumento interposto pelo MPT.

Na ação civil pública, o MPT argumentou que a fraude seria evidente nos próprios contratos de prestação de serviços, que exigiam exclusividade. Afirmou que, apesar de serem profissionais com todo conhecimento técnico necessário para cumprir seu trabalho, os jornalistas não são autônomos, pois estão inseridos na estrutura da empresa e, por isso, devem ser protegidos pela legislação trabalhista.

Em sua defesa, o SBT ressaltou a especificidade dos contratos, porque jornalistas e radialistas gozariam de liberdade e autonomia na realização de seu trabalho por exercerem atividades criativas. Argumentou que o MPT estaria interferindo na atividade privada de trabalhadores autônomos, e que a contraprestação pelos serviços prestados por esses profissionais envolve aspectos relacionados a direitos autorais, de imagem, responsabilização pela contratação de assessoramento, marketing e patrocínio.

A ação foi julgada improcedente na primeira instância, e a sentença foi confirmada pelo Tribunal Regional do Trabalho da 1ª Região (RJ), que também negou seguimento ao recurso de revista do MPT. Segundo o Regional, a pretensão, se deferida, levaria à generalização de situações distintas e impossibilitaria a contratação de trabalhadores que possuem ampla autonomia no desenvolvimento de atividades intelectuais, "cuja contratação como pessoa jurídica se revela inclusive conveniente no aspecto pecuniário e tributário". Verificou, ainda, que a contratação por meio de pessoa jurídica não é comum a todos os trabalhadores da empresa, o que afastou a tese do MPT.

Quanto à alegação de fraude com base na exclusividade, o TRT analisou um dos contratos e concluiu que a exigência não era absoluta e estaria de acordo com o princípio da livre concorrência, ressaltando que nem todos os jornalistas pejotizados "demonstraram irresignação", e nada os impede de reivindicar o reconhecimento do vínculo de emprego mediante ação individual.

TST

Relator do recurso no TST, o ministro João Oreste Dalazen explicou que as provas examinadas pelo TRT demonstram que a empresa não exigia do contratado a constituição de pessoa jurídica nem exclusividade, e que os contratos não apresentariam requisitos caracterizadores do vínculo empregatício. Assim, para reconhecer que o SBT se utiliza indevidamente do contrato de prestação de serviços para burlar a legislação do trabalho seria necessário o revolvimento de fatos e provas, procedimento incompatível com o recurso de revista (Súmula 126 do TST). Sem o reconhecimento da fraude, o pedido de pagamento de indenização por dano moral coletivo ficou prejudicado.

(Fonte: TST)

Processo: AIRR-153700-05.2009.5.01.0009

NOTÍCIAS DO MINISTÉRIO PÚBLICO DO TRABALHO

FRAUDES TRABALHISTAS — 03/08/2021

A Sétima Turma do Tribunal Superior do Trabalho (TST), por unanimidade, declarou a legitimidade ativa e o interesse de agir do Ministério Público do Trabalho em Pernambuco (MPT) para propor ação que tenha por objetivo evitar o desvirtuamento da contratação de médicos em um hospital, realizada por meio de "pejotização".

O Tribunal Regional do Trabalho da 6ª Região (TRT6) havia declarado a ilegitimidade do MPT. "A natureza liberal das atividades prestadas pelos médicos contratados pelos réus afasta, por si só, a regência de suas relações pela CLT. É plenamente possível que médicos autônomos tenham optado por prestar serviços nessa condição", destacou o acórdão regional.

Ao analisar recurso do MPT-PE, o ministro relator Cláudio Brandão concluiu que os pedidos formulados na ação civil pública tratam de direitos individuais homogêneos, de origem comum, o que legitima a atuação do Parquet. "É patente a legitimidade ativa do Ministério Público do Trabalho, por inteligência dos artigos 127, caput, e 129, III, da Constituição Federal; 5º, I, da Lei nº 7.347/85; 1º, 6º, VII, e 83, I e III, da Lei Complementar nº 75/93. Inconteste também é seu interesse de agir, na busca de proteger plurais trabalhadores e a própria ordem jurídica constitucional e laboral deste país."

O MPT-PE requer, na ação civil pública, que seja configurado o desvirtuamento na contratação de pessoas jurídicas para trabalharem como se fossem prestadoras de serviço, fenômeno conhecido como "pejotização". Requer ainda o pagamento de indenização por danos morais coletivos, a proibição em manter o tipo irregular de contratação e, ainda, a imposição de obrigatoriedade de seleção pública para contratação de pessoal da área administrativa.

A Sétima Turma do TST determinou o retorno dos autos ao TRT6 para que prossiga no julgamento do processo.

O processo está sendo acompanhado, na Coordenadoria de Recursos Judiciais (CRJ) da Procuradoria Geral do Trabalho (PGT), pelo subprocurador-geral do Trabalho Cristiano Otávio Paixão Araújo Pinto.

Leia o acórdão da Sétima Turma do TST, o recurso de revista e a ação civil pública do MPT-PE.

Processo TST-RR-301-58.2018.5.06.0313

HOSPITAL ASSINA ACORDO COM MPT PARA REGULARIZAR CONTRATAÇÃO DE PROFISSIONAIS DA SAÚDE

Em caso de descumprimento de alguma obrigação, réu terá de pagar multa de R$ 10 mil

MPT em Minas Gerais - 27/02/2020

Divinópolis – Mais de 300 profissionais da área da saúde que cumprem ao menos 56% da jornada semanal de trabalho estabelecida na legislação para cada categoria deverão ser admitidos como empregados em até um ano e não poderão prestar serviço na condição de pessoa jurídica. Essas e outras obrigações foram assumidas por um hospital de Divinópolis, na Região Centro-Oeste de Minas Gerais, em um acordo assinado perante o Ministério Público do Trabalho (MPT). O período laboral em questão envolve os plantões realizados em que os pagamentos são efetuados diretamente pela unidade de saúde.

A procuradora do MPT responsável pelo caso, Dirce Aparecida Fernandes Oliveira, explica que "foram intensas as negociações, audiências e esforços realizados nos quatro anos de tramitação do processo, pois o hospital é de grande relevância na região. A discussão sobre pejotização é recorrente no tocante ao trabalho dos médicos e há uma atuação do MPT para combater abusos, sendo necessário tornar mais explícita a diferença entre o médico que atende esporadicamente no hospital e o médico que é do quadro."

Em relação aos médicos cuja prestação de serviço for mediada por cooperativa e aos profissionais que praticam jornada inferior a 56% do limite previsto no artigo 58-A da Consolidação das Leis do Trabalho (CLT), o acordo fixou que eles se enquadram na condição de prestadores de serviço.

Entre outras obrigações, o acordo estabelece ainda que em relação aos profissionais que "prestam serviços por unidade de tempo inferior ao referido limite, não será exigida a formalização de vínculo de emprego para efeito de cumprimento da obrigação de fazer de ordem pública, ressalvando-se o interesse de cada trabalhador, em eventuais ações individuais". Em caso de descumprimento de algum dos compromissos assumidos, o hospital terá de pagar uma multa de R$ 10 mil por cada trabalhador identificado em situação irregular.

Entenda o caso - O Hospital São João de Deus foi investigado pelo Ministério Público do Trabalho no âmbito de inquérito civil (IC) por descumprimento da legislação trabalhista referente ao vínculo empregatício. Ao longo do procedimento, identificou-se a existência de diversas pessoas jurídicas constituídas com o fim de descaracterizar a existência de relação de emprego, o que ensejou o ajuizamento de uma ação civil pública (ACP) em 2016. O processo tramita na 2ª Vara do Trabalho (VT) de Divinópolis.

Número da ação no TRT: 012487-34.2016.5.03.0098

JUSTIÇA DETERMINA QUE MUNICÍPIO DE OURO BRANCO COÍBA TERCEIRIZAÇÃO ILÍCITA NO SERVIÇO DE LIMPEZA URBANA

Conduta busca fraudar a legislação trabalhista, diminuindo os custos da contratação direta por meio do processo de "pejotização", afirma MPT

MPT em Alagoas - 21/02/2020

Arapiraca (AL) – Uma decisão liminar da Justiça do Trabalho, proferida após ação civil pública ajuizada pelo Ministério Público do Trabalho (MPT), determina que o Município de Ouro Branco – no Sertão de Alagoas – seja proibido de contratar empregados sem prévia aprovação em concurso público e siga os requisitos legais de contratação para a prestação de serviços no município. A liminar foi concedida após o

MPT verificar que trabalhadores do serviço de limpeza urbana foram contratados por meio de terceirização ilícita.

Segundo investigação do MPT, o Município de Ouro Branco celebrou contrato inicial com a empresa Nativa e, posteriormente, com a Brito Rêgo Construção, mas, na prática, os trabalhadores eram contratados diretamente pela administração pública e as empresas atuavam apenas como meras intermediadoras de mão de obra. Durante o andamento da apuração dos fatos, a empresa admitiu que os meios e equipamentos utilizados para o serviço de limpeza são de propriedade do município.

Além da irregularidade de fornecer apenas mão de obra para o serviço, sem assumir a titularidade na sua execução, as empresas não mantinham nenhuma relação trabalhista com os empregados. Uma lista com a relação dos trabalhadores contratados mostrou que todos eles, por iniciativa da empresa, abriram inscrição de Microempreendedor Individual (MEI) na mesma data da celebração dos contratos. Além de não haver nenhuma assinatura de Carteira de Trabalho, os empregados afirmaram que não tinham direito a férias, décimo terceiro salário ou qualquer outro direito social.

A conduta mostra claramente, segundo o MPT, que as contratações de pessoas jurídicas realizadas pelo município e pela empresa Brito Rêgo Construção tem por objetivo fraudar a legislação trabalhista, diminuindo os custos da contratação direta por meio do processo de "pejotização". Ao ajuizar a ação, o Ministério Público do Trabalho afirmou que a empresa utilizou pessoas jurídicas, de forma fraudulenta, para "assumir" os contratos e afastar a responsabilidade do ente público.

Decisão – Caso opte pela contratação direta, conforme a decisão, o Município de Ouro Branco deverá elaborar edital de concurso no prazo de 90 dias. Mas, se o ente público optar pela terceirização do serviço de limpeza urbana, deverá seguir a legislação sobre o tema, que prevê, dentre os requisitos, a efetiva transferência da execução de atividades a uma empresa prestadora de serviço, a execução autônoma da atividade e possuir capacidade econômica compatível com a execução do contrato.

Ainda conforme a liminar, a empresa contratada deve atuar com autonomia formal, administrativa, organizacional, finalística e operacional, exercendo com exclusividade o controle do processo de produção da atividade, sem interferência do contratante; e não deve haver subordinação direta ou estrutural dos empregados da prestadora de serviços ao município.

O Município de Ouro Branco e o prefeito Edimar Barbosa dos Santos têm 60 dias para cumprir a decisão – contados da notificação -, sob pena de multa de R$ 1 mil por trabalhador e por dia útil de descumprimento da decisão, até o limite de R$ 50 mil. A liminar foi publicada pela Vara do Trabalho de Santana do Ipanema em 11 de fevereiro deste ano.

MPT OUVE SINDICATOS SOBRE IRREGULARIDADES EM CONTRATOS FIRMADOS COM PROFISSIONAIS DE SAÚDE DO HOSPITAL DE TRAUMA

Procurador recomendará a deputados correções no PLC 13/2019, que institui uma fundação para gerir a saúde pública no Estado

03/02/2020

João Pessoa – O Ministério Público do Trabalho na Paraíba (MPT-PB) ouviu, no dia 23 de janeiro, representantes dos sindicatos dos Odontologistas (Sindodonto), Enfermeiros (Sindep), Auxiliares e Técnicos de Enfermagem (Sindesep) e Nutricionistas (Sindnutri), em audiência na sede do MPT, em João Pessoa. A audiência tratou do inquérito civil instaurado pelo MPT-PB para investigar denúncias de irregularidades em contratos firmados com profissionais de saúde que prestam serviços no Hospital de Trauma de João Pessoa e em outras unidades públicas de saúde do Estado.

Durante a audiência, o procurador Eduardo Varandas, que está à frente do caso, esclareceu aos sindicatos que a atuação do MPT se voltaria para verificar a constitucionalidade do Projeto de Lei Complementar (PLC 13/2019), que institui a Fundação Paraibana de Gestão em Saúde (PB Saúde) como entidade para gerir a saúde pública no Estado. No final da audiência, o MPT concedeu um prazo de 10 dias úteis para que os sindicatos apresentem provas úteis ao processo.

Os representantes sindicais denunciaram na ocasião que nem todos os profissionais foram recontratados, entre eles gestantes e lactantes; que houve alteração de jornada (na recontratação), diminuição salarial, não pagamento de insalubridade, horas extras e adicional noturno, não cumprimento dos acordos coletivos firmados pelas Organizações Sociais e, ainda, assédio moral.

Segundo Varandas, o MPT está acompanhando os novos contratos de trabalho do Estado com esses profissionais de saúde, para evitar a perda de direitos. "Não pode ser pago aos profissionais um valor inferior ao piso salarial de cada categoria", alertou o procurador.

Nota técnica será enviada ao Legislativo Estadual

O procurador do Trabalho Eduardo Varandas informou que enviará, na próxima semana, à Assembleia Legislativa da Paraíba uma nota técnica sobre o Projeto de Lei Complementar (PLC 13/2019) proposto pelo Governo do Estado para a criação da Fundação Paraibana de Gestão em Saúde (PB Saúde). Na nota, ele recomendará aos deputados correções no PLC 13/2019.

Em documento de nove páginas, Varandas disse ser constitucionalmente possível a implantação da fundação estatal de direito público para gerir a saúde pública. No entanto, ressalta que esta não é a melhor forma de gestão. O ideal, segundo ele, seria a gestão por meio da Secretaria de Saúde, com a realização de concurso público para provimento de cargos estatutários. Para o procurador, o projeto de lei contém dois dispositivos inconstitucionais vinculados ao art. 15.

Conforme apontou Varandas no documento, o PLC 13/2019 equipara "concurso público" à "seleção simplificada" o que, autorizaria o Estado a fazer mera seleção para contratar os futuros empregados da PB Saúde. O procurador argumentou que, mesmo regidos pela CLT, o concurso não pode ser dispensado e tampouco substituído por qualquer outro procedimento de recrutamento de trabalhadores. "A violação é direta à regra clara do art. 37 da Constituição Federal e do art. 30 da Constituição do Estado da Paraíba", apontou Varandas.

VULNERÁVEL

Para Eduardo Varandas, um ponto vulnerável no projeto, ao ver do MP, seria a vantagem atribuída, na prova de títulos aos que já prestam serviço aos hospitais públicos ora como codificados ora como contratados por excepcional interesse público. "A intenção clara do governo, parece-nos, é beneficiar indevidamente os 7.200 codificados que prestam irregularmente serviços na administração. Seus vínculos são nulos de pleno direito e não podem gerar benefícios de espécie alguma", avaliou.

"É inacreditável que, após tantas experiências malogradas com a terceirização (cooperativas médicas e organizações sociais), o governo insista nesse sistema terceirizador, quando poderia prover as vagas diretamente, através de plano de cargos e salários decente para servidores da saúde", concluiu.

Segundo Varandas, a nota técnica será enviada a cada deputado estadual e, caso o PLC 13 venha ser aprovado com os vícios apontados, o MPT promoverá representações para a Procuradoria Geral da República e Procuradoria Geral do Estado a fim de que a lei seja declarada inconstitucional pelo Poder Judiciário.

ENTENDA O CASO

O Ministério Público do Trabalho na Paraíba (MPT-PB) instaurou inquérito civil para investigar denúncias de irregularidades em contratos firmados com médicos e outros profissionais de saúde que prestam serviços no Hospital de Emergência e Trauma de João Pessoa e em outras unidades públicas de saúde do Estado. No dia 30 de dezembro passado a procuradora-chefe do MPT-PB, Myllena Alencar e a vice-procuradora-chefe, Andressa Lucena, realizaram uma reunião, em caráter de urgência, com representantes do Sindicato dos Médicos do Estado da Paraíba (Simed-PB).

Na reunião, "foram apresentados pelos dirigentes sindicais esclarecimentos sobre a recente rescisão coletiva de médicos do Hospital de Trauma, com a imposição de recontratação, mediante o fenômeno denominado de "pejotização", ou seja, obrigando os profissionais médicos, antes com vínculo celetista com o Estado, a constituírem-se em pessoas jurídicas, sendo essa a condição imposta pelo Estado da Paraíba para a nova contratação para prestarem serviços na mesma unidade hospitalar, nas mesmas funções e com as mesmas condições de trabalho".

O Simed-PB informou, ainda, que "os médicos continuariam trabalhando regularmente, sem qualquer vínculo, até o dia 03/01/2020 , e que, no dia 31/01/2020, todos os contratos mantidos com os médicos que prestam serviços de saúde em unidades hospitalares do Estado, atualmente sob gestão pactuada com Organizações Sociais (OS), seriam extintos, ficando todos esses profissionais, a partir dali, sem qualquer espécie de vínculo nem garantias trabalhistas".

A partir daí, o MPT instaurou inquérito civil e passou a investigar, fiscalizar e acompanhar os contratos dos profissionais de saúde com o Estado.

- editoraletramento
- editoraletramento.com.br
- editoraletramento
- company/grupoeditorialletramento
- grupoletramento
- contato@editoraletramento.com.br

- editoracasadodireito.com
- casadodireitoed
- casadodireito